致　谢

高校人文社会科学重点研究基地重大项目：

"内地与港澳服务贸易自由化'负面清单'升级版研究"（16JJDGAT006）

中国科学院学部项目：

"粤港澳市场一体化与区域合作模式研究"

粤港澳大湾区研究报告

粤港澳服务贸易自由化
行业专项、区域试点、政策实践

银行·会计·会展·养老·商贸·旅游

主　编◎张光南
副主编◎陈兆凌　钟俏婷

SERVICES LIBERALIZATION OF GUANGDONG, HONG KONG AND MACAO:

INDUSTRY RESEARCH, PILOT STUDY, POLICY PRACTICE (BANKING, ACCOUNTING, EXHIBITION, ELDERLY CARE SERVICE, COMMERCE, TOURISM)

中国社会科学出版社

图书在版编目（CIP）数据

粤港澳服务贸易自由化：行业专项、区域试点、政策实践：银行·会计·会展·养老·商贸·旅游/张光南主编.—北京：中国社会科学出版社，2022.3
ISBN 978-7-5203-8660-9

Ⅰ.①粤… Ⅱ.①张… Ⅲ.①服务贸易—自由贸易—贸易合作—研究—广东、香港、澳门 Ⅳ.①F752.68

中国版本图书馆 CIP 数据核字（2021）第 219979 号

出 版 人	赵剑英	
责任编辑	喻　苗	
责任校对	胡新芳	
责任印制	王　超	

出　　版	中国社会科学出版社	
社　　址	北京鼓楼西大街甲 158 号	
邮　　编	100720	
网　　址	http://www.csspw.cn	
发 行 部	010-84083685	
门 市 部	010-84029450	
经　　销	新华书店及其他书店	
印刷装订	北京君升印刷有限公司	
版　　次	2022 年 3 月第 1 版	
印　　次	2022 年 3 月第 1 次印刷	
开　　本	787×1092　1/16	
印　　张	22.5	
字　　数	348 千字	
定　　价	139.00 元	

凡购买中国社会科学出版社图书，如有质量问题请与本社营销中心联系调换
电话：010-84083683
版权所有　侵权必究

编委会

主　编　张光南
副主编　陈兆凌　钟俏婷
编　委　谭　颖　罗顺均　梅　琳　邱杰宏
　　　　　杨　洋　廖唐勇　杨　戈　陈曦彤
　　　　　李子瞳　凌正元　郭丽文　杨继超
　　　　　孙　燕　陈　平　王　烁　房西子
　　　　　陈　冰

支持单位

中山大学粤港澳发展研究院（港澳珠江三角洲研究中心）
粤港澳大湾区研究基地
中山大学粤港澳发展研究院穗港澳区域发展研究所
港澳与内地合作发展协同创新中心
粤港澳区域经济发展研究会
广州市穗港澳区域发展研究会
国务院发展研究中心中国国际发展知识中心
香港特别行政区政府驻粤经济贸易办事处
香港科技大学公共政策研究院
香港霍英东基金会
香港汇贤智库政策研究中心
香港明汇智库
香港中文大学商学院本科生校友会
广东省人民政府港澳事务办公室
广东省人民政府发展研究中心
广州市人民政府外事办公室
广州市天河区中央商务区管委会
珠海市委政策研究室
珠海市横琴新区管理委员会商务局
珠海市横琴新区澳门事务局
中国（广东）自由贸易试验区深圳前海蛇口片区
中国（广东）自由贸易试验区珠海横琴新区片区
佛山市南海区政府

目　录

第一部分　政策实践

第一章　粤港澳促进贸易和投资自由化便利化研究 …………（3）
 一　粤港澳促进贸易和投资自由化便利化：国际趋势、
  国家战略、区域需求 ……………………………………（5）
 二　粤港澳促进贸易和投资自由化便利化：经验与成效、
  问题与挑战 ……………………………………………（13）
 三　全球贸易和投资自由化便利化：标准评价体系 ………（34）
 四　全球贸易和投资自由化便利化：国际经验与全球实践 ……（63）
 五　粤港澳促进贸易和投资自由化便利化：目标和路径 ………（76）
 六　粤港澳促进贸易和投资自由化便利化：管理创新与
  政策建议 ……………………………………………（76）

第二部分　行业专项与区域试点

第二章　粤港澳服务贸易自由化：银行业研究 ………………（85）
 一　粤港澳银行业服务贸易自由化的机遇 …………………（85）
 二　粤港澳银行业服务贸易自由化现状 ……………………（86）
 三　粤港澳银行业服务贸易自由化的影响 …………………（99）
 四　粤港澳银行业服务贸易自由化存在的问题 ……………（106）

五　银行业服务贸易自由化：上海自贸试验区先行
　　　　先试经验 ……………………………………………………（107）
　　六　粤港澳银行业服务贸易自由化的政策建议 ……………（121）

第三章　粤港澳服务贸易自由化：会计行业研究
　　——基于广州天河示范基地案例研究 ………………………（122）
　　一　广州会计行业呈现集中化、一体化，穗港澳区域合作
　　　　进一步深化 ………………………………………………（122）
　　二　穗港澳会计合作存在行业差异、准入限制和配套服务
　　　　差异等障碍 ………………………………………………（125）
　　三　建立合作试点，政策先行先试，推动穗港澳会计
　　　　行业合作 …………………………………………………（129）

第四章　粤港澳服务贸易自由化：会展行业研究
　　——基于广州琶洲示范基地案例研究 ………………………（130）
　　一　穗港澳共建琶洲国际会展中心：合作现状与主要障碍 …（130）
　　二　全球会展行业服务贸易自由化：经验借鉴 ……………（132）
　　三　穗港澳共建琶洲国际会展中心：目标定位与发展策略、
　　　　政策改革与管理创新 ……………………………………（140）

第五章　粤港澳服务贸易自由化：养老业研究 ………………（141）
　　一　粤港澳大湾区养老业合作模式：管理输出、公建民营、
　　　　直接投资、政府协议 ……………………………………（142）
　　二　粤港澳大湾区养老业发展：新机遇与新问题 …………（145）
　　三　养老业跨境合作：全球经验与中国实践 ………………（147）
　　四　粤港澳大湾区养老业合作：政策建议 …………………（151）

第六章　粤港澳服务贸易自由化：商贸和旅游行业研究
　　——基于珠海横琴示范基地案例研究 ………………………（153）
　　一　横琴自贸试验区促进服务贸易自由化：背景与意义 ……（154）
　　二　横琴自贸试验区商贸旅游行业服务贸易自由化：
　　　　现状与问题 ………………………………………………（155）

三 全球促进商贸旅游行业服务贸易自由化：案例分析与经验借鉴 …………………………………………… (156)

四 横琴自贸试验区促进服务贸易自由化：编制商贸和旅游业"负面清单" ………………………………… (166)

五 横琴自贸试验区促进服务贸易自由化研究：配套措施 … (180)

第三部分 CEPA与自贸区比较研究

第七章 CEPA与自贸试验区框架下粤港澳合作比较研究 ……… (183)

一 粤港澳深度合作：新模式与新成效 ……………… (183)

二 CEPA框架与自贸试验区政策的粤港澳合作比较：目标定位与政策内容 ………………………………… (188)

三 CEPA框架与自贸试验区政策的粤港澳合作比较：适用范围与开放区域、合作平台与实施方式 ………… (190)

四 CEPA与自贸试验区框架下粤港澳合作政策趋势 ………… (191)

附 录

附录1 粤港澳服务贸易自由化三地服务贸易相关政府部门一览表 …………………………………………… (195)

附录2 《内地与香港关于建立更紧密经贸关系的安排》投资协议 …………………………………………… (197)

附录3 《内地与香港关于建立更紧密经贸关系的安排》经济技术合作协议 ………………………………… (229)

附录4 深化服务贸易创新发展试点的20个最佳实践案例 …………………………………………………… (243)

附录5 粤港澳服务贸易自由化相关法律法规：银行业、会计业、养老业 ………………………………… (283)

参考文献 …………………………………………………… (343)

第一部分

政策实践

第一章 粤港澳促进贸易和投资自由化便利化研究[*]

摘要： 本章基于粤港澳促进贸易和投资自由便利化的国际趋势以及国家战略和区域需求，梳理了粤港澳在贸易和投资制度创新、重大平台改革试验、CEPA和广东自贸试验区政策实践等方面的经验与成效。根据全球贸易和投资自由化便利化的标准评价体系，借鉴国际贸易和投资自由化便利化前沿国家和地区的经验做法，制定了"建立国际水准体制、培育新业态新模式、实行市场深度开放、提供高效优质政府服务"四大目标和"主动改革、互惠筹划、重点深入、逐步推广、信息透明、措施常态"六方面实施路径。

鉴于粤港澳贸易和投资自由化便利化在政策执行、部门协调、配套措施等方面存在诸多问题和挑战，本部分提出"成立市场开放决策咨询委员会、规范实施贸易和投资自由化便利化、构建精简高效的政府管理服务体系、完善配套营商环境建设、优化贸易投资政策措施、提升市场监督管理水平、建立粤港澳专业人才自由流通机制、推进便捷高效口岸建设、深化CEPA与国际标准对接的改革开放、打造广东自贸试验区升级版、以稳健风险管控措施保障粤港澳贸易和投资自由化便利化有序开展"等十一点政策建议和管理创新。本章研究的逻辑图如下：

---

[*] 本章内容感谢广东省人民政府港澳事务办公室"粤港澳促进贸易和投资自由化便利化研究"的调研支持。调查研究成员包括：张光南、陈兆凌、陈平、房西子、廖唐勇、钟俏婷、梅琳、刘威。

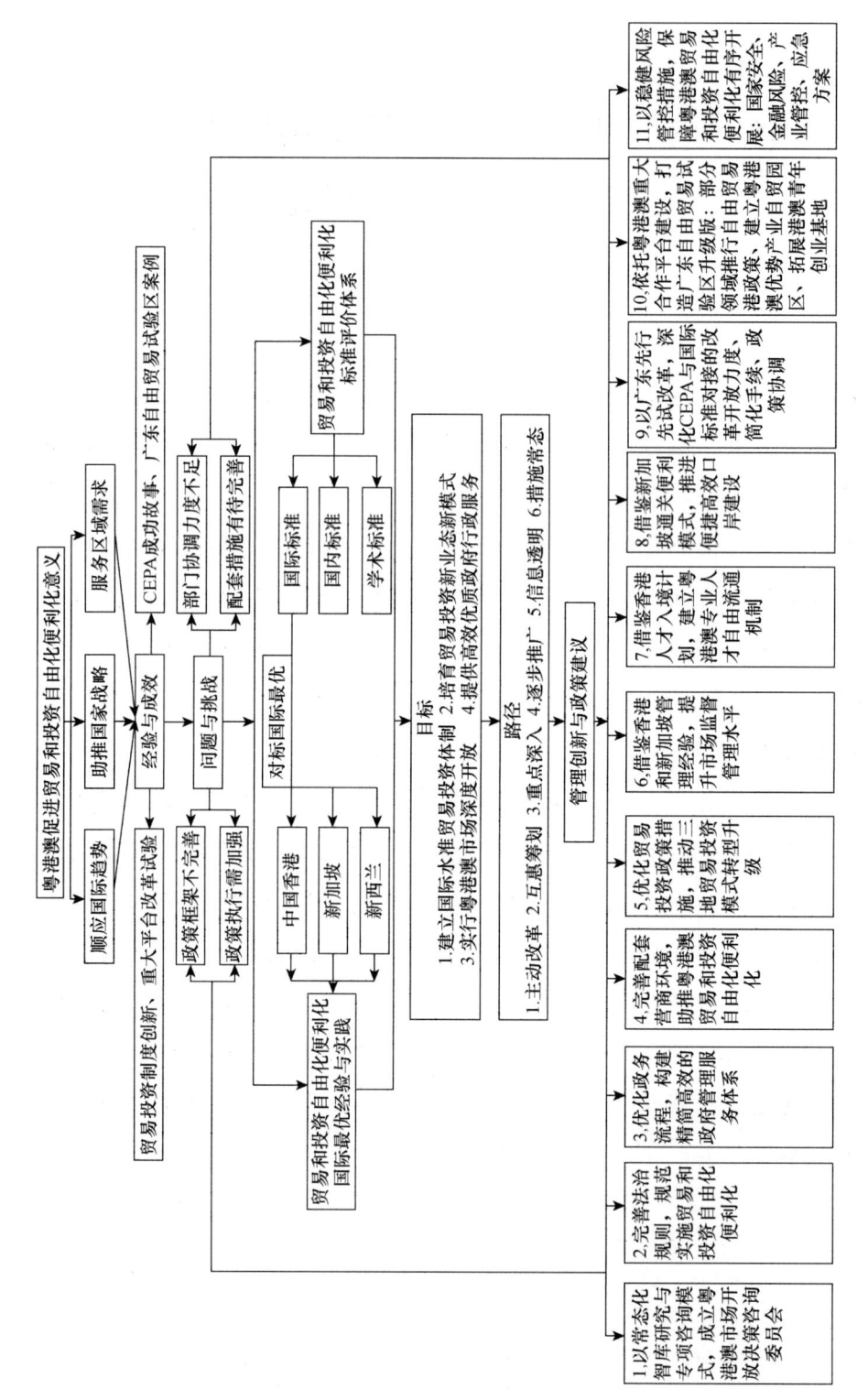

粤港澳促进贸易和投资自由化便利化研究逻辑图

一 粤港澳促进贸易和投资自由化便利化：国际趋势、国家战略、区域需求

（一）国际趋势：欧盟共同市场和亚太经合组织（APEC）推动贸易和投资自由化便利化

1. 欧盟共同市场：消除商品关税和配额限制，取消人员、服务和资本自由流动障碍

第一，从国家层面消除了商品关税和配额限制，建立了高效率的内部贸易体系，与WTO等国际机构一起共同推进全球贸易自由化便利化。1957年签订并标志着欧洲经济共同体成立的《罗马条约》，在消除成员国商品关税和配额限制上起到了关键作用。《罗马条约》第三条a款规定"消除成员国之间进出口商品关税和数量限制以及所有其他具有同等效力的措施"[①]。《罗马条约》第三十条指出，"对进口的数量限制和具有同等效力的所有措施，在不影响相关条款[②]的情况下，成员国之间应予以禁止"[③]。欧盟通过消除关税和配额限制增加了内部商品自由流通数量，有利于发挥成员国的比较优势，降低商品生产成本和价格，推动欧洲贸易发展。当前，即使在美国发动贸易战的逆全球化背景下，欧盟仍然积极维护WTO贸易规则和国际多边贸易体制，在加快贸易投资自由化便利化、推动与各国经贸交流和促进世界经济发展等方面发挥了重要作用。

第二，消除成员国之间人员、服务和资本自由流动障碍，建立跨国共同市场，为世界区域经济一体化树立了典范。《罗马条约》第三条c款规定"废除成员国之间的人员、服务和资本自由流动障碍"。人员方面，

---

① Belgium, Germany, France, Italy, Luxembourg, and Netherlands, *The Treaty of Rome*, 25th March 1957.

② 参见《罗马条约》第31—37条，这些条款主要涉及条约执行中过渡期的相关例外以及关于公共道德、公共政策和公共安全等方面的例外。

③ Belgium, Germany, France, Italy, Luxembourg, and Netherlands, *The Treaty of Rome*, 25th March 1957.

《欧洲联盟条约》即《马斯特里赫特条约》（Treaty of Maastricht）第二部分第八条 a 款规定，"联盟的每一个公民，在本条约以及为实施本条约而采取的措施规定的限度和条件范围内，有权在成员国领土内自由流动和居住"[1]。这种行动自由包括取消成员国工人在就业、报酬以及其他工作和就业条件下基于国籍的任何歧视[2]。服务方面，在不影响有关设立权利章节规定的情况下，提供服务的人员可以在其提供服务的会员国暂时开展活动，条件与该国国民相同[3]。资本方面，《欧洲联盟条约》第四章第 73 条明确禁止在成员国之间、成员国和第三国之间实施对资本和支付流动的任何限制。[4] 取消人员、服务和资本自由流动障碍，与商品自由流通一起构成了欧盟一体化的"四大自由"。通过"四大自由"的不断升级，欧盟完成了从关税同盟、共同市场、经济联盟直至最后完全经济一体化的四个发展历程，成为区域经济协同发展的典范，引领国际贸易和投资自由化便利化创新发展。

2. 亚太经合组织（APEC）：单边行动计划（IAPs）、集体行动计划（CAPs）、部门自愿提前自由化（EVSL）

第一，通过"单边行动计划"（Individual Action Plan，IAPs），明确各成员国促进贸易便利化行动目标。单边行动计划（IAPs）是 APEC 实施贸易与投资自由化的主渠道。所谓"单边"，是指由各成员依据自身情况制订和实施的行动计划，没有硬性的标准和要求[5]。根据《大阪行动议程》执行框架的规定，从 1996 年起，APEC 成员每年都要制订各自贸易投资自由化和便利化的单边行动计划，并经高官会汇总后提交年底的部长级会议和领导人会议审议通过[6]。IAPs 涉及 APEC 贸易投资自由化 15 个领

---

[1] Belgium, Denmark, Germany, Greece, Spain, France, Ireland, Italy, Luxembourg, Netherlands, and United Kingdom of Great Britain and Northern Ireland, *Treaty on European Union*（Treaty of Maastricht）, 7th February 1992.

[2] 参见《罗马条约》第 48 条。

[3] 参见《罗马条约》第 61 条。

[4] 参见《欧洲联盟条约》，即《马斯特里赫特条约》（Treaty of Maastricht）第二部分第四章第 73 条。

[5] APEC, *Action Plans*, 1995, https://www.apec.org/About-Us/How-APEC-Operates/Action-Plans.

[6] 《APEC 的发展历程与现状》，2002 年 7 月 18 日，商务部官网（http://www.mofcom.gov.cn/article/bg/200207/20020700033049.shtml）。

域的工作，在各领域的行动计划中，成员都须对其贸易和投资体制的现状进行详细描述，表明目前的发展水平和自由化程度，并按照近期、中期和远期三个时间框架制订各自扩大市场开放和便利贸易投资的具体计划①。

第二，通过"集体行动计划"（Collective Action Plans，CAPs），制订成员国共同行动方案。集体行动计划（CAPs）是指《大阪行动议程》中确定的一些共同措施，APEC通过CAPs制定实现自由贸易和投资的目标和行动的基本框架，并监测和报告进展情况②。CAPs的具体内容由APEC相关领域的专家组统一讨论决定，同样涉及贸易投资自由化的15个领域，但更侧重于透明度、可比性、制定原则或"最佳做法"等方面的工作，并集中在两年之内的短期行动上；与单边行动计划由各成员自行确定其自由化范围和步骤的特点相比，集体行动计划由成员集体制订并执行，约束力较强，推动成员国内部互相协作，共同促进贸易自由化便利化③。

第三，通过部门"自愿提前自由化"（Early Voluntary Sectoral Liberalization，EVSL），针对特定领域特定目标制订行动方案。部门自愿提前自由化（EVSL）是1997年APEC领导人会议做出的一项决定，其含义是选取一些对本地区及全球贸易和经济发展有重大影响的产业部门，提前实施贸易自由化，具体内容包括降低关税，取消非关税壁垒等④。所谓"提前"是相对《茂物宣言》确定的2010年和2020年贸易投资自由化的目标而言⑤。这次领导人会议确定了能源、珠宝、玩具等15个部门进行提前自由化磋

---

① 《APEC的发展历程与现状》，2002年7月18日，商务部官网（http：//www.mofcom.gov.cn/article/bg/200207/20020700033049.shtml）。

② APEC, *Action Plans*, 1995, https：//www.apec.org/About-Us/How-APEC-Operates/Action-Plans.

③ 《APEC的发展历程与现状》，2002年7月18日，商务部官网（http：//www.mofcom.gov.cn/article/bg/200207/20020700033049.shtml）。

④ 1997 APEC Ministerial Meeting, *Annex - Early Voluntary Sectoral Liberalisation*, 21st November, 1997, https：//www.apec.org/Meeting-Papers/Annual-Ministerial-Meetings/1997/1997_amm/annex.

⑤ 即茂物目标（Bogor Goals），是在1994年印尼茂物召开的亚太经合组织峰会上提出的。该目标要求发达成员在2010年前、发展中成员在2020年前实现贸易和投资的自由化。但是因为各成员国经济发展水平不一，存在严重的意见分歧，茂物目标很难实现（参见百度百科——茂物目标，https：//baike.baidu.com/item/%E8%8C%82%E7%89%A9%E7%9B%AE%E6%A0%87/3225427）。

商。由于APEC组织机构特点是非强制性，发达成员对发展中成员提出的需求采取不作为方式，导致茂物计划未能如期实现，但APEC在贸易投资自由化领域里不乏成功案例，如2012年达成包含54项环境产品自由化的清单、2005年APEC 4个成员签署的"跨太平洋经济伙伴关系（P4）"等[①]。

表1-1　　　　　　　　　APEC贸易便利化合作目标

时间	进程	阶段性目标	总体任务
2002—2006	贸易便利行动计划（Trade Facitation Action Plan）第一阶段 TFAP1	使贸易成本降低5%	降低贸易成本。
2007—2010	贸易便利行动计划（Trade Facitation Action Plan）第二阶段 TFAP2	使贸易成本再降低5%	
2011—2015	第一期供应链连接性框架行动计划（Supply Chain Connectivity Framework Action Plan）SCFAP1	供应链在贸易时间、成本和不确定性的改善上整体绩效提高10%	提升供应链连接水平，通过打通供应链降低贸易成本，并将区域范围内的互联互通同贸易便利化紧密相连。
2016—2020	第二期供应链连接性框架行动计划（Supply Chain Connectivity Framework Action Plan）SCFAP2	增进APEC地区贸易便利化和供应链连接	

资料来源：于鹏、于学卿：《APEC贸易便利化合作效果评估及其发展方向》，《对外经贸实务》2017年第8期。

（二）国家战略：党的十九大相关部署、CEPA及其系列协议实施、粤港澳大湾区规划

1. 党的十九大相关部署：实行高水平的贸易和投资自由化便利化政策，全面实行准入前国民待遇加负面清单管理制度

党的十九大报告做出"推动形成全面开放新格局"的重大战略部署，"实行高水平的贸易和投资自由化便利化政策，全面实行准入前国民待遇加负面清单管理制度，大幅度放宽市场准入，扩大服务业对外开放，保护外商投资合法权益。凡是在我国境内注册的企业，都要一视同仁、平等对

---

① 赵江林：《APEC与中国25年伙伴关系　互助推进崭新发展阶段》，2014年11月3日，中国网（http://news.china.com.cn/world/2014-11/03/content_33951182.htm）。

待。""优化区域开放布局","赋予自由贸易试验区更大改革自主权,探索建设自由贸易港。创新对外投资方式,促进国际产能合作,形成面向全球的贸易、投融资、生产、服务网络,加快培育国际经济合作和竞争新优势"[1]。

中国自 2001 年加入世界贸易组织以来,履行 WTO 相关贸易和投资自由化便利化义务,积极维护 WTO 框架下的多边贸易和投资规则体系。可见,进一步促进粤港澳贸易和投资自由化便利化,有利于我国在粤港澳地区先行先试,通过实施更高水平的贸易和投资自由化便利化政策,为我国深化改革开放提供经验借鉴,为中国在未来可以承担更多 WTO 所倡导的市场开放义务做准备。

2. CEPA 及其系列协议:国民待遇和最惠待遇、提高透明度、标准一致化、加强信息交流

《内地与香港(澳门)关于建立更紧密经贸关系的安排》(以下简称 CEPA)及其补充协议在港澳与内地贸易和投资自由化便利化方面构建了比较完整的一揽子政策框架。CEPA 第五章《贸易投资便利化》第十六条规定:"双方通过提高透明度、标准一致化和加强信息交流等措施与合作,推动贸易投资便利化。"[2] 上述内容基本贯穿 CEPA 及其各项补充协议,涉及货物贸易、服务贸易、投资协议和经济技术合作等方面。其中,《〈内地与香港(澳门)关于建立更紧密经贸关系的安排〉服务贸易协议》[3](以下简称《服务贸易协议》)和《〈内地与香港(澳门)关于建立

---

[1] 习近平:《决胜全面建成小康社会 夺取新时代中国特色社会主义伟大胜利——在中国共产党第十九次全国代表大会上的报告》,2017 年 10 月 18 日。

[2] 商务部、香港特别行政区财政司:《内地与香港关于建立更紧密经贸关系的安排》,2003 年 6 月 29 日。针对澳门的相关规定参见商务部、澳门特别行政区经济财政司《内地与澳门关于建立更紧密经贸关系的安排》,2003 年 10 月 17 日。在后文涉及的 CEPA 相关规定,若存在澳门与香港类似情况的,报告中不再重复。

[3] 商务部、香港特别行政区财政司:《〈内地与香港关于建立更紧密经贸关系的安排〉服务贸易协议》,2015 年 11 月 27 日;商务部、澳门特别行政区经济财政司:《〈内地与澳门关于建立更紧密经贸关系的安排〉服务贸易协议》,2015 年 11 月 28 日。

更紧密经贸关系的安排〉投资协议》①（以下简称《投资协议》）还对港澳方面享有的国民待遇和最惠待遇作出了明确规定。

第一，通过国民待遇和最惠待遇向港澳提供更便利开放的营商环境。《服务贸易协议》与《投资协议》（以下简称《协议》）都提到了国民待遇和最惠待遇条款，如内地对港开放的服务贸易部门大幅增加，开放了153个服务贸易部门，占WTO服务贸易部门分类的95.6%；就"商业存在"的服务模式，有62个部门对港澳施行国民待遇②。《协议》中"国民待遇"是指一方在影响服务提供和投资的所有措施方面给予另一方的服务、服务提供者和投资者的待遇，不得低于其给予本方同类服务、服务提供者和投资者的待遇。"最惠待遇"条款则表明，内地对其他国家或地区提供优惠待遇，如有优于CEPA的条款，也会延伸至香港，保证香港享受内地最优惠的开放措施。对于香港来说，《协议》的签署为香港产业特别是服务业全面进入内地市场争取了先发优势。对于内地而言，落实《协议》倒逼国内实施以市场准入"负面清单"制度为代表的更高开放水平的改革。

第二，提高政策透明度，政策措施都将以法律、法规的形式对外公布，倒逼各级政府依法行政、为企业创造公平竞争的市场环境，降低企业交易成本，促进港澳与内地贸易投资发展。提高政策透明度在《CEPA投资协议》第十六条法律与政策的透明度条款③以及《〈内地与香港关于建立更紧密经贸关系的安排〉经济技术合作协议》第二十四条透明度条款④均有所体现。

第三，标准一致化，推动内地与港澳产业标准特别是服务业标准衔

---

① 商务部、香港特别行政区财政司：《〈内地与香港关于建立更紧密经贸关系的安排〉投资协议》，2017年6月28日；商务部、澳门特别行政区经济财政司：《〈内地与澳门关于建立更紧密经贸关系的安排〉投资协议》，2017年12月18日。

② 商务部台港澳司：《2016年中国内地与港澳地区经贸交流情况》，2017年10月19日，商务部官网（http://tga.mofcom.gov.cn/article/zwyw/zs/201710/20171002657260.shtml）。

③ 商务部、香港特别行政区财政司：《〈内地与澳门关于建立更紧密经贸关系的安排〉投资协议》，2017年6月28日。

④ 商务部、香港特别行政区财政司：《〈内地与澳门关于建立更紧密经贸关系的安排〉经济技术合作协议》，2017年6月28日。

接，减少三方经贸往来隐形壁垒，促进内地与港澳贸易和投资规模增长。《〈内地与香港关于建立更紧密经贸关系的安排〉投资协议》第十五条指出，投资促进和便利化中"一方将努力建立明确、统一的投资申请审查和批准的标准和程序，优化投资相关许可、资格要求和程序"。《〈内地与香港关于建立更紧密经贸关系的安排〉经济技术合作协议》（以下简称《安排》）第八条规定，双方"完善两地会计准则和审计准则持续等效工作机制，共同在国际会计审计标准制定机构中发挥作用，促进高质量的国际相关准则的制定；支持两地会计业界在有关会计审计标准制定、会计行业管理制度建设中发挥作用，聘请香港会计专业人士担任会计咨询专家"。

第四，加强信息交流，开放沟通渠道，促进贸易投资便利化。加强信息交流，优化相关的程序，可以为企业"引进来"和"走出去"提供精准的信息服务，进一步提高贸易投资便利化水平。《CEPA经济技术协议》第三条合作机制提出，"根据《安排》第六章第十九条，在联合指导委员会的指导和协调下，双方通过已有工作机制或成立新的工作组，建立沟通渠道和协商协调机制，相互通报重要政策信息，支持双方工商界之间的交流，共同推动相关领域合作与发展"①。此外，内地企业近年来"走出去"已进入快速发展阶段，但也面临很多问题。香港拥有大量国际资金和既熟悉香港又了解内地，且掌握国际市场信息和通行规则的专业人才，这些优势与"走出去"的内地企业结合起来，将加速内地企业的全球化进程。根据CEPA补充协议九，"国家支持符合香港上市条件的内地企业赴香港上市，支持符合条件的香港金融机构在内地设立合资证券公司、基金管理公司、期货公司……"，这些措施都有助于推动内地企业与香港专业机构和人才结合。同样，澳门拥有众多熟悉葡萄牙语系国家文化历史的人才，港澳能在国家"走出去"战略中扮演重要角色②。

3. 粤港澳大湾区：全方位开放、市场一体化、打造粤港澳世界级城

---

① 商务部、香港特别行政区财政司：《〈内地与香港关于建立更紧密经贸关系的安排〉经济技术合作协议》，2017年6月28日。

② 程宏毅、常雪梅：《（辉煌·十年）CEPA：连结内地与港澳的纽带》，《人民日报》2012年10月25日，参见http://cpc.people.com.cn/n/2012/1025/c244190-19380641.html。

市群

第一，推动粤港澳大湾区全方位开放，建设高水平开放平台。《深化粤港澳合作　推进大湾区建设框架协议》[①]提出，"开放引领，创新驱动。积极构建开放型经济新体制，打造高水平开放平台，对接高标准贸易投资规则，集聚创新资源，完善区域协同创新体系，开展创新及科技合作"。

第二，促进粤港澳大湾区城市群市场一体化，实现资源在整个大湾区范围内的优化配置。推进粤港澳大湾区城市群经济高度一体，有利于提升其在国内外经济体系中的竞争力水平。《深化粤港澳合作推进大湾区建设框架协议》提出，落实内地与香港、澳门《关于建立更紧密经贸关系的安排》及其系列协议，促进要素便捷流动，提高通关便利化水平，促进人员、货物往来便利化，打造具有全球竞争力的营商环境[②]。

第三，形成以创新为支撑的现代产业体系，加快构建湾区创新发展新格局，打造粤港澳大湾区世界级城市群。《深化粤港澳合作推进大湾区建设框架协议》提出，粤港澳三地将在中央支持下，携手打造国际一流湾区和世界级城市群。首先，世界级城市群需要世界级产业集群。其次，世界级城市群需要世界级创新能力。最后，世界级城市群需要促进内部创新产业集群协同发展。因此，要加强粤港澳产业协作，充分利用香港现代服务业服务于珠三角制造业发展升级，大力促进粤港澳贸易和投资自由化便利化。

（三）区域需求：广东携手港澳实现"四个走在全国前列"，广东自由贸易试验区深化改革开放

1. 携手港澳实现广东"四个走在全国前列"：经济高质量发展的体制机制、现代化经济体系、全面开放新格局、共建共治共享社会治理格局

习近平总书记在参加十三届全国人大一次会议广东代表团审议时发表重

[①] 国家发展和改革委员会、广东省人民政府、香港特别行政区政府、澳门特别行政区政府：《深化粤港澳合作　推进大湾区建设框架协议》，2017年7月1日。

[②] 国家发展和改革委员会、广东省人民政府、香港特别行政区政府、澳门特别行政区政府：《深化粤港澳合作　推进大湾区建设框架协议》，2017年7月1日。

要讲话，对广东经济社会发展提出了"四个走在全国前列"的重要指示要求，即在构建推动经济高质量发展体制机制、建设现代化经济体系、形成全面开放新格局、营造共建共治共享社会治理格局上走在全国前列[①]。优化贸易和投资体制有利于充分利用粤港澳三地的科技资源、人才资源、资金资源推动广东产业体系升级和实现三地产业优势互补，为进一步形成全面开放新格局积累成功经验。

2. 深化广东自由贸易试验区改革开放：开放型经济新体制先行区、高水平对外开放门户枢纽、粤港澳大湾区合作示范区

自广东自由贸易试验区成立以来，多项改革试点成果被国家采纳，为国家治理贡献"广东经验"。为进一步深入实施自由贸易区发展战略，2018年5月，国务院颁布《进一步深化中国（广东）自由贸易试验区改革开放方案》[②]，提出从三个方面深化广东自由贸易试验区改革开放，为探索粤港澳贸易和投资自由化便利化提供了政策支持。"一是对标国际先进规则，建设开放型经济新体制先行区。二是争创国际经济合作竞争新优势，打造高水平对外开放门户枢纽。三是开拓协调发展新领域，打造粤港澳大湾区合作示范区。"

二 粤港澳促进贸易和投资自由化便利化：经验与成效、问题与挑战

（一）经验与成效：贸易投资制度创新、重大平台改革试验、CEPA成功故事、广东自由贸易试验区经典案例

1. 贸易投资制度创新：CEPA货物贸易原产地规则、准入前国民待遇加负面清单管理

---

① 邓圩、姜洁：《担当起"走在前列"的时代使命 习近平总书记重要讲话在广东各界引发热烈反响》，2018年3月9日，人民网（http://cpc.people.com.cn/n1/2018/0309/c64387-29857104.html）。

② 国务院：《国务院关于印发进一步深化中国（广东）自由贸易试验区改革开放方案的通知》（国发〔2018〕13号），2018年5月4日。

第一，CEPA货物贸易原产地规则实现加强监管和守法便利相统一。原产地规则是指用来确定进口货物的原产国或原产地区的规则，对具体货物根据原产地规则制定原产地标准。CEPA附件2《关于货物贸易的原产地规则》对判定香港或澳门原产货物的认定标准，采用了各国和其他自由贸易协定中普遍适用的原产地判定的两大原则，即产品从一国或地区"完全获得"或者产品在一国或地区经过"实质性加工"[①]。首先，自2006年1月1日起，内地对原产香港的进口货物全面实施零关税，零关税进口货物须符合双方磋商确定的原产地标准。根据CEPA实行零关税的货物，只能是原产于香港或澳门的货物，经过香港或澳门转口或简单加工的货物不能享受关税优惠。CEPA的原产地规则是属于优惠性的、经过双方磋商确定的，目的是在内地与香港或澳门的贸易中正确判定进口货物的"身份"，以便给予原产于港澳的货物零关税待遇，避免经港澳转口的非港澳原产的产品享受优惠，对保证优惠关税政策的实施具有重要的意义[②]。此外，《享受优惠措施货物的原产地标准表》中以《海关进出口税则》8位数级税目为基础，列出了首期降税的香港和澳门273个税目产品的名称、税目号和具体原产地标准；具体产品原产地标准的确定是根据不同产品的生产技术特点来采用不同的认定标准，同时充分考虑香港和澳门以"制造或加工工序"为主判定原产地的现行制度和做法[③]。

第二，通过实施"准入前国民待遇加负面清单"管理模式，提高开放水平。"准入前国民待遇加负面清单"管理制度是政府以清单的方式明确列出禁止和限制投资经营的行业、领域、业务，而对于清单之外的，各类市场主体皆可依法平等进入[④]。"准入前国民待遇"要求在准

[①] 商务部、香港特区政府财政司：《CEPA附件之二关于货物贸易的原产地规则（全文）》，2003年9月30日，中国新闻网（http://www.chinanews.com/n/2003-09-30/26/352865.html）。

[②] 《〈安排〉中的原产地规则》，2004年2月9日，中国网（http://www.china.com.cn/zhuanti2005/txt/2004-02/09/content_5493822.htm）。

[③] 《〈安排〉中的原产地规则》，2004年2月9日，中国网（http://www.china.com.cn/zhuanti2005/txt/2004-02/09/content_5493822.htm）。

[④] 国务院：《国务院关于实行市场准入负面清单制度的意见》（国发〔2015〕55号），2015年10月19日。

入环节中，除经谈判保留的限制以外，外资和内资一视同仁。"负面清单"主要包括市场准入负面清单和外商投资负面清单。市场准入负面清单同时针对境内外投资者，负面清单上列出的是内外资都被禁止或限制的投资领域，体现的是内外资一致的管理。2016年，市场准入负面清单在天津、上海、福建、广东四个省（直辖市）进行试点，从2018年起正式实行全国统一的市场准入负面清单制度[1]。外商投资负面清单针对境外投资者，负面清单上列出的是境外投资者在享受准入前国民待遇原则的同时，必须接受的例外管理措施[2]。目前发改委和商务部联合颁布了最新的《外商投资准入特别管理措施（负面清单）（2019年版）》[3]和《自由贸易试验区外商投资准入特别管理措施（负面清单）（2019年版）》[4]，分别在全国和各自由贸易试验区适用。此外，《CEPA服务贸易协议》[5]和《CEPA投资协议》[6]中分别包括了针对港澳的服务贸易负面清单和非服务部门内地减让表（负面清单），全面向港澳开放内地的服务贸易市场。因此，在市场准入负面清单、外商投资负面清单和CEPA负面清单的支持下，广东主要在"商业存在"领域推行上述三类负面清单[7]，如表1-2所示。

---

[1] 国家发展改革委、商务部：《国家发展改革委、商务部关于印发市场准入负面清单草案（试点版）的通知》，2016年3月2日。

[2] 胥会云：《"准入前国民待遇+负面清单"将全面实行》，《第一财经日报》2015年10月30日，参见 http://news.sohu.com/20151030/n424640264.shtml。

[3] 国家发展改革委、商务部：《外商投资准入特别管理措施（负面清单）（2019年版）》（国家发展改革委、商务部令2019年第25号），2019年6月30日。

[4] 国家发展改革委、商务部：《自由贸易试验区外商投资准入特别管理措施（负面清单）（2019年版）》（国家发展改革委、商务部令2019年第26号），2019年6月30日。

[5] 商务部、香港特别行政区财政司：《〈内地与香港关于建立更紧密经贸关系的安排〉服务贸易协议》，2015年11月27日；商务部、澳门特别行政区经济财政司：《〈内地与澳门关于建立更紧密经贸关系的安排〉服务贸易协议》，2015年11月28日。

[6] 商务部、香港特别行政区财政司：《〈内地与香港关于建立更紧密经贸关系的安排〉投资协议》，2017年6月28日；商务部、澳门特别行政区经济财政司：《〈内地与澳门关于建立更紧密经贸关系的安排〉投资协议》，2017年12月18日。

[7] 根据《服务贸易总协定（GATS）》（WTO，1994），服务贸易有四种形式，即跨境交付、境外消费、商业存在和自然人流动。报告提到的负面清单集中于"商业存在"领域。

表1-2　　　　　　　　　在广东适用的负面清单

负面清单类别	负面清单名称	颁布单位	发布时间
CEPA服务贸易负面清单	《〈内地与香港关于建立更紧密经贸关系的安排（CEPA）〉服务贸易协议 附件1：内地向香港开放服务贸易的具体承诺》	商务部、香港特别行政区财政司	2015.11
	《〈内地与澳门关于建立更紧密经贸关系的安排（CEPA）〉服务贸易协议 附件1：内地向澳门开放服务贸易的具体承诺》	商务部、澳门特别行政区经济财政司	2015.11
CEPA内地与港澳减让表（负面清单）	《〈内地与香港关于建立更紧密经贸关系的安排（CEPA）〉投资协议 附件2 内地减让表、香港减让表》	商务部、香港特别行政区财政司	2017.6
	《〈内地与澳门关于建立更紧密经贸关系的安排（CEPA）〉投资协议 附件2 内地减让表、澳门减让表》	商务部、澳门特别行政区经济财政司	2017.12
市场准入负面清单	《市场准入负面清单草案（试点版）》	国家发展改革委、商务部	2016.3
	《市场准入负面清单（2018版）》		2018.12
外商投资负面清单	《外商投资准入特别管理措施（负面清单）》		2019.6
	《自由贸易试验区外商投资准入特别管理措施（负面清单）》		2019.6

资料来源：课题组整理。

2. 重大平台改革试验：广东自由贸易试验区、粤港澳合作示范区

粤港澳重大合作平台试验示范和引领带动粤港澳三地贸易和投资自由化便利化制度改革。粤港澳重大合作平台基本情况如表1-3所示。

表1-3　　　　　　　　粤港澳重大合作平台基本情况

平台类别	数量	平台名称	性质
一、改革试验区	3	（1）广东自贸试验区广州南沙新区片区 （2）广东自贸试验区深圳前海蛇口片区 （3）广东自贸试验区珠海横琴新区片区	国家级自贸试验

续表

平台类别	数量	平台名称	性质
二、合作示范区	4	（1）港澳青年创业就业基地 （2）港深创新及科技园 （3）江门大广海湾经济区 （4）中山粤澳全面合作示范区	国家级 合作示范

注：港澳青年创业就业基地主要是指南沙粤港澳（国际）青年创新创业工场、前海"粤港澳青年梦工厂"、"横琴·澳门青年创业谷"三大创业就业基地。

资料来源：课题组根据《深化粤港澳合作 推进大湾区建设框架协议》整理。

第一，广东自由贸易试验区制度改革先行先试，为粤港澳乃至全国贸易和投资自由化便利化创新发展探索经验。截至2018年1月，广东自贸试验区自挂牌以来已累计形成385项改革创新经验，此前已在全省范围复制推广三批共86项改革创新经验，同时有21项改革创新经验在全国范围复制推广[1]。2018年1月11日，广东省人民政府印发了《广东省人民政府关于复制推广中国（广东）自由贸易试验区第四批改革创新经验的通知》，在通知提到的16项改革创新经验中，9项改革事项在全省范围内复制推广。其中，投资便利化领域3项，贸易便利化领域6项。广东自贸试验区还推出7项改革经验成果在全省指定范围复制推广：开展"保税+实体新零售"式的保税展示交易这一经验在全省有海关特殊监管区域或保税物流中心（B型）的地市复制推广；另有6项人员出入境便利化政策在珠三角国家自主创新示范区所在市和揭阳中德金属生态城复制推广[2]。广东自贸试验区推出的"智慧口岸"建设就是连接大通关体系中的创新点、形成创新点系统化推广的案例[3]。另外，跨境电商新模式、政府智能化监管模式、"企业专属网页"政务服务新模式，入选全国自贸试验区"最佳

---

[1] 《广东自贸区第四批改革创新经验16项新成果在全省复制推广》，《南方日报》2018年1月25日，参见 http://www.gd.gov.cn/gzhd/zcjd/wjjd/201801/t20180125_264531.htm。

[2] 《广东自贸区第四批改革创新经验16项新成果在全省复制推广》，《南方日报》2018年1月25日，参见 http://www.gd.gov.cn/gzhd/zcjd/wjjd/201801/t20180125_264531.htm。

[3] 皮泽红：《广东自贸区创新经验可复制》，《中国经济导报》2017年7月15日，参见 http://www.ceh.com.cn/xwpd/2017/07/1038664.shtml。

实践案例",向全国推广①。广东自贸试验区贸易和投资自由化便利化改革的突出成果如表1-4所示。

表1-4　　广东自贸试验区贸易和投资自由化便利化改革成果

成果	措施	成效
投资便利化十大最佳案例		
1. 企业专属网页政务服务新模式	为每家企业配备一个定制版专属网页,提供企业网上政务服务唯一入口,依托政务服务综合信息平台,为企业提供便捷化、个性化、一体化的政务服务。	截至2018年3月31日,已为广东自贸试验区内近30万家企业开通企业专属网页,并在全省13个地市推广使用。
2. 推出"商事主体电子证照银行卡"	以营业执照信息为基础,集合企业其他登记、许可、备案、资质认证等证照基础信息,具有政府服务社会"一卡多用"功能。	目前,中行、建行、农行、广发行等近10家银行已加入相关体系,为注册企业至少节省1/3办事时间。
3. 实行"一颗公章管审批"	首批将7个部门共76大项143子项审批划转至南沙行政审批局统一实施,率先在企业登记注册、投资项目备案(核准)和企业投资建设工程审批等领域实施"一颗公章管审批"。	自2017年12月18日运作以来,共完成接件32015件,办结率达95.7%;企业设立、投资项目审批用时缩减了2/3。
4. "三单一平台"事中事后市场监管新模式	以大数据监管平台为依托,在市场监管领域创新性地引入市场违法经营行为提示清单、轻微违法经营行为免罚清单、失信商事主体联合惩戒清单等管理模式。	三项清单实施3年多来,为企业提供了5万多次的法律查询服务,实现对企业"零罚款"。
5. 社会投资类项目全流程审批改革新模式	通过施工许可分阶段发放降低工程建设成本,以搭建跨部门"一站式"审批平台大幅压缩获得施工许可证审批时限。	企业办理施工许可证与政府对接部门由20多个缩减至1个,施工许可办理手续从35个缩减为16个,缩减比例超过50%。政府审批时间由原来的30天缩短至13天,缩短超过50%。投资方110天便能开展地下基础施工,压缩超过30%。审批类费用降幅超过20%。

---

① 商务部:《自由贸易试验区专栏——复制推广》,商务部官网自由贸易试验区专栏,2018年12月20日,参见http://wzs.mofcom.gov.cn/article/zt_zymysyq/column04/。

续表

成果	措施	成效
投资便利化十大最佳案例		
6. 探索一般企业商事登记确认制改革	对不涉及准入负面清单、商事登记前置审批事项的一般企业设立登记，改革商事登记许可制，实行登记确认。	对企业商事主体资格进行自动审查确认，实现"无人审批"，申请人办理营业执照只需10分钟。
7. 全国首创跨境缴税	全国首创"跨境电子支票缴税"及V-Tax远程可视自助办税系统等，为港澳纳税人提供导航式智能流程指引和税务人员远程服务，实现跨境办理涉地方税费业务。	港澳和异地纳税人实现涉税业务办理"零跑动"、跨境办税"同城同质"，以及能随时随地查询和打印税收票证。
8. 电力供应体制改革新模式	发布全新《供用电营业规则》，推行低压供电模式、全面实施预购用电等电力供应机制创新，并成立全国首家增量配电网混合所有制供电企业。	远景供电可靠率高达99.9995%，客户年平均停电时间小于2.5分钟。单一用户一次性受电工程投资节约率达80%，用电报装从59天压缩为10天。
9. 打造"微警认证"应用服务平台	2017年12月25日，借助"微警认证"平台在微信上签发全国首张"身份证网证"，在手机端提供国家法定证件级身份认证服务。	累计注册用户逾360万人，提供各类身份认证服务逾1800万次，如退休人员养老待遇领取资格移动端认证业务惠及70万人次。
10. 蛇口实行"前港—中区—后城"综合开发模式	前海蛇口片区首创港口、园区、城市三位一体综合开发模式，以合作机制调动社会资源，实现了港、产、城联动，协同政府、企业和各类资源。	不仅推广至漳州、重庆、天津、青岛等地，更"走出去"拓展至白俄罗斯、吉布提、斯里兰卡等国。
贸易便利化十大最佳案例		
1. 全球质量溯源体系	境内外企业将商品质量信息导入"智检口岸"平台，商品抵达口岸后，检验检疫机构通过溯源体系实施精准监管、快速验放。商品进入流通环节后，消费者、企业及监管部门通过溯源码或网页查询快速获取全链条溯源信息及特殊状态提醒。	该体系已涵盖全贸易方式和全商品品类，京东、唯品会、美赞臣、四洲等180余家知名企业加入工厂级溯源，共发码5331万个，溯源商品货值达534.63亿美元，查询人次达542.34万，纳入APEC成员国第二批复制推广项目。

续表

成果	措施	成效
贸易便利化十大最佳案例			
2. CEPA框架下粤港澳商品、食品等通关便利化	创新粤港澳关检合作监管模式，对供澳建材综合运用一次申报、分批出境，对珠澳小商品简化归类、汇总申报，对港澳产食品实行进口食品检验前置，对电动自行车、一次性卫生用品等进口产品实行第三方采信认可，对珠澳陆路口岸小客车检查结果参考互认等创新制度。	横琴片区实行"一次申报、分批出境"后单批次货物通关时间从20分钟缩短至3—5分钟；珠澳陆路口岸小客车通关时间节约40%；横琴和南沙片区被抽查送检的进口食品从原7—11个工作日缩短到目前2—3小时内；横琴和前海蛇口片区对电动自行车、一次性卫生用品等进口产品实施第三方检验结果采信。
3. 原产地证智慧审签	运用大数据技术，整合基于签证数据搭建的智能审单数据库和基于风险评估制定的审单规则，建立原产地证智慧签证系统，对判定无风险的证书实行系统自动审核及电子签名。	"智慧签证"系统审核证书的准确率可达99%以上。2017年，前海蛇口片区完成7种证书的智慧审签9041份，减免关税约1339万美元，相关证书审签效能提升80%。南沙片区共签发各类优惠原产地证书4819份，减免关税近1000万美元。
4. "智检口岸"一体化改革	全国首创"智检口岸"工作新模式，企业任何地点、任何时间均可在互联网免费、无纸化申报。	市场采购出口商品通检时间由2—3天缩短为16分钟，港口业务量年均增速超过30%；实现跨境电商平均通检时间105秒；"CEPA食品"2017年进口量同比增长100%；平行进口汽车口岸通检提速3倍。
5. 货物通关"线上海关"样板间	通过互联网将通关业务事项迁至线上办理，已建成"易通关"平台、"关邮e通""穗关在线"移动端，覆盖五个领域227项业务。	2017年，广州关区进出口货物通关时间分别较2016年全国海关进出口通关时间压缩49%、62%。"互联网+自主报关"报关单数约136万票，进口货物通关成本降幅最高为六成，出口货物通关成本降幅最高为八成。
6. 粤港货物进出境快速通道	创新实施"粤港跨境货栈"监管制度和"深港陆空联运"模式，打造粤港货物进出境快速通道。	"粤港跨境货栈"物流转运时间比传统操作快3—7个工作日，为加贸企业节省多达70%以上成本。"深港陆空联运"可为企业节省1/3物流成本，节约1/4物流时间。
7. 跨境电商B2B交易结算一体化解决方案	前海蛇口、南沙片区打造全新的跨境电商B2B交易结算产品，解决跨境电子商务进出口面临的订单批量小、品种多、频次高的问题。	2016年、2017年前海湾保税港区跨境电商出口货值分别为1.77亿、3.74亿美元，同比分别增长338%、112%。

续表

成果	措施	成效
贸易便利化十大最佳案例		
8. 粤港澳游艇"自由行"	率先实施"定点停靠,就近联检"新型便利通关模式,简化了港澳游艇出入境通关手续。	2017年7月24日,南沙实现粤港澳游艇自由行首航。横琴长隆游艇码头基础设施也基本建成。
9. 打造"全球中心仓"	在"仓储货物按状态分类监管"基础上构建"一区多功能,一仓多形态"模式,使原来需要存储于多个地区、多个仓库的多种物流及贸易形态可以在自贸试验区内的一个中心仓内"一站式"完成。货物可非报关入区,区内货物可以在不同账册间"结转"。	前海蛇口片区一家企业通过将900万欧元的保税货物由保税账册转电商账册,共节约费用约100万元人民币,节约时间20余天。
10. 首创澳门单牌车便利入出横琴	通过网上申报审批、一线口岸通关验放、二线通道越界监管,实现"前中后"全覆盖便利入出横琴岛,并签发第一批单牌车车险保单。	自2016年12月政策实施以来,申请入境、续期、添加驾驶员等澳门机动车入出横琴申请超过2300项,为800多辆澳门单牌车入出横琴提供服务保障。

资料来源:陈司悦:《广东自贸区"三周岁"创新成果不断》,2018年4月20日,南方网(http://economy.southcn.com/e/2018-04/20/content_181575856.htm)。

第二,其他粤港澳合作示范区进一步在创业就业、创新与科技、跨境产业对接、社会民生等领域深化合作,充实与完善了粤港澳贸易和投资自由化便利化体系。一是,港澳青年创业就业基地致力于发挥对青年创新创业的支持和引领作用,提供资金支持、技术开发、市场对接、优惠政策等多方面的扶持,帮助解决港澳创业团队水土不服、文化差异等问题,持续培育创新创业动力,打造港澳青年在内地创新创业的福地[1]。二是,深港双方密切配合,共建"港深创新及科技园",在园内配套建设相关高等教育、文化创意和其他配套设施,以创新和科技为主轴,吸引深港两地及海外企业、研发机构和高等院校进驻。[2] 三是,江门大广海湾经济区作为珠

---

[1] 王珊珊:《前海"梦工场"助力粤港澳青年实现创业梦》,2018年8月17日,中国日报网(https://baijiahao.baidu.com/s?id=1609024536483582271&wfr=spider&for=pc)。

[2] 《河套:打造深港创新科技合作典范》,《深圳特区报》2017年7月3日,参见http://www.sznews.com/news/content/2017-07/03/content_16625467.htm。

江西岸粤港澳合作重大平台，发挥区位优势及"第一侨乡"优势，与港澳联手打造国际合作新平台，探索区域经济合作新模式和新机制，积极提升对外开放水平①。四是，中山与澳门在中山翠亨新区合作建设"粤澳全面合作示范区"，突破"产业园区"模式，立足中小企业转型发展的迫切需要及澳门相关社会民生需求，拓展教育、旅游、文化交流、商贸服务、产业等方面的合作②。

3. CEPA 成功故事：货物产品零关税、法律服务、金融服务、医疗服务

CEPA 实施的贸易和投资自由化便利化政策，形成了一批港澳专业人士通过 CEPA 政策进入内地执业开业的成功案例。

第一，货物贸易方面，CEPA 正文第二章第五条提出，香港将继续对原产内地的所有进口货物实行零关税；内地自 2004 年 1 月 1 日起，对原产香港的进口货物逐步实行零关税，并于 2006 年 1 月 1 日前对全部原产香港的进口货物实行零关税③。

CEPA 成功故事一：货物产品零关税——高科桥光通信有限公司

2003 年，香港唯一的光纤生产商——高科桥光通信有限公司被内地民营企业富通集团驻港企业收购。透过 CEPA 的零关税优惠措施，配合其丰富的内销经验，集团扩充了高科桥的规模、增加了产量，并继续以香港作为基地，开拓海外市场。

CEPA 降低成本，资源灵活调配

光纤属于同质性产品，厂商根据国际标准生产各种型号的光纤，质量

---

① 潘伟珊：《广东江门大广海湾经济区规划介绍》，2014 年 7 月 28 日，南方网（http://jm.southcn.com/content/2014-07/28/content_105332681.htm）。

② 王国安：《澳门与中山翠亨新区合作建设"粤澳全面合作示范区"》，2014 年 7 月 16 日，中国新闻网（http://www.chinanews.com/ga/2014/07-16/6393460.shtml）。

③ 中华人民共和国商务部港澳台司：《内地与香港关于建立更紧密经贸关系的安排（协议正文）》，2003 年 9 月 30 日，商务部官网（http://tga.mofcom.gov.cn/article/zt_cepanew/subjectaa/200612/20061204078587.shtml）。

主要取决于上游的光纤预制棒。自2015年8月起，内地向从日本及美国进口的光纤预制棒征收8%—40%的反倾销税，使得内地的光纤制造企业成本上升，此外，透过CEPA的零关税政策，高科桥的产品在进口内地时却可以免征5%的进口关税，而高科桥不受反倾销影响，在原材料成本上有相当优势。董事总经理何兴富坦言："光纤是做量的生意，我们每年约生产500万公里的光纤，CEPA带给我们节省的关税就牵涉上千万元。目前，内地光纤需求持续旺盛并出现短缺，即使我们提价5%，对客户来说仍然具有相当的吸引力。"

以香港为跳板迈向国际

一般人认为香港的制造业日渐式微，主要原因是人工等成本高昂。富通集团作为内地企业，却着眼香港优秀的一面。何兴富解释，一方面，公司作为高端制造业，属于非劳动密集型工业，人力资源投入低，可控制人工成本。另一方面，香港可以提供优秀的人员及良好的营商环境，增强了他们在香港设厂的信心。香港另一优势在于与国际接轨。2009年，富通集团透过高科桥与日本住友电气工业株式会社成立合资企业，在技术、管理及市场推广皆获益良多。"香港是我们最好的学习地。用着同一语言，令我们更轻易在港营运，从而在国际经验、金融自由及法治等方面学习。"何兴富补充道。内地各行业都出现产能过剩，所以"走出去"的策略极为重要。何兴富总结说，香港作为东西方的交汇点，毕竟在金融、物流、通信方面有着不可替代的优势，再加上CEPA提供的优惠，令他更有信心利用好香港作为内地和海外市场的重要枢纽及桥头堡。未来富通集团将会利用香港的金融优势，以此为再投资的基点，增加在东盟市场的占有率。

资料来源：香港特别行政区政府工业贸易署，"CEPA成功故事"，2017年版。

第二，在法律服务方面，CEPA为香港法律专业人士进入内地市场提供了巨大机遇。香港律师事务所可与广东律师事务所成立合伙联营律师事务所，通过两地律师的搭配形成优势互补，充分发挥协同效应。

表1–5　　内地向香港开放服务贸易的具体承诺：法律服务

部门：	1. 商务服务
分部门：	A. 专业服务 a. 法律服务（CPC861）
所涉及的义务：	国民待遇
保留的限制性措施：	商业存在 独资设立的代表机构不得办理涉及内地法律适用的法律事务，或聘用内地执业律师。 与内地方以合作形式提供法律服务限于： (1) 可由内地律师事务所向香港律师事务所驻内地代表机构派驻内地执业律师担任内地法律顾问，或由香港律师事务所向内地律师事务所派驻香港律师担任涉港或跨境法律顾问。 (2) 内地律师事务所和已在内地设立代表机构的香港律师事务所按照协议约定进行联合经营的，在各自执业范围、权限内以分工协作方式开展业务合作。 (3) 在广州市、深圳市、珠海市与内地方以合伙方式联营，联营方式按照司法行政主管部门批准的具体规定执行。

资料来源：商务部：《CEPA服务贸易协议》，2015年。

CEPA成功故事二：法律服务——林李黎律师事务所

林李黎律师事务所成立于1991年，服务涵盖诉讼及非诉讼等多个领域。根据CEPA补充协议八的有关措施，即完善两地律师事务所联营方式，成立华商林李黎（前海）联营律师事务所。

林李黎律师事务所主管合伙人林新强深信"一加一大于二"，由熟悉普通法的香港律师事务所与精通大陆法的内地律师事务所以合伙联营方式经营，定能为内地客户提供更全面的法律服务。2014年，林李黎律师事务所成功通过CEPA与一家深圳律师事务所在前海成立首家合伙联营律师事务所——华商林李黎（前海）联营律师事务所。

CEPA迎来新机遇

自2004年起，香港律师事务所可通过CEPA与内地律师事务所以非合伙方式联营。非合伙方式联合的主要好处是分担成本。CEPA补充协议八带来突破，提出进一步密切内地与香港律师业的合作，探索并完善两地律师事务所联营方式。其后，内地正式允许香港律师事务所在深圳前海、珠海横琴及广州南沙试点和内地律师事务所以合伙方式联营。

林新强指"此措施是香港法律专业人士进入内地市场的转折点。以合伙方式联营除可与内地律师事务所分担成本外，也能与其分享利润，这对香港律师楼有相当吸引力。同时，通过合伙联营，两地律师的搭配可带来互补，充分发挥协同效应"。

创新思维，冀成楷模

从事法律服务业三十年，林新强认为成立合伙联营能凸显香港律师的优势。"法律专业在本港发展成熟，管理及处事方式注重程序及规条。同时大部分发达国家都跟香港一样沿用普通法，熟悉普通法的香港律师可以作为内地与其他国家的桥梁，协助内地企业迈向国际。"

合伙联营更可以提供"一条龙"的法律服务，大大增加联营事务所的竞争力。"内地与香港两地的交流频繁，现在很多诉讼同时牵涉两地的公司，成立合伙联营后，我们可以同时提供两方面的法律意见。"

2016年，CEPA允许成立合伙联营的地区扩展至深圳市、珠海市及广州市，林新强认为会吸引更多律师行参与。他形容合伙联营的做法开创先河，不单为行业发展带来新机遇，更以一套新方式处理不同法制的问题，体现一国两制的实践。

资料来源：香港特别行政区政府工业贸易署，"CEPA成功故事"，2017年版。

第三，金融服务方面，CEPA为香港金融服务业的不同参与者带来很大的机遇。自2004年起，因资产要求调低而符合在内地开设分行资格的香港注册银行日益增多；人民币境外合格机构投资者安排的实施，为香港发展人民币计价的投资产品提供了动力，使得证券和资产管理行业也受惠；同时，数家香港保险经纪公司获批在广东省设立全资保险代理公司[①]。

---

① 丁文蕾：《香港金发局：CEPA为香港金融服务业带来机遇》，2014年9月9日，新华网（http：//www.chinanews.com/ga/2014/09-09/6571647.shtml）。

表1-6　内地向香港开放服务贸易的具体承诺：金融服务

部门：	7. 金融服务
分部门：	A. 所有保险和与其相关的服务（CPC812） 人寿险、意外险和健康保险服务（CPC8121） 非人寿保险服务（CPC8129） 再保险和转分保服务（CPC81299） 保险辅助服务（保险经纪、保险代理、咨询、精算等）（CPC8140）
所涉及的义务：	国民待遇
保留的限制性措施：	商业存在 香港保险公司及其经过整合或战略合并组成的集团进入内地保险市场须满足下列条件： （1）集团总资产50亿美元以上，其中任何一家香港保险公司的经营历史在30年以上，且其中任何一家香港保险公司在内地设立代表处2年以上； （2）所在地区有完善的保险监管制度，并且该保险公司已经受到所在地区有关主管当局的有效监管； （3）符合所在地区偿付能力标准； （4）所在地区有关主管当局同意其申请； （5）法人治理结构合理，风险管理体系稳健； （6）内部控制制度健全，管理信息系统有效； （7）经营状况良好，无重大违法违规记录。 支持符合条件的香港保险公司在中国（广东）自由贸易试验区设立分支机构，对进入自由贸易试验区的香港保险公司分支机构视同内地保险机构，适用相同或相近的监管法规。 香港保险公司参股内地保险公司的最高股比不超过24.9%。境外金融机构向保险公司投资入股，应当符合以下条件： （1）财务状况良好稳定，最近3个会计年度连续盈利； （2）最近1年年末总资产不少于20亿美元； （3）国际评级机构最近3年对其长期信用评级为A级以上； （4）最近3年内无重大违法违规记录； （5）符合所在地金融监管机构的审慎监管指标要求。 境外保险公司与内地境内的公司、企业合资在内地设立经营人身保险业务的合资保险公司（以下简称合资寿险公司），其中外资比例不可超过公司总股本的50%。境外保险公司直接或者间接持有的合资寿险公司股份，不可超过前款规定的比例限制。 内地境内保险公司合计持有保险资产管理公司的股份不可低于75%。 香港保险代理公司在内地设立独资保险代理公司，为内地的保险公司提供保险代理服务，申请人须满足下列条件： （1）申请人必须为香港本地的保险专业代理机构； （2）经营保险代理业务10年以上，提出申请前3年的年均业务收入不低于50万港元，提出申请上一年度的年末总资产不低于50万港元； （3）申请前3年无严重违规、受处罚记录。 香港保险代理公司进入中国（广东）自由贸易试验区提供保险代理服务，可适用与内地保险中介机构相同或相近的准入标准和监管法规。 香港的保险经纪公司在内地设立独资保险代理公司，申请人须满足以下条件：

部门：	7. 金融服务
	（1）申请人在香港经营保险经纪业务10年以上； （2）提出申请前3年的年均保险经纪业务收入不低于50万港元，提出申请上一年度的年末总资产不低于50万港元； （3）提出申请前3年无严重违规和受处罚记录。 香港保险经纪公司进入中国（广东）自由贸易试验区提供保险代理服务，可适用与内地保险中介机构相同或相近的准入标准和监管法规。 香港的保险经纪公司在内地设立独资保险经纪公司，须满足下列条件： （1）总资产2亿美元以上； （2）经营历史在30年以上； （3）在内地设立代表处2年以上。 香港保险经纪公司进入中国（广东）自由贸易试验区提供保险经纪服务，可适用与内地保险中介机构相同或相近的准入标准和监管法规。 香港服务提供者在内地不得设立保险公估机构。 香港保险公估机构进入中国（广东）自由贸易试验区提供保险公估服务，可适用与内地保险中介机构相同或相近的准入标准和监管法规。 除经中国保监会批准外，港资保险公司不可与其关联企业从事下列交易活动： （1）再保险的分出或者分入业务； （2）资产买卖或者其他交易。 经批准与其关联企业从事再保险交易的外资保险公司应提交中国保监会所规定的材料。

资料来源：商务部：《CEPA服务贸易协议》，2015年。

CEPA成功故事三：金融服务——香港恒生银行有限公司广东展业

屹立香港超过80年，恒生一直见证着香港的种种变迁，从最初一家位于上环的小型找换店发展至今，在香港设有250多个网点，足迹遍布内地不同地区。多年来，恒生始终积极应对市场变化，面对内地对优质金融服务需求的日益增长，恒生全面利用CEPA政策利好，加快完善在内地的布局。

多方支援多元发展

恒生一直在香港为客户提供全面的金融投资服务，并致力于通过多元化的业务满足内地客户需求。CEPA补充协议六允许香港银行通过广东省的分行开设异地支行，恒生于2010年就在佛山开设了首家异地支行。恒生银行执行董事冯孝忠认为此举对业务发展相当重要。"开设异地支行的资本要求较低，使我们可于短时间内扩大覆盖网络，接触更多客户。过往我们每年只会开一两家分行，但在CEPA下，我们可在广东省内开设多家异地支行，并同时更有效地分配资源，在广东省以外的城市开设分行。"

2012年，恒生与广东第二大证券公司通过CEPA成立广州广证恒生证券研究所有限公司，成为首家合资证券投资咨询公司，实地进行A股市场的研究和分析。"我们会向内地的商业客户发表研究报告，而广东省的个人客户亦可享用这项服务。"结合研究A股市场的经验，恒生于2016年通过CEPA补充协议十的措施，与深圳市前海金融控股有限公司成立恒生前海基金管理有限公司，冯孝忠指出，"在CEPA框架下港资可以成为合资基金公司的大股东，令公司更愿意投放人力和其他资源发展"。

互惠互利共创双赢

在享受CEPA带来的多元发展机遇之际，冯孝忠相信香港银行同时可以为内地银行业做出贡献，实现双赢。"香港银行在营运和管理上达到了国际水平，我期望将香港的优良管治文化带到内地，促进内地企业与国际接轨。"冯孝忠希望未来CEPA进一步开放内地保险市场，以便恒生为内地客户提供全方位的金融服务。

资料来源：香港特别行政区政府工业贸易署，"CEPA成功故事"，2017年版。

第四，医疗服务方面，CEPA自2004年1月1日实施以来，香港已有72家合资、合作医疗机构在内地开业。港资医疗机构已覆盖口腔、美容、眼科和综合等多个领域，主要从事中高端医疗服务，对改善就医环境、提高医疗服务品质发挥了很大作用。

表1-7　　内地向香港开放服务贸易的具体承诺：医疗服务

部门：	8. 与健康相关的服务和社会服务
分部门：	A. 医院服务（CPC9311）
所涉及的义务：	国民待遇

	续表
保留的限制性措施:	商业存在 申请设立医疗机构须经省级卫计委和省级商务主管部门按国家规定审批和登记。

资料来源：商务部：《CEPA 服务贸易协议》，2015 年。

CEPA 成功故事四：香港独资医疗服务——内地首家香港独资的眼科专科医院深圳希玛林顺潮眼科医院成立

  2013 年林顺潮饮下"头啖汤"，创办了内地首家港人独资医院——深圳希玛林顺潮眼科医院，医院于当年 3 月 20 日正式开业（以下简称"希玛眼科医院"）。希玛眼科医院不仅为深圳带来与国际接轨的医疗条件，其以病人为中心的优质服务也逐渐赢得了良好口碑。多年来，深圳市卫计委通过第三方机构进行的医疗卫生公众满意度调查中，希玛眼科医院一直高居深圳社会办医院公众满意度的榜首。

  林顺潮希望以自己在内地开业的经验作为一个成功例子，告诉大家在香港做的手术在深圳也能做，鼓励更多香港同业到内地发展。"如果没有 CEPA，我也不会进入内地开办医院。CEPA 容许香港医生在内地执业，并让港资医院在内地独资经营。"林顺潮表示，希玛目标在未来五年成立 10 家希玛眼科医院，让更多内地病人"瞎眼今得看见"。

  虽然 CEPA 对发展有利，但回顾初到内地时，也面对不少挑战。人才资源缺乏是难题之一。"深圳本身不是一个医疗领先的城市，有关人才相对广州、北京、上海等缺乏，"但这并没有打击他的信心，反而坚定了林顺潮将自身在香港中文大学积累的丰富教学经验及人脉带到深圳的决心，并积极培养更多年轻优秀的医生，"在深圳希玛眼科医院，我们的香港及外籍专家除了看诊，还要培训学生。我们希望把希玛建设成一个优秀眼科医生的摇篮，培育出具国际水平及视野的眼科医生。"

  资料来源：香港特别行政区政府工业贸易署，"CEPA 成功故事"，

2017 年版。

3. 广东自由贸易试验区案例：广州南沙"跨境电商监管新模式"、深圳前海"国际海关 AEO 认证"、珠海横琴"政府智能化监管服务模式"

第一，广州南沙首创"跨境电商监管新模式"，降低企业的通关成本。根据商务部 2015 年发布的"8 个自贸区最佳实践案例"[①]，广东自贸试验区南沙片区首创的跨境电商监管新模式入选。

广州南沙"跨境电商监管新模式"

跨境电商监管新模式通过简化口岸环节，加强事中事后监管，构建质量追溯体系，对跨境电商企业及商品实行事前评估、入区备案、第三方检测、事后追溯等闭环监督管理，有效地促进了片区跨境电商产业的发展。该模式由广东自贸试验区境内的海关、检验检疫部门牵头，会同商务、发展改革等部门，积极构建事前备案、事中采信、事后追溯的跨境电商管理新模式：一是对跨境电商企业和商品实行备案管理，二是对电商商品出入境实施全申报管理，三是对进口保税货物实施"先放后征"的快速通关模式，四是建立跨境电商质量追溯体系，五是推动跨境电商第三方采信制度。通过这一监管新模式，企业申报更方便，检验检疫效率大幅提升，商品"源头可溯、去向可查"取得了新成效，该模式有力推动了跨境电商产业的健康快速发展。

资料来源：《贸易便利化—案例 4：跨境电商监管新模式》，商务部外国投资管理司官网，2015 年 12 月 10 日。

第二，深圳前海蛇口推出"国际海关 AEO 认证"，与国际标准接轨。对于国际贸易企业来说，AEO 认证在国际上享有货物进出口优先通关、

[①] "8 个自贸区最佳实践案例"包括四个贸易便利化案例，分别是"国际贸易'单一窗口'（上海自贸区）""国际贸易'单一窗口'（福建自贸区）""京津冀区域检验检疫一体化新模式""跨境电商监管新模式"，一个投资体制改革案例，即"投资管理体制改革'四个一'"和三个事中事后监管案例，分别是"以信用风险分类为依托的市场监管制度""政府智能化监管服务模式""推进信用信息应用　加强社会诚信管理"，参见 http：//www.china-hnftz.gov.cn/zwgk_ list－126－1. html。

减少通关流通费用等通关便利和政策优惠。

深圳前海蛇口"国际海关 AEO 认证"

前海蛇口自贸片区推出的"港区一体化""国际海关 AEO 认证"等一系列促进国际贸易便利化的重要举措,为片区加快形成对外开放门户枢纽提供了有力支撑。2017 年 3 月,深圳海关启动对所有企业的重新认证工作,在全关范围内推行 AEO 认证,以前的 AA 类企业都要重新认证。由于此次认证要和国际接轨,因此要求更严格。以申请高级认证企业为例,需要填写 32 项认证标准,得分在 95 分以上(不含)才合格。这 32 项标准中,有些是企业以前未曾涉及过的,比如仓库要安装高精密度的监控摄像机、评估公司商业合作伙伴的安全性等。

资料来源:马玥:《深圳海关推行 AEO 认证,可助企业享受通关便利》,《中国玩具制造》2017 年第 7 期。

第三,珠海横琴探索"政府智能化监管服务模式",通过市场监管大数据平台为商事主体提供信息化、便利化政府服务。

珠海横琴"政府智能化监管服务模式"

第一,推出商事主体电子证照卡,为企业提供便利化政务服务。商事主体电子证照卡集成了企业各类信息,是可作为数字证书使用的"企业电子身份证"。商事主体可持卡在横琴片区工商、税务、质监、海关、检验检疫等部门办理审批、许可、备案等业务。使用电子证照卡后,办理业务不需再携带大量纸质材料,只需刷卡便可完成身份验证和材料审核,可为企业至少节省 1/3 的业务办理时间,大幅节约了企业办事成本。第二,制定市场违法经营行为提示清单,为企业提供清晰的事前指导服务。由工商局牵头,横琴新区首创性地在工商行政管理领域引入清单管理模式,于 2015 年 5 月 22 日发布横琴新区市场违法经营行为(工商行政管理类)提示清单。提示清单为企业标明了经营行为的"雷区"和"红线",为企业经营活动提供了清晰的事前指导服务。商事主体电子证照卡和市场违法经营行为提示清单的实施,有利于加强事中事后监管。一是通过实施商事主体电子证照卡和制定提示清单,强化了各监管部门的信息资源整合,建立起市场监管大数据平台。二是通过清晰的经营行为"雷区"和"红线",引导企业守法经营,减轻了监管压力。三是提示清单使公众对工商部门的执法依据和执法边界了然于胸,增强了工商执法公开透明度,化解了执法过程中不必要的猜疑和误解,有利于推动市场监管和谐发展。

资料来源:《事中事后监管—案例7:政府智能化监管服务模式》,商务部外国投资管理司官网,2015年12月10日。

(二)问题与挑战:政策执行、部门协调、配套措施

涉及粤港澳贸易和投资自由化便利化的政策,主要体现在CEPA及其系列协议(商务部等,2003—2017)、《深化粤港澳合作 推进大湾区建设框架协议》(国家发改委等,2017)、《中国(广东)自由贸易试验区总体方案》(国务院,2015)、《中国(广东)自由贸易试验区建设实施方案》(广东省人民政府,2015)、《进一步深化中国(广东)自由贸易试验区改革开放方案》(国务院,2018)、《CEPA关于内地在广东与香港基本实现服务贸易自由化的协议》(商务部等,2014)、《CEPA服务贸易协议》(商务部等,2015)、《中国人民银行关于进一步完善人民币跨境业务政策促进贸易投资便利化的通知》(中国人民银行,2018)、《国务院关于深化泛珠三角区域合作的指导意见》(国务院,2016)等一系列文件中。2019年2月,中共中央、国务院印发《粤港澳大湾区发展规划纲要》[①],对落实粤港澳大湾区国家战略进行全面部署和规划设计,其中第九章《紧密合作共同参与"一带一路"建设》对贸易自由化和投资便利化进行了专门部署。虽然上述政策文件在不同层面对粤港澳贸易和投资自由化便

[①] 中共中央、国务院:《粤港澳大湾区发展规划纲要》,2019年2月。

利化指明了方向，具有较强的实践指导意义，但仍然存在政策执行仍需加强、部门协调力度不足、配套措施有待完善三个方面问题。

1. 政策执行：法律监管与法规政策透明度、注册审批与市场自由度、知识产权保护力度

根据张光南等（2016）的研究，粤港澳贸易和投资自由化便利化在政策执行层面有以下三方面问题亟待解决：一是粤港澳三种法律制度差异造成监管冲突，法律法规和政策透明度不高抑制了贸易和投资效率；二是企业注册审批手续烦琐，限制条件多，导致粤港澳市场自由度受到限制；三是知识产权保护程序复杂，执法力度有待提高。

2. 部门协调：权责界定、政策协调

粤港澳贸易和投资自由化便利化需要多个部门的监管协同，如果部门开放措施不协调将影响贸易和投资政策的落实。主要表现为一是地方各政府部门间监管协调力度不足，制度改革的执行部门权责不明。首先，"负面清单"实施过程中，港澳资企业进入广东的审批程序可能涉及经贸、市场监督、税法、金融业"一委一行两会"等监管部门。由于服务贸易监管权责不明，各部门对港澳资企业进入广东时的问题处理出现风险规避和相互推诿现象，造成企业注册及项目申请过程中的审批困难（张光南等，2014）。其次，市场"负面清单"与政府权责"正面清单"对应的问题。由于"负面清单"市场管理模式要求政府简政放权，导致政府部门在"负面清单"实施管理中对其权限采取"正面清单"界定存在困难，政府的"放权"与市场的"负面清单"形成配套是解决问题的关键[①]。二是粤港澳贸易和投资自由化便利化属于区域协调问题，地方政府负责具体政策执行，但部分审批权限归其他部委，导致执行难。如果开放措施的审批权限无法配套，则可能造成"负面清单"落实困难。例如，CEPA 是商务部代表内地与港澳政策签订的协议，但各部委对港澳开放政策有待协调，导致部分措施无法落实。三是政府部门间市场开放政策协调力度不足，市场主体自发合作存在局限。粤港澳目前在政府层面缺乏统一的市场监管协调机制，更多依赖于市场主体的自

[①] 戴春晨、郭嘉颖：《专访中山大学港澳珠三角中心副主任张光南：港澳服务业"北上"关键在于内地"放权"配套》，《21 世纪经济报道》2016 年 6 月 30 日。

发合作，在某些领域合作推进仍有困难。如广深港以及珠海、澳门等地五大机场的定位分工、港珠澳大桥等区域跨界工程的法律协调、重大权属分配、监管协同等（张宁，2017；官华等，2015）。

3. 配套措施：税收政策、金融环境、人才流动、基础设施互联互通

粤港澳实施高水平的贸易和投资自由化便利化需要进一步完善相关配套措施。一是税收制度存在较大差异，制约着粤港澳人才、资本等生产要素的自由流动。二是粤港澳三地金融环境差异较大，不利于金融业协同发展。三是人才流动存在障碍[①]。四是粤港澳基础设施互联互通在重复建设、运管管理、全域布局等方面有待进一步优化。

三 全球贸易和投资自由化便利化：标准评价体系

（一）国际标准：国际贸易和投资自由化便利化评价体系

1. 世界银行：全球《营商环境报告（Doing Business）》评价指标体系、《中国营商环境报告2008》和全球《营商环境报告（Doing Business）》的中国部分（2004—2018）

（1）全球《营商环境报告（Doing Business）》[②] 评价指标体系

世界银行（2017）营商环境评价指标体系[③]从多个角度系统反映了一

[①] 2018年8月，国务院办公厅出台《国务院办公厅关于印发〈港澳台居民居住证申领发放办法〉的通知》（国办发〔2018〕81号），港澳台居民申领内地居住证将享受六大公共服务和九大便利，正文中提到的方面已基本实现与内地居民同等待遇，对人员流动具有积极意义；未来如果粤港澳能够在这些方面实现公共服务对接，将进一步促进粤港澳三地人员流动。

[②] World bank group, *Doing business* 2017, 25th October 2016.

[③] 世界银行于2001年成立营商环境（Doing Business）小组来构建营商环境指标体系。目前，该指标体系共有11项一级指标、43项二级指标（实际适用41项指标，其中劳动力市场监管的两项二级指标未引入评价系统）。根据张国锋（2016）的研究，世界银行营商环境指标体系的核心是反映保障私营企业建立、运营和发展壮大的制度环境和法制环境，重点是营商的便利性、效率、成本和公平的市场环境，突出私营部门追求平等市场地位的诉求，针对的对象是内资中小型企业，这也反映了该指标体系存在的局限性，即忽略了安全、市场规模、宏观经济稳定性、市场经济条件下的政商关系等重要领域。[张国锋：《世界银行发布〈2017年营商环境报告〉新西兰超新加坡居首香港升至第四》，2016年10月26日，证券时报网（http://finance.sina.com.cn/stock/t/2016-10-26/doc-ifxwzuci9633122.shtml）。]

个经济体的营商环境便利化程度。从法制化和便利化角度看，11项一级指标分为2类。一类反映监管过程的复杂程度和费用支出，包括开办企业、办理施工许可、获得电力、产权登记、纳税、跨境贸易等6项指标。另一类反映法制保障程度，包括获得信贷、保护少数投资者、合同执行、破产办理和劳动力市场监管等5项指标。从企业生命周期角度看，世界银行的研究以企业日常运营为核心，将企业全生命周期分为启动、选址、融资、容错处理4个阶段。日常运营包括跨境贸易、纳税等2项指标，启动阶段包括开办企业、劳动力市场监管等2项指标，选址阶段包括办理施工许可、获得电力、产权登记等3项指标，融资阶段包括获得信贷、保护少数投资者等2项指标，容错处理阶段包括合同执行、破产办理等2项指标，共11项指标。总体而言，世界银行营商环境评价指标体系客观定义了营商环境的基本内容，为贸易和投资自由化便利化指明了具体方向。

表1-8　世界银行《2017年营商环境报告》指标体系

一级指标	二级指标	前沿水平
1. 开办企业	1.1 办理程序	1
	1.2 办理时间	0.5
	1.3 费用	0
	1.4 开办有限责任公司所需最低注册资本金	0
2. 办理施工许可	2.1 房屋建筑开工前所有手续办理程序	5
	2.2 房屋建筑开工前所有手续办理时间	26
	2.3 房屋建筑开工前所有手续办理费用	0
	2.4 建筑质量控制指数	15
3. 获得电力	3.1 办理接入电网手续所需程序	3
	3.2 办理接入电网手续所需时间	18
	3.3 办理接入电网手续所需费用	0
	3.4 供电稳定性和收费透明度指数	8
4. 产权登记	4.1 产权转移登记所需程序	1
	4.2 产权转移登记所需时间	1
	4.3 产权转移登记所需费用	0
	4.4 用地管控系统质量	30

续表

一级指标	二级指标	前沿水平
5. 获得信贷	5.1 动产抵押法律指数	12
	5.2 信用信息系统指数	8
6. 保护少数投资者	6.1 信息披露指数	10
	6.2 董事责任指数	10
	6.3 股东诉讼便利指数	10
	6.4 股东权利保护指数	10
	6.5 所有权和控制权保护指数	10
	6.6 公司透明度指数	10
7. 纳税	7.1 公司纳税次数	3
	7.2 公司纳税所需时间	49
	7.3 总税率	26.1
	7.4 税后实务流程指数 7.4.1 增值税退税申报时间 7.4.2 退税到账时间 7.4.3 企业所得税审计申报时间 7.4.4 企业所得税审计完成时间	100
8. 跨境贸易	8.1 出口报关单审查时间	1
	8.2 出口通关时间	1
	8.3 出口报关单审查费用	0
	8.4 出口通关费用	0
	8.5 进口报关单审查时间	1
	8.6 进口通关时间	1
	8.7 进口报关单审查费用	0
	8.8 进口通关费用	0
9. 合同执行	9.1 解决商业纠纷的时间	120
	9.2 解决商业纠纷的成本	0.1
	9.3 司法程序的质量指数	18
10. 破产办理	10.1 回收率	92.9
	10.2 破产法律框架的保护指数	16

续表

一级指标	二级指标	前沿水平
11. 劳动力市场监管	11.1 就业监管灵活性	未引入评价系统
	11.2 工作质量控制方面的灵活性	未引入评价系统

注：根据世界银行《2017 年营商环境报告：人人机会平等》，其评价体系通过各项指标的"前沿水平"和"前沿距离"，客观反映每个经济体的营商环境在各个指标上的相对便利化程度。所谓"前沿水平"是指自 2003 年以来或者该指标收集进入营商环境指标体系开始，营商环境报告包含的所有经济体在所有年份中达到的历史最好水平。"前沿距离"是指每个经济体在各个相对指标上与"前沿水平"的差距。

资料来源：世界银行：《2017 年营商环境报告：人人机会平等》，2017。

近几年的世行营商环境报告显示，中国的营商环境稳中向好，而中国香港的营商环境一直排名全球前五。在《2017 年营商环境报告：人人机会平等》的营商效率全球排名中，香港排在第 4 位，而中国排在第 78 位且较 2016 年上升了 6 位[1]。《2018 年营商环境报告：改革创造就业》(Doing Business 2018: Reforming to Create Jobs) 显示，中国营商环境评价排名保持在第 78 位，而香港的营商环境评价排在第 5 位[2]。

(2)《中国营商环境报告 2008》[3] 和全球《营商环境报告 (Doing Business)》的中国部分 (2004—2018)[4]

世界银行《中国营商环境报告 2008》[5] 采用新兴市场国家的区域营商环境调查模式，衡量政府规制如何对商业活动产生促进和阻碍作用，它按

---

[1] 张国锋：《世界银行发布〈2017 年营商环境报告〉新西兰超新加坡居首香港升至第四》，2016 年 10 月 26 日，证券时报网 (http://finance.sina.com.cn/stock/t/2016-10-26/doc-ifxwzuci9633122.shtml)。

[2] 驻美国经商参处：《世界银行发布〈2018 年营商环境报告：改革创造就业〉》，2017 年 11 月 7 日，商务部官网 (http://www.mofcom.gov.cn/article/i/jyjl/l/201711/20171102666479.shtml)。

[3] Word bank group, *Doing business in china* 2008, 22th April 2008.

[4] World bank group, Doing business, 2004–2018 (annual report).

[5] 2008 年 4 月 22 日，世界银行集团成员之一国际金融公司 (IFC) 与中国社会科学院财政与贸易经济研究所在北京共同发布了《中国营商环境报告 2008》。这是世界银行迄今为止首份也是唯一一份单独以中国营商环境为主题的评价报告 [《世界银行：中国正在提升营商环境》，经济观察网 (http://www.eeo.com.cn/2008/1020/116948.shtml)。]

照《全球营商环境报告》的方法论,选取了四个关键指标:开办企业、登记物权、获取信贷(设立和登记抵押物)和强制执行合同,显示了中国 30 个主要城市中激励或阻碍商业活动的政府规制的范畴以及形式;这些指标虽不能反映地方投资环境的所有方面,但它们提供了相互比较的依据,并为被调查的城市提供了基准参照标准,各城市可以在此基础上实施和展示今后的改革措施。该评价体系的一大不足是某些指标的改善依赖于国家法律政策的修改(倪鹏飞,2008),其排名通常被认为是取向自由经济政策的,有失客观中立性,并非投资者对营商环境的真实评价,在一定程度上偏重于营商自由与效率等价值,而忽视或否认营商安全与秩序等价值(董彪和李仁玉,2016)。

除《中国营商环境报告2008》之外,世界银行自 2004 年后每年均发布全球《营商环境报告(Doing Business)》(2004—2018),其中亦涉及对中国营商环境的评价。上海和北京是世界银行对中国内地营商环境进行评价的样本城市,其中上海权重为55%,北京为45%。在世界银行 2017 年 10 月 31 日发布的《2018 年营商环境报告:改革创造就业》中,其具体指标构成见表 1-9[①]。

表 1-9　　　　　　　　世界银行中国营商环境指标构成

评价指标	具体内容
1. 开办企业	记录一位企业家要开办并正式运营一个工业或商业企业时,官方正式要求或实践中通常要求的所有手续、完成这些手续所需的时间和费用以及最低实缴资本。这些手续包括企业家们为获取所有必要的执照和许可并完成企业及员工应向相关主管机关作出的通告、验证及注册所经历的程序。经济体开办企业便利度排名由它们的前沿距离分数排序决定。这些分数为其构成指标的前沿距离分数的平均值。前沿距离分数说明了一个经济体离"前沿"的距离。这些"前沿"通常在每个指标上拥有最有效率的模式或者获得最高的分数。

---

① 驻美国经商参处:《世界银行发布〈2018 年营商环境报告:改革创造就业〉》,2017 年 11 月 7 日,商务部官网(http://www.mofcom.gov.cn/article/i/jyjl/l/201711/20171102666479.shtml)。

续表

评价指标	具体内容
2. 办理许可	记录建筑行业的企业建设一个仓库需要办的所有手续及各项手续所需的时间和费用。本年度的《营商环境报告》增添了一项新的指数——建筑质量控制指数，评估建筑规章的质量，以及质量控制与安全机制、责任与保险制度和执业资格要求的力度。信息是以问卷形式从建筑许可方面的专家那里收集的，包括建筑师、土木工程师、建筑咨询律师、建筑公司、公用事业服务提供商以及办理建筑法规相关手续（包括审批、颁发许可和检查）的政府官员。办理建筑许可证便利度排名由它们的前沿距离分数的排序决定。这些分数是其各个分指标前沿距离分数的简单平均值。
3. 获得电力	记录企业为一个标准化仓库获得永久性电力连接的所有手续，包括向电力企业提出申请并签订合同、从电力企业和其他机构办理一切必要的检查和审批手续，以及外部的和最终的连接作业。调查问卷将该过程细分为具体的步骤并计算完成每个步骤所需的时间和成本。
4. 财产注册	记录一个企业（买方）从另一个企业（卖方）购买一份财产，并且把此财产的使用权从卖方转移到买方，使买方能使用此财产或者用于扩大自己现用的企业、把此财产作为贷款抵押、在必要的时候把此财产卖掉的所有手续。该报告评估完成每一项手续所需的时间和费用。《营商环境报告》评估各个经济体的土地行政管理的优劣。该指标涵盖了五个方面：基础设施的可靠性、信息的公开程度、地理面积涵盖、土地纠纷解决以及平等获得财产权。
5. 获得贷款	通过一组指标衡量担保交易中借方和贷方的合法权利，通过另一组指标衡量信贷信息的上报。第一组指标描述担保和破产法中是否有某些特征使贷款更加便利。第二组衡量通过征信服务提供商（如信贷社和信贷登记处）所提供的信贷信息的覆盖面、范围和开放程度。经济体获得信贷便利度排名由它们前沿水平距离分数的排序决定。这些分数是合法权利指数和信贷信息深度指数的综合前沿水平距离分数。
6. 保护少数投资者	用一组指标衡量在利益冲突的情况下少数持股者受到的保护，用另一组指标衡量在公司治理结构中股份持有人的权利。数据来自对公司法和证券法律师的调查，并以证券监管规则、公司法、民事诉讼法以及法庭的证据规则为依据。少数投资者保护力度指数的排名由它们的前沿水平距离分数排序决定。这些分数是对利益冲突规范的指数和股份所有人在公司治理结构中的治理指数的综合前沿水平距离分数。
7. 纳税	记录一家中型企业在某一特定年份内必须缴纳的各种税项和强制性派款，也衡量因纳税与支付派款以及进行税后合规而产生的行政负担。这个项目是与普华永道合作开发和实施的，所考察的税项和派款包括利润或企业所得税、雇主缴纳的社会派款和劳务税、财产税、财产转让税、股息红利税、资本收益税、金融交易税、垃圾税、车辆和道路税以及任何其他小额的税或费。
8. 跨境贸易	记录了与进出口货物的物流过程相关的时间和成本。《营商环境报告》衡量了与货物进出口总过程中的三组程序——单证合规、边界合规和国内运输——相关的时间和成本（不包括关税）。

续表

评价指标	具体内容
9. 执行合同	以一家当地的初级法院为例来衡量解决一起商业纠纷所耗费的时间和成本及司法程序质量指数，从而评估各个经济体是否采用一系列可提升法院系统质量和效率的好的操作。数据的采集是通过研究民事诉讼法和其他法庭规章来实现的，数据的另一个来源是由地方诉讼律师和法官完成的调查问卷。经济体执行合同便利度的排名取决于其在执行合同方面的前沿距离分数的排序。总前沿距离分数为各个构成指标的前沿距离分数的平均值。
10. 办理破产	研究国内企业破产程序的时间、成本和结果，以及适用于清算和重组程序的法律框架的力度。办理破产指标的数据得自对地方破产从业单位对调查的答复，并且通过对有关破产制度的法律法规及公共信息的研究加以验证。

注：《营商环境报告》也衡量劳动力市场监管，但该指标未被包括在营商环境便利度排名中，而是作为特别主题的形式存在。

资料来源：世界银行—中国营商环境报告官网（http://chinese.doingbusiness.org/methodology，最后访问日期 2018 年 9 月 8 日）。

2.《华尔街日报》和美国传统基金会：经济自由度指数（Index of Economic Freedom）[1]

经济自由度指数[2]是由《华尔街日报》和美国传统基金会始于 1995 年发布的年度报告，是全球权威的经济自由度评价指标之一[3]。指数根据 10 个方面（见表 1 – 11）、50 个分类指标评价每个国家和地区的经济自由度，并根据各指标累加后的平均值给出总体得分。得分越高，表明政府对经济的干涉水平越低，则经济自由度越高。这一评价体系反对政府干预，主张让市场机制自发调节生产要素、信贷额度、国际收支等[4]。但是该评价体系也有一些缺陷，如在西方国家政府税收是用政府财政收入占 GDP

---

[1] The heritage foundation, 2018 *index of economic freedom*, 2018.
[2] 经济自由度指数体现了美国传统基金会的右翼政治思想，表现为以"在坚持自由竞争、有限政府、个人自由、美国传统价值观以及强大的国家防御为原则的基础上，构建并促进保守的公共政策"为宗旨，坚持不懈地增强其对美国内外政策的影响力（李凌，2017），其所从事的研究是为其政治目的服务的（百度百科：《美国传统基金会》）——课题组注。
[3] Friedrich A. Hayek. *The Road to Serfdom*, Chicago: University of Chicago Press, 1944.
[4] 刘典、周小誄：《"经济自由度"是谁的自由度，如何炼成？》，《经略》网刊 2018 年 2 月 25 日，参见 http://www.sohu.com/a/223974584_352307。

的比重来衡量。我国的情况有些特殊，政府收入中除了税收收入之外，还包括相当数量的预算外收入和制度外收入，因此，单纯用税收收入占 GDP 的比重来衡量财政自由度并不能客观地评价我国财政自由度（李洁和吴雪涛，2010）。

表 1-10 《华尔街日报》和美国传统基金会经济自由度指标构成

评价指标	具体内容
1. 产权保护	承认私有产权，有效的法治保护私有产权，独立、透明、负责任、高效的司法系统保护契约实施。根据以下准则评分：政府保证私有产权，法律系统实施契约有效而迅速，司法系统惩罚非法侵犯私有产权者，没有腐败或征用。
2. 免予腐败	贿赂、勒索、贪污、裙带关系、任人唯亲等腐败行为导致不安全和不确定，加重商业负担，增加交易成本，资源和能源从生产性活动转移到"寻租"活动。政府管制的公开性、透明性可以减少腐败。这项评分来自透明国际的腐败感知指数。
3. 财务自由	个人和企业自己支配收入和财富。政府征收高税收会加重个人和企业负担，减少经济行为的激励。根据三项指标评价财务自由：个人收入的边际税率，公司收入的边际税率，总税收占 GDP 的比重，权重各占三分之一。
4. 政府支出	高政府支出建立在高税收和债务的基础之上，动用了私人消费和投资的资源，过多的政府支出挤出了私人经济活动。根据总的政府支出（包括各级政府）进行评价。
5. 商业自由	个体有建立、经营企业活动权利，没有过多的政府干预。开创注册一家新公司的容易性，政府规制对公司决策的干预性，稳定、透明的规制政策。使用世界银行的商业环境指数（World Bank：Doing Business Report），包括下列指标：开创一个公司需要的程序数、时间、成本、最小资本，获得一个执照所需的程序数、时间、成本，关闭一个公司需要的时间、成本、重新开张成本，得到电力供应需要的程序数、时间和成本。
6. 劳动力自由	个体自由寻找就业机会和工作，工商业自由地雇用或解雇劳动力。自由契约的劳动力市场，减少劳动力市场的刚性规制。根据七项指标进行评价：最低工资对单位工人增加值的比重；雇用一个员工的阻碍；工时刚性；解雇多余员工的困难；法律规定的告之期限；强制性的解雇费；劳动力参与率。数据主要来自世界银行的商业环境指数。
7. 货币自由	货币稳定，利率市场化，货币政策抑制通货膨胀，独立的中央银行。根据两个子指标进行评价：最近三年的平均通货膨胀率以及价格控制。
8. 贸易自由	国际、国内开放、自由贸易，减少贸易限制，如关税、出口税、贸易配额、贸易禁令等。根据两个子指标进行评价：贸易加权的平均关税率（The trade-weighted average tariff rate）；非关税壁垒（Non-tariff barriers，NTBs），如数量限制、价格限制、管制限制、海关限制、直接政府干预。
9. 投资自由	自由开放的投资环境，透明、平等的投资机会，鼓励创新和竞争，资本流向最需要和回报最高的环节。根据以下因素评分：对外国投资的国民待遇，外国投资的法律完善情况，对土地所有权的限制，对投资部门的限制，没有公正的补偿被征用，外汇控制，资本控制。

续表

评价指标	具体内容
10. 金融自由	可获得高效的正式金融体系，实现多样化的储蓄、信贷、支付、投资服务。市场透明、信息完整、诚实，明智有效的监管系统。根据以下五个子指标进行评价：对金融服务的政府管制程度，国家通过直接和间接的所有权干预银行或其他金融公司的程度，政府影响信贷配置，金融和资本市场发展程度，对外国竞争者开放程度。

资料来源：2018 Index of Economic Freedom①。

2000年至今，世界总体自由度得分在60分左右，波动幅度不大。其中香港的地区得分一直高于世界平均水平，稳定在90分左右；澳门自2008年参与排名以来也高于世界平均水平，在70分上下浮动；中国大陆总体得分位于50—60分，近两年有所攀升（见图1-1）。在2018年《经济自由度指数》报告中，香港的总分较上一年上升0.4分，达到90.2分，是唯一一个总分超过90分的经济体。报告所列的12项评估因素中，香港在其中8项取得90分或以上，而且在财政健康、营商自由、贸易自由和金融自由等方面获得全球最高分②。而中国排名上升1位，至第110位。详细排名见表1-11。

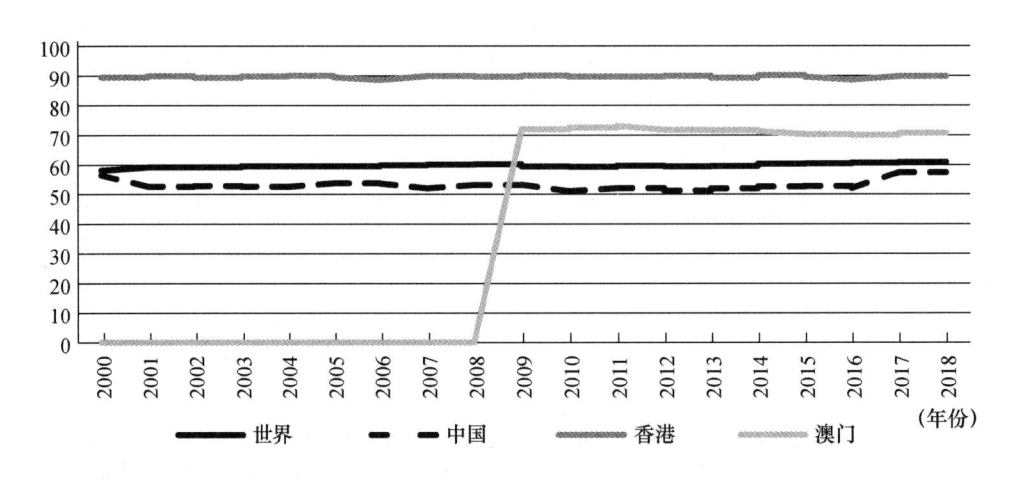

图1-1 2000—2018年经济自由度指数

资料来源：经济自由度指数官网。

① 参见经济自由度指数官网（https://www.heritage.org/index/about）。
② 战艳：《中国香港连续24年获评为全球最自由经济体》，2018年2月2日，新华网（http://www.xinhuanet.com/2018-02/02/c_1122361859.htm）。

表1-11　　2018年《经济自由度指数》排名前十的国家或地区

等级	国家（地区）	总分	变化
1	中国香港	90.2	0.4↑
2	新加坡	88.8	0.2↑
3	新西兰	84.2	0.5↑
4	瑞士	81.7	0.2↑
5	澳大利亚	80.9	-0.1↓
6	爱尔兰	80.4	3.7↑
7	爱沙尼亚	78.8	-0.3↓
8	英国	78	1.6↑
9	加拿大	77.7	-0.8↓
10	阿联酋	77.6	0.7↑
34	中国澳门	70.9	0.2↑
110	中国大陆	57.8	0.4↑

资料来源：本课题组根据公开资料整理[①]。

3. 加拿大自由市场智库菲莎研究所（Fraser Institute）：世界经济自由度（Economic Freedom of the World）[②]

《世界经济自由度》年度报告由加拿大公共政策智库菲沙研究所（Fraser Institute）发布，该研究所于1996年发布了第一份《世界经济自由度》报告，分析了1975—1995年主要国家和地区的经济自由度情况。之后每年发布一次，一般以前两年的数据为依据，如《世界经济自由度》2018年报实际上反映的是2016年各项指标值情况。《世界经济自由度》年报中定义"经济自由"概念包含四个基本要素，分别是个人选择、市场调节的自愿交易、进入市场并参与竞争的自由程度、保护个人及其财产免予他人侵犯。衡量指标由五个主要方面的24个具体指标构成。五个方面分别是政府的规模：公共支出、税收和国有企业；法律结构和产权保

[①] Evelyn Zhang：《2018年全球经济自由度指数：中国香港24年蝉联榜首　美国跌至第18位（附完整榜单）》，2018年2月5日，前瞻网（https://t.qianzhan.com/caijing/detail/180205-a5d720c1.html）。

[②] Fraser institute, *Economic Freedom of the World*: 2016 *Annual Report*, 15th September 2016.

护；使用稳健货币的权利；对外贸易的自由度；对信贷、劳动力和商业的管制。具体指标如表1-12所示。

表1-12 菲莎研究所（Fraser Institute）世界经济自由度指标构成

评价指标	具体内容	指标作用
1. 政府的规模：公共支出、税收和国有企业	A. 政府消费支出占总消费的百分比。 B. 政府转移支付和补贴占GDP的百分比。 C. 政府所有企业和投资占GDP的百分比。 D. 最高边际税率（适用于最高边际税率的所得起征点）： i. 最高边际收入税率。 ii. 最高边际收入与工薪税率。	用来衡量一个国家或地区是依赖政治过程还是依赖个人选择和市场来分配资源、产品和劳务，政府花费占整个社会花费较低份额、政府办的企业所占比例较小、有着更低边际税率的国家，这个方面的指数就能够获得较高的评分。
2. 法律结构和产权保护	A. 司法独立：不受制于政府或政党的干预。 B. 公正的法院：具备受人信赖的法律框架，私人商务机构可借以挑战政府行为和管制的合法性。 C. 产权保护。 D. 对法治与政府程序的军事干预。 E. 法律体系的完善。 F. 合约的法律执行力。 G. 对房地产销售的管制。 H. 警察的可靠性。 I. 商业犯罪成本。	用来衡量政府对个人及其合法财产的保护功能是如何表现的，在这方面指数评分较低的国家，能够取得并持续高增长率的可能性非常低。
3. 使用稳健货币的权利	A. 过去5年货币供应量的平均增长率。 B. 过去5年通货膨胀的平均标准偏差。 C. 目前的通货膨胀率。 D. 在国内外拥有外国银行账户的自由度。	用来衡量货币变动对经济的影响，稳健的货币对于保护产权以及经济自由都是不可或缺的，通货膨胀实际上侵犯了公民的经济自由。
4. 对外贸易的自由度	A. 国际贸易税收： i. 国际贸易税收额占进出口总值的百分比。 ii. 平均关税率。 iii. 关税税率标准偏差。 B. 管制性贸易壁垒： i. 非关税性壁垒。 ii. 遵从成本——即遵守进出口的法律法规要求，履行相关手续花费的成本，如进口关税、许可证费、银行费用等。 C. 贸易部门相对预期规模的实际规模。 D. 官方汇率与黑市汇率的差别。 E. 国际资本市场的管制程度。 i. 对外资所有权和外来投资的限制。 ii. 资本控制：对公民在资本市场与外国人进行自由交易的限制。	用来衡量影响国际交换的一系列限制、关税、配额、隐形的管理上的抑制、汇率和资本控制等对经济自由程度的影响。如果想要在这一方面指数得到更高的评分，一个国家必须要有低关税、大于预期的贸易部门、高效的海关管理、可自由兑换的货币，还有对资本流动尽可能少的控制。

续表

评价指标	具体内容	指标作用
5. 对信贷、劳动力和商业的管制	A. 信贷市场的管制： i. 银行所有权——私人银行储蓄的比例。 ii. 外国银行竞争——国内银行面临外国银行的竞争。 iii. 贷款的发放——私营部门获得信贷的比例。 iv. 利率控制——对银行储蓄和贷款的利率控制由市场自由决定。 B. 劳动力市场的管制： i. 雇佣和最低工资规定。 ii. 雇佣和解雇规定。 iii. 劳动力工资由集体谈判决定的比例。 iv. 工作小时的规定。 v. 工人解雇的授权成本。 vi. 通过征募获取军人。 C. 商业管制： i. 价格控制——企业自由定价的程度。 ii. 行政要求。 iii. 官僚成本——与政府官僚打交道的时间。 iv. 开办一个新企业的自由度。 v. 额外支付——因进出口许可、商业许可、汇率控制、税款核定、警察保护或贷款申请而进行的不正规的和额外的支付较少。 vi. 许可证管制。 vii. 税收遵从成本。	用来衡量资本借贷双方、劳动力供求双方和商业交换双方的自由程度。

资料来源：本课题组根据菲沙研究所（Fraser Institute）官网（https://www.fraserinstitute.org，最后访问日期2018年6月26日）资料整理。

2018年9月《世界经济自由度》报告显示，报告的五个主要评估范畴中，中国香港在"国际贸易自由度"和"监管"方面位列全球首位，"政府规模"方面上升1位排第4，"法制和产权"方面排第12，"稳健货币"方面排第19。在满分为10分的评分当中，中国香港总体得8.97分，较上次下降0.07分，领先第二名的新加坡0.13分，成为全球最自由的经济体；第二名至第五名分别是新加坡、新西兰、瑞士和爱尔兰。美国在178个国家和地区中名列第6位，中国在报告中排名第107位。

4. 学术标准：学术研究贸易和投资自由化便利化衡量指标

学术界普遍认为，影响贸易和投资自由化便利化的措施包括"软"和"硬"两类基础设施指标（Portugal-perez A. and J. S. Wilson，2012；Francois，J. and Manchin，M.，2013；Wilson，J. S.，Mann，C.，& Otsuki，T.，2003）。"软"的基础设施指标是指无形的基础设施，例如透明度、海关监管、营商环境等；"硬"的基础设施是指有形的基础设施，包括道路、港口、高速公路、通信基础设施等。Portugal-perez A. and J. S. Wilson（2012）采集了超过100个国家2004—2007年上述影响贸易投资自由化便利化程度的相关基础设施指标，在此基础上估计了"软"和"硬"两类基础设施总量指标对发展中国家出口绩效的影响。其中，"硬"的基础设施指标包括信息通信技术（ICT）和物质基础设施，"软"的基础设施指标包括边境与运输效率和国家营商环境，各指标的基本统计结果如表1-13、1-14、1-15、1-16所示①。该研究结果表明，贸易便利化改革确实提高了发展中国家的出口绩效，其中，物质基础设施投资和营商环境改善效果尤其显著。

表1-13　　　　　　　　　　　**信息通信技术指标**

指数/变量	均值	标准差	最低值		最高值		来源
信息和通信技术指标	0.49	0.24	津巴布韦	0.01	瑞典	1	
最新ICT技术普及率	0.62	0.19	摩尔多瓦	0.27	瑞典	1	WEF
技术吸收水平	0.73	0.13	玻利维亚	0.41	冰岛	1	WEF
商业互联网的使用范围	0.62	0.17	阿尔及利亚	0.32	韩国	1	WEF
政府对ICT技术的优先次序	0.68	0.14	津巴布韦	0.33	新加坡	1	WEF

资料来源：Portugal-Perez A.，Wilson J. S.，"Export Performance and Trade Facilitation Reform：Hard and Soft Infrastructure"，*World Development*，Vol. 40，No. 7，2012，pp. 1295 - 1307。

---

① 表中首行为一级指标，其余为该项指标的二级指标，二级指标通过因子分析法（Factor Analysis）合成一级指标，各项指标将最高效率的国家数据标准化为1，其他各国指标为最高标准的相对数；原始数据来源于World Economic Forum（WEF），Doing Business（DB），and Transparency International（TI）（Portugal-perez A. and J. S. Wilson，2012）。

表1-14　　　　　　　　　　　物质基础设施指标

指数/变量	均值	标准差	最低值		最高值		来源
物质基础设施指标	0.49	0.24	波黑	0.05	新加坡	1	
港口基础设施质量	0.56	0.21	亚美尼亚	0.17	新加坡	1	WEF
机场基础设施质量	0.67	0.16	巴拉圭	0.27	新加坡	1	WEF
道路基础设施质量	0.57	0.21	蒙古国	0.23	法国	1	WEF
铁路基础设施质量	0.46	0.23	巴拉圭	0.15	瑞士	1	WEF

资料来源：Portugal-Perez A., Wilson J. S., "Export Performance and Trade Facilitation Reform: Hard and Soft Infrastructure", *World Development*, Vol. 40, No. 7, 2012, pp. 1295–1307。

表1-15　　　　　　　　　　　边境交通效率指标

指数/变量	均值	标准差	最低值		最高值		来源
海关和运输效率指标	0.69	0.19	哈萨克斯坦	0.02	法国	1	
出口所需的文件数量	0.50	0.16	吉尔吉斯斯坦	0.15	法国	1	DB
出口天数	0.25	0.16	哈萨克斯坦	0.06	爱沙尼亚	1	DB
进口所需的文件数量	0.49	0.17	阿塞拜疆	0.14	法国	1	DB
进口天数	0.25	0.16	哈萨克斯坦	0.03	新加坡	1	DB

资料来源：Portugal-Perez A., Wilson J. S., "Export Performance and Trade Facilitation Reform: Hard and Soft Infrastructure", *World Development*, Vol. 40, No. 7, 2012, pp. 1295–1307。

表1-16　　　　　　　　　　　国家营商环境指标

指数/变量	均值	标准差	最低值		最高值		来源
营商环境指数	0.44	0.25	孟加拉国	0.01	丹麦	1	
政府透明度	0.48	0.24	孟加拉国	0.15	芬兰	1	TI
公众对政府的信任	0.44	0.19	津巴布韦	0.18	新加坡	1	WEF
进出口的非正常支出	0.70	0.17	孟加拉国	0.34	丹麦	1	WEF
公共合同的非正常支出	0.63	0.17	孟加拉国	0.26	冰岛	1	WEF
打击腐败的措施	0.67	0.16	喀麦隆	0.35	芬兰	1	WEF
政府对关联公司的偏袒	0.59	0.17	委内瑞拉	0.28	芬兰	1	WEF

资料来源：Portugal-Perez A., Wilson J. S., "Export Performance and Trade Facilitation Reform: Hard and Soft Infrastructure", *World Development*, Vol. 40, No. 7, 2012, pp. 1295–1307。

（二）国内标准：中国贸易和投资自由化便利化评价体系

1. 国务院：《中国与世界贸易组织（WTO）》[①] 白皮书的服务贸易开放部门统计

国务院新闻办公室 2018 年 6 月发布了《中国与世界贸易组织》白皮书。该书是中国首次就这一问题发表的白皮书，全面介绍了中国履行加入世贸组织承诺的实践，阐释了中国参与多边贸易体制建设的原则立场和政策主张。中国入世承诺中的服务贸易减让表对开放部门作出了承诺，同时也对部分承诺开放部门实施了数量、地域、企业组织形式、股比及过渡期等限制。2015 年 11 月签署的《CEPA 服务贸易协议》则以负面清单与正面清单相结合的方式列明了内地向港澳开放服务贸易的具体承诺，其中在负面清单中对部分开放部门也实施了准入资质、业务范围等限制，而在正面清单中则列明了跨境服务新增的开放措施。

在世贸组织分类的 12 大类服务部门 160 个分部门中，中国在加入世界贸易组织时承诺开放 9 大类的 100 个分部门，接近发达成员承诺开放 108 个分部门的平均水平，截至 2007 年，中国服务贸易领域开放承诺已全部履行完毕；中国大力推动自由贸易区建设，在已签署的自贸协定中，承诺开放的服务部门已从加入世贸组织时的 100 个增至近 120 个[②]。在《CEPA 服务贸易协议》中，内地对香港开放服务部门达到 153 个，涉及世界贸易组织 160 个服务部门的 95.6%，其中 62 个部门实现国民待遇，基本实现服务贸易自由化。上述相关部门开放情况如表 1-17 所示。

表 1-17　中国服务贸易十二大类 160 个部门开放情况统计比较

部门、分部门名称及联合国中央产品分类（CPC, United Nations Provisional Central Product Classification）编码	序号	CEPA 开放的部门	中国入世承诺开放的部门
1. 商业性服务：			

---

① 中华人民共和国国务院新闻办公室：《中国与世界贸易组织》，2018 年 6 月 28 日。
② 中华人民共和国国务院新闻办公室：《中国与世界贸易组织》，2018 年 6 月 28 日。

续表

部门、分部门名称及联合国中央产品分类（CPC，United Nations Provisional Central Product Classification）编码	序号	CEPA开放的部门	中国入世承诺开放的部门
A. 专业服务			
a. 法律服务（CPC861）	1	1	1
b. 会计、审计和簿记服务（CPC862）	2	1	1
c. 税收服务（CPC863）	3	1	1
d. 建筑服务（CPC8671）	4	1	1
e. 工程服务（CPC8672）	5	1	1
f. 综合工程服务（CPC8673）	6	1	1
g. 城市规划和风景建筑服务（CPC8674）	7	1	1
h. 医疗与牙医服务（CPC9312）	8	1	1
i. 兽医服务（CPC932）	9	1	0
j. 助产士、护士、理疗家和护理员提供的服务（CPC93191）	10	0	0
k. 其他（专利代理、商标代理等）（CPC8921-8923）	11	1	0
B. 计算机及相关服务			
a. 与安装计算机硬件相关的咨询服务（CPC841）	12	1	1
b. 软件实施服务（CPC842）	13	1	1
c. 数据处理服务（CPC843）	14	1	1
d. 数据库服务（CPC844）	15	1	0
e. 其他（CPC845+849）	16	1	1
C. 研究与开发服务			
a. 自然科学的研究与开发服务（CPC851）	17	1	0
b. 社会科学与人类学的研究与开发服务（CPC852）	18	0	0
c. 边缘学科的研究与开发服务（CPC853）	19	1	0
D. 不动产服务			
a. 涉及自有或租赁财产的不动产（CPC821）	20	1	1
b. 基于收费或合同的不动产（CPC822）	21	1	1
E. 无操作人员的租赁（干租）服务			
a. 船舶（CPC83103）	22	1	1
b. 航空器（CPC83104）	23	1	0
c. 其他运输设备（CPC83101、CPC83102、CPC83105）	24	1	0

续表

部门、分部门名称及联合国中央产品分类（CPC, United Nations Provisional Central Product Classification）编码	序号	CEPA开放的部门	中国入世承诺开放的部门
d. 其他机器和设备（CPC83106-83109）	25	1	0
e. 其他（CPC832）	26	1	1
F. 其他职业服务			
a. 广告服务（CPC871）	27	1	1
b. 市场研究与民意测验服务（CPC864）	28	1	0
c. 管理咨询服务（CPC865）	29	1	1
d. 与管理咨询相关的服务（CPC866）	30	1	0
e. 技术检测与分析服务（CPC8676）	31	1	1
f. 与农业、狩猎和林业有关的服务（CPC881）	32	1	1
g. 与渔业有关的服务（CPC882）	33	1	1
h. 与采矿业有关的服务（CPC883+5115）	34	1	0
i. 与制造业有关的服务（CPC884+885，CPC88442除外）	35	1	0
j. 与能源分配有关的服务（CPC887）	36	1	0
k. 人员安排与人员提供服务（CPC872）	37	1	0
l. 调查与保安（CPC873）	38	1	0
m. 相关的科学与技术咨询服务（CPC8675）	39	1	1
n. 设备保养与修理（不含海运船舶、航空器或其他运输设备）（CPC633+8861-8866）	40	1	1
o. 建筑物清洁服务（CPC874）	41	1	0
p. 照相服务（CPC875）	42	1	1
q. 包装服务（CPC876）	43	1	1
r. 印刷与出版（CPC88442）	44	1	0
s. 会议服务（CPC87909）	45	1	1
t. 其他（CPC8790，光盘复制服务除外）	46	1	1
2. 通信服务			
A. 邮政服务（CPC7511）	47	0	0
B. 信件服务（CPC7512）	48	1	1
C. 电信服务			
a. 语音电话服务（CPC7521）	49	1	1

续表

部门、分部门名称及联合国中央产品分类（CPC, United Nations Provisional Central Product Classification）编码	序号	CEPA开放的部门	中国入世承诺开放的部门
b. 集束切换数据传输服务（CPC7523**）	50	1	1
c. 线路切换数据传输服务（CPC7523**）	51	1	1
d. 电传服务（CPC7523**）	52	1	0
e. 电报服务（CPC7522）	53	1	0
f. 传真服务（CPC7521**+7529**）	54	1	1
g. 私人租用线路服务（CPC7522**+7523**）	55	1	1
h. 电子邮件（CPC7523**）	56	1	1
i. 语音邮件（CPC7523**）	57	1	1
j. 在线信息与数据调用（CPC7523**）	58	1	1
k. 电子数据交换（CPC7523**）	59	1	1
l. 增值传真服务（包括储存与传送、储存与调用）（CPC7523**）	60	1	1
m. 编码与规程转换服务（n.a.）	61	1	1
n. 在线信息和/或数据处理（包括传输处理）（CPC843**）	62	1	1
o. 其他	63	1	0
D. 视听服务			
a. 电影与录像的制作和发行服务（CPC9611）	64	1	1
b. 电影放映服务（CPC9612）	65	1	1
c. 广播与电视服务（CPC9613）	66	0	0
d. 广播与电视传输服务（CPC7524）	67	1	0
e. 录音（n.a.）	68	1	1
f. 其他	69	1	0
E. 其他	70	1	0
3. 建筑与相关的工程服务			
A. 建筑物的总体建筑工作（CPC512）	71	1	1
B. 民用工程的总体建筑工作（CPC513）	72	1	1
C. 安装与组装工作（CPC514+516）	73	1	1
D. 建筑物的装修工作（CPC517）	74	1	1
E. 其他（CPC511+515+518）	75	1	1

续表

部门、分部门名称及联合国中央产品分类（CPC, United Nations Provisional Central Product Classification）编码	序号	CEPA开放的部门	中国入世承诺开放的部门
4. 分销服务			
A. 佣金代理服务（CPC621）	76	1	1
B. 批发销售服务（CPC622）	77	1	1
C. 零售服务（CPC631＋632＋6111＋6113＋6121）	78	1	1
D. 特许权（CPC8929）	79	1	1
E. 其他	80	1	1
5. 教育服务			
A. 初级教育服务（CPC921）	81	1	1
B. 中等教育服务（CPC922）	82	1	1
C. 高等教育服务（CPC923）	83	1	1
D. 成人教育（CPC924）	84	1	1
E. 其他教育服务（CPC929）	85	1	1
6. 环境服务			
A. 排污服务（CPC9401）	86	1	1
B. 废物处理服务（CPC9402）	87	1	1
C. 卫生与类似服务（CPC9403）	88	1	1
D. 其他（CPC9404－9406、9409）	89	1	1
7. 金融服务			
A. 所有保险和与保险相关的服务（CPC812）			
a. 人寿、事故和健康保险服务（CPC8121）	90	1	1
b. 非人寿保险服务（CPC8129）	91	1	1
c. 再保险和转分保（CPC81299）	92	1	1
d. 保险辅助服务（包括经纪人和代理人服务）（CPC8140）	93	1	1
B. 银行和其他金融服务（不含保险）			
a. 票据和其他应付公众基金承兑（CPC81115－81119）	94	1	1
b. 各种借贷包括消费者信贷、抵押信贷和商业交易的保理与融资（CPC8113）	95	1	1
c. 金融租赁（CPC8112）	96	1	1
d. 所有支付与货币转移服务（CPC81339）	97	1	1

续表

部门、分部门名称及联合国中央产品分类（CPC, United Nations Provisional Central Product Classification）编码	序号	CEPA开放的部门	中国入世承诺开放的部门
e. 担保与承诺（CPC81199）	98	1	1
f. 为自行账户项目或户主账户项目在交易所和场外或以其他方式进行下列交易：			
f1. ——货币市场证券（支票、汇票和存款单等）（CPC81339）	99	1	1
f2. ——外汇（CPC81333）	100	1	1
f3. ——衍生产品，包括但不限于期货和期权（CPC81339）	101	1	1
f4. ——汇率和利息证券，包括掉期和期货协议（CPC81339）	102	1	1
f5. ——可转让证券（CPC81321）	103	1	1
f6. ——其他融通票据和其他金融资产包括金条（CPC81339）	104	1	1
g. 参与发行所有证券包括承购和公募与私募代理以及与这类业务相关的服务提供（CPC8132）	105	1	0
h. 货币经纪（CPC81339）	106	1	0
i. 资产管理如现金或证券管理、各种大众投资管理、养老基金管理、托管存款和信托服务（CPC8119+81323）	107	1	0
j. 金融资产包括证券、衍生产品和其他融通票据的清结算（CPC81339 或 81319）	108	1	0
k. MTN>TNC/W/50① 文件第一条 B 款列出的所有活动的咨询和其他附属金融服务，包括贷款分析、投资与证券研究和咨询以及有关兼并购置和法人调整与战略咨询。（CPC8131 或 8133）	109	1	1
l. 金融信息的提供与转让和金融数据的处理以及与其他金融服务业提供者相关的软件。（CPC8131）	110	1	1
C. 其他	111	1	0
8. 与医疗相关的服务和社会服务（不含1. A. h—j, 所列）			
A. 医院服务（CPC9311）	112	1	0
B. 其他人类医疗服务（CPC93192+93193+93199）	113	1	0
C. 社会服务（CPC933）	114	1	0
D. 其他	115	1	0

① 该文件是世贸组织乌拉圭回合多边谈判成果，是服务框架下的金融服务附件协议，作为对服务框架的补充条款而签订（MULTILATERAL TRADE NEGOTIATIONS THE URUGUAY ROUND, MTN. TNC/W/50, 3 December 1990）。

续表

部门、分部门名称及联合国中央产品分类（CPC，United Nations Provisional Central Product Classification）编码	序号	CEPA开放的部门	中国入世承诺开放的部门
9. 旅游和与旅行相关的服务			
A. 饭店与餐厅（含饮食）（CPC641-643）	116	1	1
B. 旅行社和旅游经营者服务（CPC7471）	117	1	1
C. 导游服务（CPC7472）	118	1	0
D. 其他	119	1	0
10. 娱乐，文化和体育服务（不含视听服务）			
A. 文娱服务（包括剧院、现场乐队和马戏团服务）（CPC9619）	120	1	0
B. 新闻社服务（CPC962）	121	0	0
C. 图书馆、档案馆、博物馆和其他文化服务（CPC963）	122	1	0
D. 体育和其他娱乐服务（CPC964）	123	1	0
E. 其他	124	1	0
11. 运输服务			
A. 海洋运输服务			
a. 客运（CPC7211）	125	1	1
b. 货运（CPC7212）	126	1	1
c. 船舶与船员租赁（CPC7213）	127	1	0
d. 船舶的保养与修理（CPC8868）	128	1	1
e. 推船和拖船服务（CPC7214）	129	1	0
f. 海洋运输的支持服务（CPC745）	130	1	0
B. 内水运输			
a. 客运（CPC7221）	131	1	0
b. 货运（CPC7222）	132	1	1
c. 船舶与船员租赁（CPC7223）	133	0	0
d. 船舶的保养与修理（CPC8868）	134	1	0
e. 推船与拖船服务（CPC7224）	135	1	0
f. 内水运输的支持服务（CPC745）	136	1	0
C. 空中运输服务			
a. 客运（CPC731）	137	1	0
b. 货运（CPC732）	138	1	0

续表

部门、分部门名称及联合国中央产品分类（CPC，United Nations Provisional Central Product Classification）编码	序号	CEPA开放的部门	中国入世承诺开放的部门
c. 航空器与机组人员租赁（CPC734）	139	1	0
d. 航空器的保养与修理（CPC8868）	140	1	1
e. 空中运输的支持服务（CPC746）	141	1	0
D. 太空运输	142	0	0
E. 铁路运输服务			
a. 客运（CPC7111）	143	1	1
b. 货运（CPC7112）	144	1	1
c. 推车与拖车服务（CPC7113）	145	1	1
d. 铁路运输工具的保养与修理（CPC8868）	146	1	1
e. 铁路运输的支持服务（CPC743）	147	1	1
F. 公路运输服务			
a. 客运（CPC7121+7122）	148	1	1
b. 货运（CPC7123）	149	1	1
c. 商用车辆与司机租赁（CPC7124）	150	1	1
d. 公路运输工具的保养与修理（CPC6112+8867）	151	1	1
e. 公路运输的支持服务（CPC744）	152	1	1
G. 管道运输			
a. 燃料运输（CPC7131）	153	1	0
b. 其他货物的运输（CPC7139）	154	1	0
H. 所有运输方式的辅助服务			
a. 货物装卸服务（CPC741）	155	1	1
b. 仓储服务（CPC742）	156	1	1
c. 货运代理服务（CPC748）	157	1	1
d. 其他（CPC749）	158	1	1
I. 其他运输服务	159	1	0

续表

部门、分部门名称及联合国中央产品分类（CPC，United Nations Provisional Central Product Classification）编码	序号	CEPA开放的部门	中国入世承诺开放的部门
12. 未列在以上各项下的其他服务：成员组织服务（CPC95）、其他服务（CPC97）、家政服务（CPC98）、国外组织和机构提供的服务（CPC99）	160	1	0
合计	160	153	100

注：(1)"1"表示开放部门，包括部分禁止、限制和完全开放部门，"0"表示禁止部门[①]；(2)"＊＊"表示指定的服务仅构成CPC（United Nations Provisional Central Product Classification）编码所涵盖的活动总范围的一部分。

资料来源：课题组根据《〈全国人民代表大会常务委员会关于我国加入世界贸易组织的决定〉（公报增刊2002·1）》附件9：中华人民共和国服务贸易具体承诺减让表》《CEPA服务贸易协议》整理。

与此同时，中国在货物贸易、服务市场开放、知识产权保护、兴办企业等诸方面的数据显示了贸易和投资自由化便利化的进程与趋势，相关数据如表1-18所示。

表1-18 《中国与世界贸易组织》白皮书相关数据

中国切实履行加入世贸组织承诺	具体开放措施
1. 清理地方性政策法规19万多件	清理包括贸易、投资和知识产权保护等方面的政策法规。
2. 关税总水平由15.3%降至9.8%（截至2010年）	工业品平均税率由14.8%降至8.9%；农产品平均税率由23.2%降至15.2%。
3. 取消424个税号产品的非关税措施（截至2005年）	全部取消了进口配额、进口许可证和特定招标等非关税措施，涉及汽车、机电产品、天然橡胶等产品。
4. 民营企业出口占比达46.6%（2017年）	自2004年7月起，中国对企业的外贸经营权由审批制改为备案登记制，释放民营企业的外贸活力。

---

① 部门分类使用世界贸易组织《服务贸易总协定》服务部门分类（GNS/W/120），部门的内容参考相应的联合国中央产品分类（CPC，United Nations Provisional Central Product Classification）。

续表

中国切实履行加入世贸组织承诺	具体开放措施
5. 开放九大类服务部门的 100 个分部门	截至 2007 年，中国服务贸易领域开放承诺已全部履行完毕。
6. 对外支付知识产权费年均增长 17%（2001—2017 年）	构建完备的知识产权保护法律体系；持续加大知识产权保护执法力度。
7. 通过《专利合作条约》提交的专利申请受理量达 5.1 万件（2017 年）	构建完备的知识产权保护法律体系；持续加强知识产权保护执法力度。
8. 推动各方就取消 201 项信息技术产品的关税达成协议	深入参与《信息技术协定》扩围谈判。
9. 贸易纠纷无一例被起诉方申请报复的情况	积极应对被诉案件，尊重并认真执行世贸组织裁决，作出符合世贸规则的调整。
10. 对 36 个最不发达国家 97% 税目产品实施零关税（截至 2018 年）	已对建交且已完成换文手续的最不发达国家 97% 税目产品实施零关税。
11. 同"一带一路"沿线国家贸易总额超过 5 万亿美元（2013—2017 年）	有 80 多个国家和国际组织同中国签署了合作协议；中国企业在有关国家建设 75 个境外经贸合作区。
12. 成为全球第二大进口国（2017 年）	2001—2017 年，中国货物贸易进口额年均增长 13.5%，高出全球平均水平 6.9 个百分点。
13. 服务贸易进口占全球总额比重接近 10%（2001—2017 年）	2001—2017 年，中国服务贸易进口从 393 亿美元增至 4676 亿美元，年均增长 16.7%。
14. 外商直接投资规模从 468.8 亿美元增长到 1363.2 亿美元（2001—2017 年）	积极吸引外国机构和个人来华投资兴业，外商直接投资规模从 1992 年起连续 26 年居发展中国家首位。
15. 对外直接投资年度流量全球排名进前三	持续规范发展对外投资合作，对外直接投资年度流量全球排名从加入世贸组织之初的第 26 位上升至 2017 年的第 3 位。

续表

中国切实履行加入世贸组织承诺	具体开放措施
16. 中国海关进口货物平均通关时间缩短至20小时以内，出口货物平均通关时间不到2小时	接受并积极实施《贸易便利化协定》。
17. 调减900多个税目产品税率（截至2017年）	多次以暂定税率方式大幅自主降低进口关税税率。
18. 企业开办时间缩短逾三分之一	工商登记前置审批事项压缩了87%。

资料来源：国务院新闻办公室：《中国与世界贸易组织》，2018年6月。

2. 粤港澳大湾区研究院：《2017年世界城市营商环境评价报告》和《2017年中国城市营商环境报告》

为了解在全球范围内中国重要城市营商环境的竞争力和差距，寻找提升营商环境水平的途径，粤港澳大湾区研究院世界城市营商环境课题组和中国城市营商环境课题组分别编制了《2017年世界城市营商环境评价报告》和《2017年中国城市营商环境报告》。根据陈晨星等（2017a）的研究，营商环境包括影响企业活动的社会要素、经济要素、政治要素和法律要素等方面，是一项涉及经济社会改革和对外开放众多领域的系统工程，其发布的《2017年世界城市营商环境评价报告》采用世界银行、世界卫生组织、国际能源署、联合国、国家统计局等机构的全球统一口径数据进行测算[①]。报告显示，在参与营商环境排名的30个世界城市中，前十名分别是纽约、伦敦、东京、新加坡、巴黎、洛杉矶、多伦多、香港、上海、首尔，广州、深圳、北京分别位列第19、21、23名（见表1-19）。报告建议，对一些发展中国家和新兴市场国家的城市而言，进一步加强基础设施、加强互联互通、加大教育和科研投入、提升人力资源素质等，是提升营商环境的关键举措。

---

① 《粤港澳大湾区研究院发布2017年世界城市营商环境评价报告》，《深圳商报》2017年11月10日，参见http://szsb.sznews.com/PC/content/201711/10/c223397.html。

表1-19 2017年世界城市营商环境排名

排名	城市	软环境指数	生态环境指数	基础设施指数	商务成本指数	社会服务指数	市场环境指数	国际城市营商环境指数
1	纽约	0.781	0.547	0.588	0.753	0.609	0.660	0.655
2	伦敦	0.832	0.647	0.745	0.463	0.517	0.498	0.636
3	东京	0.695	0.588	0.618	0.501	0.645	0.644	0.626
4	新加坡	0.871	0.554	0.463	0.588	0.703	0.324	0.579
5	巴黎	0.681	0.674	0.473	0.530	0.443	0.481	0.548
6	洛杉矶	0.720	0.518	0.285	0.788	0.332	0.621	0.531
7	多伦多	0.738	0.854	0.124	0.665	0.347	0.360	0.491
8	香港	0.841	0.566	0.376	0.331	0.428	0.306	0.487
9	上海	0.554	0.406	0.687	0.347	0.256	0.446	0.471
10	首尔	0.835	0.524	0.226	0.478	0.437	0.307	0.466
11	莫斯科	0.678	0.481	0.275	0.490	0.331	0.488	0.459
12	马德里	0.686	0.667	0.164	0.499	0.429	0.351	0.455
13	悉尼	0.735	0.692	0.136	0.612	0.254	0.360	0.449
14	柏林	0.740	0.645	0.196	0.493	0.423	0.253	0.447
15	布鲁塞尔	0.662	0.617	0.117	0.603	0.445	0.354	0.446
16	阿姆斯特丹	0.726	0.531	0.209	0.612	0.352	0.315	0.444
17	苏黎世	0.695	0.526	0.071	0.748	0.431	0.319	0.435
18	吉隆坡	0.773	0.618	0.198	0.555	0.241	0.233	0.425
19	广州	0.553	0.433	0.420	0.478	0.196	0.399	0.417
20	卢森堡市	0.592	0.583	0.000	0.590	0.343	0.483	0.413
21	深圳	0.541	0.526	0.295	0.299	0.312	0.415	0.406
22	华沙	0.685	0.637	0.031	0.498	0.333	0.333	0.405
23	北京	0.549	0.218	0.333	0.337	0.460	0.425	0.397
24	迪拜	0.708	0.229	0.352	0.722	0.185	0.241	0.395
25	罗马	0.651	0.607	0.116	0.415	0.271	0.264	0.380

续表

排名	城市	软环境指数	生态环境指数	基础设施指数	商务成本指数	社会服务指数	市场环境指数	国际城市营商环境指数
26	雅加达	0.449	0.611	0.196	0.531	0.115	0.438	0.379
27	墨西哥城	0.579	0.622	0.127	0.571	0.139	0.313	0.375
28	圣保罗	0.495	0.667	0.125	0.282	0.043	0.289	0.316
29	孟买	0.435	0.355	0.158	0.325	0.013	0.377	0.282
30	约翰内斯堡	0.567	0.263	0.077	0.637	0.019	0.163	0.268

资料来源：陈晨星、耿雁冰、定军、和佳、周智宇、吴睿婕、翟少辉：《2017年世界城市营商环境评价报告》，粤港澳大湾区研究院，2017a。

根据陈晨星等（2017b）的研究，《2017年中国城市营商环境报告》选取全国直辖市、副省级城市、省会城市共35个，根据六大指标，即软环境（权重25%）、市场环境（权重20%）、商务成本环境（权重15%）、基础设施环境（权重15%）、生态环境（权重15%）、社会服务环境（10%），来测算2017年各城市营商环境指数。营商环境排名一级指标是城市营商环境，二级指标有上述6类，三级指标共有30个左右，四级指标有40个左右[①]。根据测算结果，广州、北京、深圳、上海、重庆位居全国前5，具体排名见表1-20。

表1-20　　　　　　　2017年中国城市营商环境排名

排名	城市	2017年中国城市营商环境指数	排名	城市	2017年中国城市营商环境指数
1	广州	0.658	19	大连	0.474
2	北京	0.628	20	长沙	0.470
3	深圳	0.597	21	呼和浩特	0.470

① 数据来源于2016年度各个城市统计公报、环境公报，以及世界银行、各地统计局、各市交通局等部门，部分数据由于短期内变动不大，在数据缺失时采用2016年城市统计年鉴的数字或者以相同口径估算，不会影响指数得分和排名（陈晨星等，2017b）。

续表

排名	城市	2017年中国城市营商环境指数	排名	城市	2017年中国城市营商环境指数
4	上海	0.593	22	昆明	0.466
5	重庆	0.583	23	郑州	0.464
6	南京	0.535	24	合肥	0.462
7	杭州	0.532	25	哈尔滨	0.457
8	宁波	0.528	26	沈阳	0.441
9	青岛	0.526	27	南宁	0.440
10	武汉	0.513	28	厦门	0.436
11	天津	0.507	29	太原	0.431
12	西安	0.505	30	贵阳	0.426
13	成都	0.505	31	乌鲁木齐	0.425
14	海口	0.499	32	西宁	0.423
15	济南	0.496	33	石家庄	0.422
16	长春	0.488	34	银川	0.412
17	南昌	0.482	35	兰州	0.403
18	福州	0.482			

注：小数点后第四位西安高于成都，同理长沙高于呼和浩特。

资料来源：陈晨星、耿雁冰、定军、和佳、周智宇、吴睿婕、翟少辉：《2017年中国城市营商环境报告》，粤港澳大湾区研究院，2017b。

3. 广东省自贸办：广东自贸试验区贸易便利化指数、投资便利化指数、跨境金融指数和航运发展指数

2015年8月，广东省自贸办委托第三方评估课题组对广东自贸试验区贸易便利化、投资便利化和跨境金融发展状况进行评估[①]。评估课题组采集了广州南沙、深圳前海蛇口和珠海横琴3个自贸片区运作一年来的有关数据，针对相关企业、口岸部门发放调查问卷，收集和完善客观数据，

---

① 投资便利化、贸易便利化、跨境金融和航运发展四大指数编制单位分别为清华大学课题组、上海海关学院、前海创新研究院、广州航运交易所。(《广东自贸试验区2017年度"成绩单"发布》，《新快报·ZAKER》广州，2018年4月25日，参见http://www.myzaker.com/article/5ae045bb1bc8e0e7750003d6，最后访问日期2018年9月12日。)

基本上涵盖了广东自贸试验区贸易便利化、投资便利化和跨境金融发展所涉及的全部内容①。之后，又于2016年新增了航运发展指数。各指数编制方法如表1-21所示。

表1-21　广东省自贸办广东自贸试验区贸易便利化、投资便利化、
跨境金融和航运发展四大指数的指标构成

指数	具体内容
贸易便利化指数	旨在重点测评自贸试验区口岸效率、通关环境、贸易成本和辐射带动效应，包括口岸效率评价、通关环境评价、贸易功能转型、辐射带动能效等4个一级指标，以及13个二级指标、26个三级指标。
投资便利化指数	旨在重点测评自贸试验区内获得政府服务和生产要素的便利度、投资质量和投资潜力，包括高效政府服务、便利要素获得、投资结构优化和区域发展成效等4个一级指标，以及18个二级指标、29个三级指标。
跨境金融指数	旨在重点测评金融业对经济贡献度、金融创新和金融开放水平，包括区域经济增长、金融生态环境和跨境交易活跃等3个一级指标，以及18个二级指标、56个三级指标。
航运发展指数	旨在重点评测自贸试验区入驻航运企业、港口吞吐量、航运金融服务等要素，包括企业发展、基础设施、港口服务、航运服务、绿色港航、智慧港航及营商环境7个一级指标，以及33个二级指标，107个三级指标。

注：贸易便利化、投资便利化、跨境金融三大指数自2015年开始发布，航运发展指数自2016年开始发布。

资料来源：戴春晨：《广东自贸区2015年测评得分84.3 大幅提升》，《21世纪经济报道》2016年4月21日，参见https://finance.sina.com.cn/roll/2016-04-21/doc-ifxrpvqz6260787.shtml。

贸易便利化、投资便利化、跨境金融三大指数分别采集了广东自贸试验区2014—2017年的数据，通过参照性评价、指数评价等，测算出各项三级指标分值，再将所有三级指标进行加权，得出各指数年度测评结果。

---

① 《广东自贸区落地一年　贸易便利化水平全面提升》，2016年4月21日，央广网（http://news.ifeng.com/a/20160421/48541214_0.shtml）。

每个指标都包含三级指标①。每一项数据的获得，都有不同的计算方法。例如，在考核大通关效率时，采用的是进口大通关时间，即离场时间—抵港时间；"单一窗口"业务开展情况则按实际情况赋值；口岸效率企业满意度通过抽样调查，由企业填报；"负面清单"项目数由部门统计②。航运发展指数以南沙片区为样本，采集了2015—2017年的数据，基于量化数据和科学方法，较为全面地展示了自贸试验区在航运领域的发展情况和建设成果。2014—2017年四大指数变化情况详见表1-22，广东自贸试验区成立以来，贸易与投资便利化水平得到了明显提升，跨境金融与航运领域获得快速发展。

表1-22 2014—2017年广东自贸试验区四大指数变化情况

指数名称	2014年	2015年	2016年	2017年
贸易便利化指数	66.1	84.3	100	102.33
投资便利化指数	100	142.08	183.2	203.2
跨境金融指数	2847	4617	5699	6376
航运发展指数	—	100	131.78	180.41

资料来源：1.《广东自贸区三大指数发布 投资便利化指数得分最高》，《南方日报》，2016年4月22日（http://news.southcn.com/shouyeyaowen/content/2016-04/22/content_146416742.htm，最后访问日期2018年9月12日）；

2.《广东自贸试验区2017年度"成绩单"发布》，《新快报·ZAKER》广州，2018年4月25日（http://www.myzaker.com/article/5ae045bb1bc8e0e7750003d6，最后访问日期2018年9月12日）。

四 全球贸易和投资自由化便利化：国际经验与全球实践

粤港澳促进贸易和投资自由化便利化作为重要的市场制度创新，通过

---

① 陆志霖：《全国首个自贸区综合评价指数发布 广东自贸区跃升至84.3分》，2016年4月21日，金羊网（广州）（http://news.163.com/16/0421/20/BL70SQU300014AEE.html）。

② 《广东自贸区综合评价指数发布》，《南方都市报》，2016年4月22日，参见http://epaper.oeeee.com/epaper/A/html/2016-04/22/content_30050.htm。

探索高质量的粤港澳贸易和投资自由化便利化发展道路,对于国家加强对外经贸交流和广东实现"四个走在全国前列"具有重要意义。

根据广东省委书记李希关于"对标国际最优最好最先进"的要求,基于本报告第三章贸易投资自由化便利化评价指标(具体包括:营商环境评价指标体系、经济自由度指数及世界经济自由度)筛选国际案例,2016—2018年三大指标体系的排名情况如表1-23所示。中国香港、新加坡和新西兰在历年三大指标体系中排名均位列世界前5名。因此,本章选取中国香港、新加坡和新西兰三个案例,系统介绍有关地区或国家在贸易和投资便利化的典型经验做法,总结贸易和投资自由化便利化的全球经验。

表1-23　三大指标体系世界排名前五的国家或地区

评价标准	2016年 排名	2016年 经济体	2017年 排名	2017年 经济体	2018年 排名	2018年 经济体
营商环境评价指标体系	1	新加坡	1	新西兰	1	新西兰
	2	新西兰	2	新加坡	2	新加坡
	3	丹麦	3	丹麦	3	丹麦
	4	韩国	4	韩国	4	韩国
	5	中国香港	5	中国香港	5	中国香港
经济自由度指数	1	中国香港	1	中国香港	1	中国香港
	2	新加坡	2	新加坡	2	新加坡
	3	新西兰	3	新西兰	3	新西兰
	4	瑞士	4	瑞士	4	瑞士
	5	澳大利亚	5	澳大利亚	5	澳大利亚
世界经济自由度	1	中国香港	1	中国香港		
	2	新加坡	2	新加坡		
	3	新西兰	3	新西兰		
	4	瑞士	4	瑞士		
	5	加拿大	5	爱尔兰		

资料来源:本课题组根据《Doing business》《Index of Economic Freedom》《Economic Freedom of the World》相关数据整理。

（一）中国香港：健全的贸易投资协定、高效的报关通关程序、成熟的工商业支援机构

1. 健全的贸易投资协定

香港是世界贸易组织（WTO）的创始会员、亚太区经济合作组织（APEC）的成员、太平洋经济合作议会（PECC）的成员、亚洲发展银行（ADB）的成员、亚洲基础设施投资银行（AIIB）的成员、联合国亚洲和太平洋地区经济社会委员会（ESCAP）的非正式会员以及经济合作与发展组织（OECD）下属贸易委员会的观察员，与世界其他经济体有着密切的贸易伙伴关系[1]。香港工业贸易署作为处理香港对外贸易关系的主要政府机构之一，积极寻求与香港贸易伙伴订立自贸协定，为香港的产品及服务争取更有利的出口条件。除了与内地签订CEPA，中国香港还与许多国家或地区签订了自由贸易协定，如表1-24所示。在积极寻求与贸易伙伴订立自由贸易协定的同时，中国香港政府一直致力于寻求与其他经济体缔结促进和保护投资协定，确保海外投资者在香港的投资得到保护，亦确保香港投资者在海外的投资得到相应保护。中国香港与其他经济体谈判、签订的投资协定及时间进度情况如表1-24所示。

表1-24　　　　　　香港签订的自由贸易协定及其进度

协议状态	起始时间	协定名称
已生效的自由贸易协定	2003年6月	《内地与香港关于建立更紧密经贸关系的安排》
	2010年3月	《中国香港与新西兰紧密经贸合作协定》
	2011年6月	《中国香港与欧洲自由贸易联盟国家自由贸易协定》
	2012年9月	《中国香港与智利自由贸易协定》
	2017年10月	《香港与澳门关于建立更紧密经贸关系的安排》
已签署的自由贸易协定	2017年11月	《中国香港与东盟自由贸易协定》
	2018年6月	《中国香港与格鲁吉亚自由贸易协定》

---

[1] 参见香港贸发局官网（http://hong-kong-economy-research.hktdc.com/sc/）。

续表

协议状态	起始时间	协定名称
谈判中的自由贸易协定	2016年5月	《中国香港与马尔代夫自由贸易协定》
	2017年5月	《中国香港与澳洲自由贸易协定》

资料来源：本课题组根据香港工业贸易署官网（https://www.tid.gov.hk/tc_chi/ita/fta/index.html，最后访问日期2018年8月19日）资料整理。

表1-25　　中国香港与其他经济体签订的投资协定及其进度

协议状态	经济体名称及签订时间
已生效的投资协定	澳大利亚（1993）、奥地利（1997）、比利时—卢森堡经济联盟（2001）、加拿大（2016）、丹麦（1994）、芬兰（2014）、法国（1997）、德国（1998）、意大利（1998））、日本（1997）、韩国（1997）、科威特（2013）、荷兰（1993）、新西兰（1995）、瑞典（1994）、瑞士（1994）、泰国（2006）、英国（1999）
已签署的投资协定	智利（2016）、东南亚国家联盟（2017）
已经完成谈判的投资协定（尚未签署）	巴林、墨西哥、缅甸、阿拉伯联合酋长国
谈判中的投资协定	伊朗、俄罗斯

资料来源：本课题组根据香港工业贸易署官网（https://www.tid.gov.hk/tc_chi/ita/ippa/index.html，最后访问日期2018年8月19日）资料整理。

2. 便利海关监管制度及高效的报关通关程序

香港实行便利海关监管制度及高效的报关通关程序，实现国际经贸往来的自由化。在货物报关方面，香港进出口货物报关手续极为简便，除豁免报关商品外，承运人只需在商品入境或出境两周内向海关具体呈报进出口商品所有付运材料及相关报关单据[1]，是典型的"先入关，后报关"便利海关管理模式。在货物通关方面，香港推进电子化清关程序、供应链安全、电子货物清关平台和转运货物豁免许可四方面的措施，促进通关便利

---

[1] 香港律政司：《进出口（登记）规例》（香港法例第60E章），2018年。

化：一是香港推行《海易通计划》①，通过电子化方式简化现行海关清关程序；二是香港实行《认可经济营运商计划》②，加强供应链安全和便利合法货物的流动；三是香港采用包括空运货物清关系统、电子货物舱单系统及道路货物资料系统等多个电子货物清关平台，便利企业提交电子货物数据，提升清关效率③；四是香港实行《转运货物豁免许可证方案》④，提高转口贸易的便利化程度。

香港通关便利化：《认可经济营运商计划》

香港在货物通关方面，于2010年开始试验运作实行《认可经济营运商计划》，以加强供应链安全和便利合法货物的流动。具体而言，"认可经济营运商计划"是由香港海关执行的一个公开及自愿参与的免费认证制度，所有涉及国际供应链的制造商、进口商、出口商、货运代理商、货仓营运商、承运商等相关各方，均可参加这一计划。已符合既定的安全标准的香港本地公司，不论规模，均可成为认可经济营运商，并享有相关便利通关安排。

在全面推行认可经济营运商计划后，香港海关与其他海关达成相互认可协议，为香港认可经济营运商带来海外国家给予的多种优惠，提升了香港商贸企业的竞争力，也增强了香港作为主要国际贸易中心及地区物流枢纽的竞争优势。

资料来源：《香港认可经济营运商计划》，香港海关官网，2019年4月12日，参见 https：//www.customs.gov.hk/tc/trade_ facilitation/aeo/index.html。

---

① 《海运简易通关计划》，2018年12月12日，香港海关官网（https：//www.customs.gov.hk/tc/trade_ facilitation/escc/index.html）。
② 《香港认可经济营运商计划》，2019年4月12日，香港海关官网（https：//www.customs.gov.hk/tc/trade_ facilitation/aeo/index.html）。
③ 《电子货物清关平台》，2020年5月11日，香港海关官网（https：//www.customs.gov.hk/sc/trade_ facilitation/ecargo/）。
④ 《转运货物豁免许可证方案（TCES）》，2019年4月1日，香港工业贸易署官网（https：//www.tid.gov.hk/sc_ chi/import_ export/tces/tces_ maincontent.html）。

3. 成熟的工商业支援机构

在政府组织机构方面，由香港贸易发展局、工业贸易署和品质保证局等组成的完善的工商业支援机构，在推动香港成为国际贸易和投资中心的过程中扮演了十分重要的角色。同时，香港有200多个民间工商团体，包括综合性商会（如香港中华总商会、香港中华厂商联合会等）、行业商会（如香港钟表业协会、香港玩具厂商会等）以及外国商会（如香港美国商会、香港印度商会等），在行业调查统计、行业技术标准与发展规划制定、价格协调、市场开拓、申诉服务等方面，促进市场资源配置效率的提高和维护市场经济运行秩序（李文静和黄嘉伟，2011）。

香港成熟的工商业支援机构（一）：香港品质保证局

香港品质保证局是一家独立、半官方、半牟利、以推动体系认证为己任的第三方认证机构，是首家获取CNACR认可资格的香港质量体系认证机构，也是亚洲第三家获取UKAS认可资格的质量体系认证机构，其受国际及行业认可程度高，具有较高的国际性组织地位。

香港品质保证局主要通过推行国际管理体系标准及认证服务、提供质量评审服务、提供验证、培训、调查及研究等增值服务，促使香港工商企业和服务机构注重产品及服务的素质和水平，从而加强香港的质量管理活动，使香港的产品和服务在国际市场上保持竞争力并位居世界前列。一是通过推行国际管理体系标准ISO、IEC、SA8000并提供相应的认证服务，使香港的质量认证服务和技术水平获得国际公认。二是提供质量评审服务。例如，香港品质保证局推出的"买家计划"可为品牌、百货公司、买家等提供技术支持，为买家制定和执行定制的程序，为不同的产品性质和规模的供应商提供不同项目，处理不同的重点和优先事项，从而为买家减少专业的技术人才及交通费用的开支。此外，该局还提供社会责任及行为守则评审服务、工厂及工业经营（安全管理）规例审核服务以及供应商审核服务等。三是提供增值服务，具体包括提供验证服务、提供调查及研究服务、提供培训服务等。此外，作为亚太地区最具规模及领导地位的合格评定机构之一，香港品质保证局持续开发及推出不同类型的创新服务及特定服务，以满足市场及相关行业的需求。

注：CNACR 指中国质量体系认证机构国家认可委员会；UKAS 指英国认可服务组织，是英国政府承认的负责对某一组织的胜任能力进行评审和认可的国家专门机构。

资料来源：香港品质保证局官网（http://www.hkqaa.org/gb_index.php）。

香港成熟的工商业支援机构（二）：香港贸易发展局

香港贸易发展局致力于为香港商界扩展全球商机，巩固香港作为双向投资及贸易枢纽的地位。香港贸易发展局在世界各地设有50个办事处，其中13个在中国内地，主要通过以下行动支援香港工商业发展。

一是积极进行经贸研究。每年发表约2500份研究报告及专题文章，帮助各企业分析市场情况及行业趋势，掌握最新环球商贸情报。

二是支持香港服务业、制造业拓展商机。例如，为巩固香港作为亚洲服务枢纽之地位，该局每年在香港举办多项年度国际会议及展览，由此形成的贸易发展局旗舰活动包括"亚洲金融论坛""亚洲授权业会议""亚洲物流及航运会议"等。此外，为发挥香港作为内地企业境外投资的桥梁角色，该局组织外访团及投资考察团等活动，每年为协助国际企业通过香港到中国内地和亚洲拓展商机，该局在全球举办超过320项贸易展览及推广活动、590项交流会或外访团，并接待约650个访港贸易团。

三是为企业提供商贸配对服务。通过提供"一站式"商贸配对服务，为环球客户搜寻、物色及筛选具潜质的香港企业作为合作伙伴。

资料来源：香港贸发局官网（http://aboutus.hktdc.com/sc/#corporate-information）。

香港成熟的工商业支援机构（三）：香港工业贸易署

香港工业贸易署对外负责处理香港的国际贸易关系，主要通过以下方面推动和协助香港工商业发展。

一是协调香港特别行政区以"中国香港"名义参与世界贸易组织、亚太区经济合作组织、经济合作及发展组织下的贸易委员会以及太平洋经济合作议会，推广并保障香港的贸易权益和投资利益。

二是积极推进香港与不同贸易伙伴的自由贸易协定、促进和保护投资协定谈判，巩固提升与贸易伙伴的良好关系，促进双边及区域经贸合作。

三是积极支援本地企业发展。香港工业贸易署为本地企业提供各种签证、来源证及登记服务，支援香港各行业，尤其是各行业中的中小企业发展。例如，推行各项中小企业资助计划，当主要贸易伙伴进口法规有所改变时，及时向本地企业提供资讯。

资料来源：香港工业贸易署官网（https：//www.tid.gov.hk/tc_chi/aboutus/deptprofile/mission.html）。

（二）新加坡：法规及双边协议体系完善、政府布局国内外贸易投资、政府提供高效监管服务

1. 法规及双边协议体系完善

新加坡经济法规体系完善，其中，《自由贸易区法》是新加坡自贸区运行的核心法律，它全面规定了新加坡自由贸易区的制度安排，包括定位、功能、管理体制、优惠制度、监管制度等多个方面，其中优惠制度主要涉及税收豁免、所得税和其他税收减免、投资、海关制度、劳工政策、土地制度等内容（商务部国际贸易经济合作研究院课题组和邢厚媛，2014）。作为贸易立国的国家，新加坡把签订自贸区协定作为扩展对外贸易和投资的战略措施。

新加坡的双边协议体系：以中国和新加坡的经济合作为例

目前新加坡已与日本、美国、中国等主要经济伙伴签署了自贸区协定。以中国和新加坡的经济合作为例，新加坡于20世纪80年代与中国政府签订了八项政府间协定，如《贸易协定》《投资保护协定》《避免双重征税协定》《海洋运输协定》等，这些协定的签署首先从法律上保护了新加坡在华投资的安全，并通过避免双重征税鼓励对华投资。2010年中国—新加坡自贸区协定正式生效，除了货物贸易方面的内容，还涉及服务贸易和投资，该协议的签署进一步加大了对新加坡企业贸易投资权益的保护力度，促进了新加坡在华投资。2017年，中国—新加坡自由贸易协定升级第四轮谈判在新加坡举行，双方就服务贸易、投资、原产地规则、海关程序与贸易便利化、贸易救济以及其他规则议题等展开磋商，协定升级有利于进一步推动中新经贸关系发展、提升双边经贸合作水平。

资料来源：胡潇文：《新加坡政府鼓励和保护企业"走出去"的经验及对中国的启示——以淡马锡在华投资为例》，《东南亚研究》2012年第4期；张磊、罗梅：《新加坡：2017年经济回顾与2018年展望》，《东南亚纵横》2018年第1期。

2. 政府布局国内外贸易投资

新加坡政府通过提供经费支持、完善线上数据库服务、为本地企业海外投资提供税收、信贷和保险支持等各种途径和方式，促进新加坡企业在海外的投资和贸易发展，帮助新加坡企业扩展出口市场、提高企业能力、寻找海外合作者和进入新市场（张磊和罗梅，2018；胡潇文，2012）。例如，新加坡国际企业发展局于2017年实施了450余项计划以协助本地企业进入国际市场，其中有18%的计划以开拓全新的市场为目标，12%的计划则专注于培育建立新的专业能力（张磊和罗梅，2018）。同时，新加坡政府实施总部经济扶持计划。

新加坡的总部经济扶持计划：《全球贸易商计划》

得益于新加坡政府制定的一系列总部经济扶持政策，新加坡已成为亚太地区最具实力的总部基地，国内共有 2.6 万多家跨国公司，1/3 的世界 500 强公司在亚洲设立总部。为了吸引大型国际贸易公司前来新加坡设立区域营运中心，新加坡企业发展局（IE SINGAPORE）推出了税收奖励计划——《全球贸易商计划》（Global Trader Programme，GTP）。

《全球贸易商计划》具有三大特点。一是适用于特定的对象。符合 GTP 要求的企业必须拥有遍及全球的网络和良好的业绩，且必须以新加坡作为在本区域进行贸易活动的中心，从事相关商业活动和支援功能。二是必须具备特定的交易方式。符合 GTP 要求的企业必须是主要从事离岸贸易、转运贸易和再出口贸易的企业，其交易类型包括开展许可产品的离岸贸易和 GTP 公司间开展许可产品的贸易。三是实行分层激励办法。对高成长性中型企业给予低起点激励；对拟将新加坡作为国际贸易活动区域中心的中型企业给予为期 3 年的优惠税率政策，以鼓励其以新加坡为基地建立和发展全球和区域贸易网络，符合条件后即可获得正式 GTP 资格；对已获得 GTP 资格的企业追加激励，以公司年营业额、离岸贸易额以及本地商业支出等因素进行评估，给此类企业享受更优惠的所得税税率。

资料来源：宋鹏霖、李飞、夏小娟：《对标新加坡提升自贸试验区贸易便利化的路径与思考——以上海自贸试验区为例》，《上海对外经贸大学学报》2018 年第 1 期。

3. 政府提供高效的监管服务

新加坡是全球率先在贸易管理上全面建设电子商务平台的国家，于 1989 年投资 2.1 亿美元建立起被称为无缝的"一站式"电子通关系统（TradeNet），提高通关效率，并于 2016 年推出全球电子贸易服务平台（GeTS），与近 20 个国家或地区开展合作，通过连接各国海关系统，力争实现"一次申报、全球通办"（宋鹏霖等，2018）。在商事登记方面，新加坡政府通过建设电子填报与信息更新系统、在线商业执照系统两大网上政务服务平台，推行政府部门单一数码识别码（Singapore Corporate Access 或称 CorpPass），提高政府服务效率，降低企业经营成本[①]。

新加坡"一站式"通关系统贸易网络：TradeNet

新加坡是全球率先在贸易管理上全面建设电子商务平台的国家，于1989年投资2.1亿美元建立起被称为无缝的"一站式"电子通关系统（TradeNet），通过"一站式"网络通关系统贸易网络将所有国际贸易管理机构（包括海关、检验检疫、税务、军控、安全、经济发展局、企业发展局、农粮局等在内的35个政府部门）连接到一个整体系统网络中，为进出口商、转口商、海关、港口等方面提供网络作业平台，贸易链上各方可以在网络上传输进出口电子文件、申办审批进出口货物，实现各部门之间的信息共享。

据统计，通过该系统管理，新加坡全国通关费用节省达40%—60%，行政管理费用节省达30%—50%。TradeNet每年处理1000万报关单，每年可为新加坡节省10亿新元（约合6亿美元）的文件处理费用，同时也使企业能够通过单一平台，完成业务申报、资料处理及核准作业流程，降低了企业运营成本。

资料来源：电子商务研究中心：《国际贸易电子商务平台建设与发展分析》，2010年9月13日，网经社（http://www.100ec.cn/detail-5389784.html）。

（三）新西兰：完善的贸易投资法律体系、完备的税收体制、贸易立国配套政策

1. 完善的贸易投资法律体系

在贸易立法方面，新西兰已经形成了保证公平贸易的法律体系，主要

[①]《新加坡推行单一数码识别码方便企业与政府机构互动》，2016年9月12日，香港贸发局官网（https://www.hktdc.com/sc/）。

包括《1986年商业法》《1986年公平贸易法》《1988年反倾销反补贴法》《专利法》《商标法》《设计法》《地理标识法》和《版权法》等一系列贸易法律。其中，《1986年商业法》主要针对限制性贸易做法、兼并接管和价格控制方面做出严格规定[①]；《1986年公平贸易法》主要涉及禁止误导和欺骗行为、禁止虚假陈述等不公平贸易行为，规定商家有向消费者提供必要的产品安全和服务安全的咨询等；而《1988年反倾销反补贴法》旨在创造平等竞争的环境、抵消倾销以及补贴进口产品给国内产业带来的伤害，符合WTO反倾销与反补贴协议的有关精神（刘善庆和刘超，2016）。

根据中国企业网的研究分析，在投资立法方面，新西兰的投资监管政策法制化程度高，而且新西兰政府对外资监管政策较为透明，基本上通过法律条文的形式对相关敏感行业和领域进行监管。[②]

2. 完备的税收体制

根据中国"一带一路"网的研究分析，新西兰通过完备的税收体制，降低纳税人成本，从而吸引贸易投资：首先，新西兰总体税负较轻，税制结构以直接税为主，商品服务税为辅，在新西兰无须缴纳资本利得税、印花税、赠与税和遗产税；其次，为广泛吸收国际直接投资，新西兰与加拿大、中国、美国等主要贸易投资伙伴进行税收领域方面的合作；为了避免双重征税，新西兰政府与39个国家或地区签订了避免双重征税协定，对非居民雇员取得的工资报酬，如果符合条件，可以不用在新西兰交税；对企业源于境外的股息、利息及特许权使用费等收入适用较低的税率征税；同时，新西兰政府不断追求简化税制，通过提升征管的现代化水平，降低纳税人的遵从成本，使简明高效的税收体制成为新西兰吸引海外投资的重要因素之一。[③]

3. 贸易立国配套政策

根据中华人民共和国驻新西兰大使馆经济商务参赞处官网的研究分

---

① 被禁止的行为主要有：固定价格、维持转销价格、联合抵制、排斥竞争对手及利用"主导地位"阻碍竞争、利用某些协定在有关市场"实质性地减少竞争"等。

② 《新西兰营商环境：奉行自由贸易政策，对内外资企业一视同仁》，2018年11月22日，中国企业网（http://www.zqcn.com.cn/hongguan/201811/22/c509871.html）。

③ 《国家税务总局：中国居民赴新西兰投资税收指南》，2017年4月27日，中国一带一路网（https://www.yidaiyilu.gov.cn/zchj/zcfg/54317.htm）。

析，为了避免过度竞争、调节市场供求以及保证出口贸易产品的价格，新西兰政府首先通过立法制定了针对大宗优势农产品独特的垄断经营国营贸易体系；其次，为了鼓励和促进本国出口商的经营业务发展，新西兰政府设立"出口企业奖"，出台"出口信贷担保计划"，设立"成长基金"和"企业发展基金（EDF）"，扶持具有发展潜力和出口潜力的中小企业，向其提供外部咨询、专家顾问、调研国际市场或参加国际贸易交易会租用摊位等。[①]

新西兰贸易立国配套政策：国营贸易体系

新西兰的国营贸易体系主要包括新西兰乳品局（负责奶制品销售）、苹果梨局（水果销售）、啤酒花公司（负责啤酒花销售）、ZESPRI 公司（负责猕猴桃销售）等。这些销售机构大多由生产者持股，所有生产者既是供货商又是公司股东。公司从生产者处收购产品后统一经营出口，根据出口实际情况扣除成本后将利润全部返还给生产者，公司本身为零利润。采取这种出口经营方式，一方面，是由于这些农产品出口占了新西兰出口总额的 60% 以上，是新西兰主要外汇收入来源；另一方面，是因为这些产品都是初级产品，容易受国际市场价格变化影响。独特的国营贸易体系不仅可以调节生产者之间的关系，避免自相竞争，而且在一定程度上可以调节市场供求，保证商品价格稳定；同时，出口公司的零利润运行从另一个角度看也是对农民的一种补贴。

值得注意的是，由于国营贸易体制受到 WTO 规则的限制，近年来新西兰政府开始逐步解除这些公司的专营权，并将部分公司私有化。尽管公司的所有权和专营权发生变化，但是由于这些公司多年来从事出口，远比其他公司了解国外市场，同生产者也有相当密切的联系，并已拥有新西兰著名商标的所有权，因而在实际出口中这些公司仍然占据绝对优势地位，垄断经营并没有被实质性打破，这些改革后的公司在一定程度上还发挥着专营公司的作用。

---

① 《新西兰贸易体制》，2004 年 8 月 5 日，中华人民共和国驻新西兰大使馆经济商务参赞处官网（http://nz.mofcom.gov.cn/article/slfw/200408/20040800259688.shtml）。

资料来源：刘善庆、刘超：《繁荣之路：中国学者对新西兰经济发展的思考》，经济管理出版社2016年版；《新西兰贸易体制》，2004年8月5日，中华人民共和国驻新西兰大使馆经济商务参赞处官网（http://nz.mofcom.gov.cn/article/slfw/200408/20040800259688.shtml）。

五 粤港澳促进贸易和投资自由化便利化：目标和路径

（一）目标

粤港澳促进贸易和投资自由化便利化应以建立国际水准贸易投资体制、培育贸易投资新业态新模式、实现粤港澳市场深度开放、提供高效优质的政府行政服务为目标，粤港澳三地携手共同推动跨境贸易和投资自由化便利化。

（二）路径

推动粤港澳贸易和投资自由化便利化，需要遵循主动改革、互惠筹划、重点深入、逐步推广、信息透明、措施常态六大路径。要加快商事制度改革创新和政府职能转变，持续向市场放权，使政府工作关注点和着力点转向市场监管、社会治理和公共服务，在三方互利互惠基础上，推进物流、人流、资金流、信息流开放，重点落实"准入前国民待遇加负面清单"管理制度，不断提升三地贸易和投资自由化便利化水平。

六 粤港澳促进贸易和投资自由化便利化：管理创新与政策建议

（一）以常态化智库研究与专项咨询模式，成立粤港澳市场开放决策咨询委员会

为科学推进贸易和投资自由化便利化，在"一国两制、三个独立关税区"的背景下，智库应当承担起沟通各级政府、反馈意见和建议的功能，协调政府决策部门，完善决策咨询制度，成立粤港澳市场开放决策咨询委员会。

（二）完善法治规则，规范实施贸易和投资自由化便利化

完善粤港澳贸易和投资自由化便利化法治规则，从提高法律和政策透明度、建立公正的争端解决机制、加强贸易投资领域跨境综合执法与专项执法三个方面规范实施贸易和投资自由化便利化。

（三）优化政务流程，构建精简高效的政府管理服务体系

优化政务流程包括优化跨区域跨部门协调机制、优化政府行政流程、完善高效的贸易投资管理体制，构建精简高效的政府管理服务体系。

（四）完善配套营商环境，助推粤港澳贸易和投资自由化便利化

完善配套营商环境需要进一步完善金融服务环境、加强知识产权保护（见表1-26）、推进跨境基础设施联通，助推粤港澳贸易和投资自由化便利化。

表1-26　　　　　　　　　粤港澳知识产权交易平台

名称	成立时间	相关信息
广州产权交易所	1999年6月	广州产权交易所是广州地区唯一一家以"交易所"命名并通过国家层面验收的国家级综合性产权交易平台，已成为国内少数几个市场化程度高、交投活跃的专业市场之一，目前交易规模、软硬件设施和综合实力在国内位居前列，是中国企业国有产权交易行业协会广东省唯一创始人。
广州知识产权交易中心	2014年12月	广州知识产权交易中心以"知识产权+金融+产业"为指导原则，以"一体两翼、三项业务、八款产品"为工作思路来构建发展格局，即以广州知识产权交易中心为载体，在南沙和前海分别建立华南地区知识产权运营中心和前海知识产权金融运营公司；重点业务包括开展知识产权交易、知识产权金融及知识产权运营三大业务板块；八款符合市场需求的新型知识产权产品分别为知识产权交易及见证、智财通、融智汇、知信保、智托管、专利评估、智转化、知融通①。

① 智财通负责为大型企业集团提供全球利润合理分配；融智汇负责为上市国有企业或拟上市企业提供资产价值发现和挖掘的知识产权运营方案；知信保负责为广大中小微及创新型企业提供知识产权融资服务；智托管负责为产业核心专利权人提供多渠道、多选择的专业托管服务；专利评估负责为运用新型专利价值评估方法为企业提供更加合理、高效和低成本专利估值服务；智转化负责为高校科技成果转化公示提供具有公信力的第三方平台；知融通负责为各金融、资产、权益等要素交易平台提供跨平台的知识产权专业服务。具体见广州知识产权交易中心官网（http://www.gzipx.com/CMS/Info/Info.aspx）。

续表

名称	成立时间	相关信息
广东（广州）汇桔知识产权交易中心	2014年12月	广东（广州）汇桔知识产权交易中心为全国首个以民营经济为主导的知识产权交易服务机构。
深圳联合产权交易所	1993年3月	深圳联合产权交易所不仅成为各类国有、集体企业产权流转、资产处置、增资扩股的"三公"交易平台，还成为为中小企业，特别是中小科技企业提供跨市场的综合金融服务和多层次资本市场解决方案的专业化服务平台。
横琴国际知识产权交易中心	2014年12月	横琴知识产权交易中心拥有"知识产权公共服务""知识产权评价评估""知识产权交易""知识产权投融资服务"四大核心职能，致力于打造一个集聚创新人才、创新业务、创新资源等各种创新要素的生态系统，提供以知识产权金融创新、知识产权国际运营为特色的全方位、"一站式"、高品质的知识产权资产交易和服务交易的服务。
香港知识产权交易所有限公司（HKIPX）	2012年2月	HKIPX总部设在香港，是专注于知识产权资产的金融交易所。HKIPX促进专利技术、商标品牌、版权和其他知识产权相关权益的货币化和商业化，其使命是提供高效的手段让发行商、做市商、交易商、经纪商、投资商、知识产权持有者和用户以及不断增长的IP市场中产生的参与者顺利完成知识产权转让、促成交易、价格发现、执法维权、市场监督和对数据分发的需求。
香港国际知识产权交易中心	2014年3月	香港国际知识产权交易中心是国际上首个将知识产权商标资产份额化交易的金融资本交易平台，是集版权、商标权、专利权、著作权、知识产权等项目为一体的交易、服务、融资平台，将银行等资本实体联在一起的专业化资本市场服务平台。

资料来源：课题组根据粤港澳知识产权交易平台官方网站资料整理。

（五）优化贸易投资政策措施，推动三地贸易投资模式转型升级

优化贸易投资政策措施，通过实施货物、服务、投资等领域双向开放，共建粤港澳贸易投资办事网点、推动贸易和投资自由化便利化相关的制度创新和技术创新，推动三地贸易投资模式转型升级。

（六）借鉴中国香港和新加坡管理经验，提升市场监督管理水平

推行国际管理体系标准［如国际标准化组织（ISO）、国际电工委员会（IEC）、国际社会责任组织（SA8000）[①]］，推行"一个标准、一次认

---

① 参见香港品质保证局官网（http：//www.hkqaa.org/gb_abthkqaa.php？catid=4）。

证、全球通行"的国际合格评定服务体系[①],构建以政府职能转变为核心的事中事后监管六项[②]基本制度(李善民等,2016)。

(七)借鉴香港人才入境计划,建立粤港澳专业人才自由流通机制

通过促进粤港澳人才交流合作、人员往来便利化以及公共服务一体化建设等措施安排,支持粤港澳三地人才流动。目前,广东省公安机关服务粤港澳大湾区建设的18项举措中关于人员流动相关制度安排如表1-27所示。

表1-27 广东省公安机关促进粤港澳人员流动便利化制度安排

类别	细则
交通服务管理方面	非营运粤港直通车免加签直接通行港珠澳大桥;增加通行港珠澳大桥的直通车辆指标;实施港澳入内地车辆6年免检;增加澳门入出横琴自贸试验区机动车指标。
边防服务管理方面	取消深圳沙头角、珠海茂生围边境特别管理区通行证办证和边检行政项目收费;推行口岸出入境人员和粤港澳边民自助通关。
户政服务管理方面	实行粤港澳9市引进高层次人才落户手续5天内办结。引进高层次人才办理落户手续,由9市县级公安机关户政办证窗口直接受理、审核,对材料齐全的,在5个工作日内完成审核手续,签发准予迁入证明。
出入境服务管理方面	实施53个国家外国人144小时过境免签政策。将广东省现行的53国人员在广州白云国际机场72小时过境免签范围进一步扩大,入境口岸从白云机场空港口岸扩大至深圳宝安机场、揭阳潮汕机场空港口岸,出境口岸从白云机场空港口岸扩大至全省所有陆、海、空对外开放口岸,实现空港、陆空、海空口岸联动。免签期间活动范围限于广东省行政区域,停留时限从72小时延长至144小时;将广东自贸试验区6项出入境政策推广至大湾区9市以及揭阳中德金属生态城;在大湾区9市高校就读的外省市户籍大学生、就业就学人员的外省市户籍父母子女可就地办理出入境证件。在粤港澳大湾区9市高等院校就读的外省市户籍大学生可以凭二代居民身份证和高校在学证明,在就学地公安出入境管理部门申办出入境证件;在粤港澳大湾区9市就业就学人员的外省市户籍年满60周岁父母或未满16周岁子女,可以凭二代居民身份证,在居住地公安出入境管理部门申办出入境证件。出入境证件种类包括普通护照、往来港澳通行证及签注(1年多次香港个人游签注和1年多次香港其他签注除外)、往来台湾通行证及签注(定居签注除外),无须再凭居住证办理。

资料来源:广东省公安厅:《广东省公安机关服务粤港澳大湾区建设18项举措》,2017年12月12日。

---

① 广东省人民政府:《广东省人民政府关于建设质量强省的决定》(粤府〔2013〕96号),2013年10月10日。
② 包括安全审查制度、反垄断审查制度、社会信用体系、企业年度报告公示和经营异常名录制度、信用共享和综合执法制度、社会力量参与体系(李善民等,2016)。

（八）借鉴新加坡通关便利模式，推进便捷高效口岸建设

推行"自主报税、自助通关、自动审放、重点稽核"口岸模式①，推进粤港澳"信息互换、监管互认、执法互助"的大通关建设②，加快推进便捷高效口岸建设。

（九）以广东先行先试改革，深化 CEPA 与国际标准对接的改革开放：开放力度、简化手续、政策协调

通过升级 CEPA 及其系列协议，精准制定针对港澳的原产地规则③④，降低数量限制，实施短板负面清单，试行人流物流单边开放，深化 CEPA 与国际标准对接的改革开放。

（十）依托粤港澳重大合作平台建设，打造广东自由贸易试验区升级版：部分领域推行自由贸易港政策、设立粤港澳优势产业自贸园区、拓展港澳青年创业基地

通过部分领域推行自由贸易港政策，在广东自贸试验区内逐步实现货物自由流动（李猛，2018）、自然人自由流动（张光南等，2018）和非限定行业准入自由，设立粤港澳优势产业自贸园区⑤，拓展港澳青年创业基地，打造广东自由贸易试验区升级版。

（十一）以稳健风险管控措施，保障粤港澳贸易和投资自由化便利化有序开展：国家安全、金融风险、产业管控、应急方案

国家安全方面，实行例外管理，健全保留限制性措施，完善粤港澳国

---

① 中华人民共和国上海海关：《上海海关关于在中国（上海）自由贸易试验区开展"自主报税、自助通关、自动审放、重点稽核"改革项目试点的公告》（2014 年第 44 号），2014 年 12 月。

② 广东省海防与打击走私办公室：《信息互换 监管互认 执法互助——东莞边检联合口岸八部门在粤首推"三互"大通关模式》，2015 年 8 月 11 日。

③ 《对十二届全国人大五次会议第 3947 号建议的答复》，2017 年 7 月 25 日，商务部官网（http://file.mofcom.gov.cn/article/gkml/201710/20171002657516.shtml）。

④ 刘惠：《澳门与内地应推动 CEPA 升级》，《中国经济时报》2017 年 3 月 16 日。

⑤ 国家发展改革委等：《关于支持"飞地经济"发展的指导意见》（发改地区〔2017〕922 号），2017 年 5 月。

家安全审查制度（杨长湧，2014）和经营者集中反垄断审查制度（赵松松，2015），构建完善的风险防御体系，制定科学合理的应急方案和应急步骤等（张光南等，2014）。

第二部分

行业专项与区域试点

第二章　粤港澳服务贸易自由化：银行业研究[*]

摘要： 本章立足粤港澳银行业服务贸易自由化的国家战略和区域发展机遇，回顾了粤港澳银行业服务贸易自由化的发展现状、政策体系、预期目标以及对粤港澳三地银行业的影响。鉴于粤港澳银行业服务贸易自由化过程中存在政策整体利用率偏低、缺乏具体的实施细则、银行所面临的风险增加等问题，借鉴上海自贸试验区银行业服务贸易自由化先行先试经验，制定了加强宣传推广和促进信息交流、优化审批程序和服务、搭建行业平台和共享互助发展、构建系统性金融风险监测评估和预警体系等政策建议。

一　粤港澳银行业服务贸易自由化的机遇

（一）国家战略为银行业服务贸易自由化带来机遇

粤港澳大湾区建设、人民币国际化、"一带一路"合作倡议为粤港澳银行业服务贸易自由化提供了更大的市场空间。

（二）区域发展提升银行业服务贸易自由化的需求

粤港澳银行业服务贸易自由化可以帮助中小微企业解决两大重要需求，即融资需求和企业"走出去"的金融支持需求，刺激跨境金融服务

---

[*] 本章内容感谢广州市人民政府外事办公室"粤港澳服务贸易自由化：银行业研究"的调研支持。调查研究成员包括：张光南、邱杰宏、杨戈、梅琳、杨洋、陈兆凌、游士仪、钟俏婷、刘威、房西子、陈平、王烁、杨清玄、曹恒宇。

需求上升,深化跨境支付机构合作,构建互联网跨境金融服务体系①。

二 粤港澳银行业服务贸易自由化现状

(一) 粤港澳银行业发展现状

1. 广东的银行业现状

近年来广东银行业保持稳步发展,差异化发展显著,大型银行竞争优势明显,而中小银行的业绩表现分层、差异化发展特征更为明显。随着国家经济新旧动能的转变,广东银行业经营压力不断增加,现阶段是经营转型的关键。根据陈泽鹏等 (2018) 的研究,截至 2017 年末,广东银行业存款余额 194535.75 亿元,比上年末增长 8.2%;贷款余额 126031.95 亿元,增长 13.6%;净利润 2698.54 亿元,比上年增加 19%;不良贷款率为 1.45%,比上年下降 0.07 个百分点。

2. 香港的银行业现状

从伦敦金融城国际金融中心指数 (GFCI) 排名来看,香港位列国际金融中心第三位,被界定为在深度和广度上具有领袖地位的金融中心②。香港市场透明度高、严格执行披露规定及审慎监管金融机构,使得香港成为全球银行机构密度最高的城市之一,在全球百大银行中,约有 70 家在香港营运业务;香港银行体系的特点是实行三级制,即由持牌银行、有限制牌照银行和接受存款公司三类银行机构组成,只有持牌银行和有限制牌照银行才可称为银行③。截至 2018 年 5 月底,香港共有 190 家认可银行机构,其中持牌银行 154 家、有限制牌照银行 19 家、接受存款公司 17 家,此外还有 48 家外资银行在香港设立代表办事处④。在亚洲区,银行是最

---

① 蔡颖:《银行抢滩四大自贸区跨境金融业务》,《经济参考报》2015 年 5 月 7 日。
② 《"全球金融中心指数"排名在中国青岛发布》,2018 年 3 月 27 日,新华财经(http://stock.xinhua08.com/a/20180327/1754034.shtml)。
③ 《香港银行业产业解读》,指南者教育,2020 年 5 月 12 日,参见 http://www.compassedu.hk/newst_9777。
④ 香港金融管理局:《金融数据月报》,香港金融管理局官网,2018 年 5 月。

重要的集资渠道之一。香港银行业体制完善，服务范围远超本土，在区内举足轻重。很多香港银行已在亚洲其他地区特别是中国内地营运业务。

3. 澳门的银行业现状

澳门的金融业由银行业和非银行金融机构组成，其中银行业是澳门金融体系的主体，是澳门本地企业融资的主要渠道。除政府邮政储金局外，在澳门注册的银行共计28家，其中，总部设在本地的银行有4家，外地银行的附属银行有6家，外地注册银行在澳门开设的分行有18家，包括中国内地、葡萄牙、香港特区、台湾地区、英国等地的银行机构[①]。帅晋瑶和陈晓剑（2006）研究认为，与内地商业银行比较而言，澳门银行业运作主要有以下特点：业务国际化、经营和产品多元化、实行货币发行局制度和货币替代现象程度高。

（二）粤港澳银行业服务贸易自由化政策体系与预期目标

表2-1　　　　　　　　粤港澳银行业服务贸易自由化政策

国家层面政策		
相关政策	主要举措	预期目标
2003年6月29日《内地与香港关于建立更紧密经贸关系的安排》	（一）内地支持国有独资商业银行及部分股份制商业银行将其国际资金外汇交易中心移至香港。 （二）支持内地银行在香港以收购方式发展网络和业务活动。 （三）内地在金融改革、重组和发展中支持充分利用和发挥香港金融中介机构的作用。 （四）双方加强金融监管部门的合作和信息共享。 （五）内地本着尊重市场规律、提高监管效率的原则，支持符合条件的内地保险企业以及包括民营企业在内的其他企业到香港上市。	逐步减少或取消双方之间实质上所有货物贸易的关税和非关税壁垒。 逐步实现服务贸易自由化，减少或取消双方之间实质上所有歧视性措施。 促进贸易投资便利化。

---

① 澳门金融管理局：《澳门银行体系》，2019年4月23日，澳门金融管理局官网（http://www.amcm.gov.mo/zh/banking-sector/introduction）。

续表

国家层面政策		
相关政策	主要举措	预期目标
2003年10月17日《内地与澳门关于建立更紧密经贸关系的安排》	支持内地银行在澳门以收购方式发展网络和业务活动；鼓励、协助和支持澳门与内地银行、证券和保险机构之间的业务交流。 (一)澳门银行在内地设立分行或法人机构，提出申请前一年年末总资产不低于60亿美元；澳门财务公司在内地设立法人机构，提出申请前一年年末总资产不低于60亿美元。 (二)澳门银行在内地设立合资银行或合资财务公司、澳门财务公司在内地设立合资财务公司无须先在内地设立代表机构。 (三)澳门银行内地分行申请经营人民币业务的资格条件为： (1)在内地开业2年以上。 (2)主管部门在审查有关营利性资格时，改内地单家分行考核为多家分行整体考核。	加强双方在银行、证券和保险领域的合作。
2004年10月27日《内地与香港关于建立更紧密经贸关系的安排》补充协议	对香港金融服务及服务提供者进一步放宽市场准入的条件。扩大香港永久性居民中的中国公民在内地设立个体工商户的地域和营业范围。自2004年11月1日起，允许香港银行内地分行经批准从事代理保险业务。	就内地在服务贸易领域对香港扩大开放。
2004年10月29日《内地与澳门关于建立更紧密经贸关系的安排》补充协议	自2004年11月1日起，允许澳门银行内地分行经批准从事代理保险业务。	在银行领域对澳门服务及服务提供者进一步放宽市场准入的条件。
2005年10月18日《内地与香港关于建立更紧密经贸关系的安排》补充协议二（及附件）	香港银行内地分行对内地客户提供人民币和外币业务而需向内地分行注入营运资金的要求，由单家分行考核改为多家分行整体考核，在内地多家分行平均营运资金达到5亿元人民币的前提下，单家分行营运资金不低于人民币3亿元。	在银行领域进一步放宽市场准入的条件。

续表

国家层面政策		
相关政策	主要举措	预期目标
2005年10月21日《内地与澳门关于建立更紧密经贸关系的安排》补充协议二	澳门银行内地分行对内地客户提供人民币和外币业务而需向内地分行注入营运资金的要求，由单家分行考核改为多家分行整体考核，在内地多家分行平均营运资金达到5亿元人民币的前提下，单家分行营运资金不低于人民币3亿元。	在银行领域对澳门服务及服务提供者进一步放宽市场准入的条件。
2007年6月29日《内地与香港关于建立更紧密经贸关系的安排》补充协议四	（一）积极支持内地银行赴香港开设分支机构经营业务。 （二）为香港银行在内地中西部、东北地区和广东省开设分行设立绿色通道。 （三）鼓励香港银行到内地农村设立村镇银行。	进一步加强在金融领域的合作。
2007年7月2日《内地与澳门关于建立更紧密经贸关系的安排》补充协议四	放宽澳门银行或财务公司从事实质性商业经营年限的要求双方采取以下措施，进一步加强在金融领域的合作： （一）积极支持内地银行赴澳门开设分支机构经营业务。 （二）为澳门银行在内地中西部、东北地区和广东省开设分行设立绿色通道。 （三）鼓励澳门银行到内地农村设立村镇银行。	加强金融合作。
2008年7月29日签署《内地与香港关于建立更紧密经贸关系的安排》补充协议五（及附件）	允许符合下列条件的香港银行在内地注册的法人银行将数据中心设在香港： （一）2008年6月30日前在内地注册成立。 （二）注册成立时，其母行已在香港设有数据中心。 （三）数据中心应独立运行并应包括客户信息、账户信息以及产品信息等核心系统。 （四）其董事会和高级管理层具有数据中心最高管理权。	在银行领域进一步放宽市场准入的条件。

续表

国家层面政策		
相关政策	主要举措	预期目标
2008年7月30日《内地与澳门关于建立更紧密经贸关系的安排》补充协议五	允许符合下列条件的澳门银行在内地注册的法人银行将数据中心设在澳门： （一）2008年6月30日前在内地注册成立。 （二）注册成立时，其母行已在澳门设有数据中心。 （三）数据中心应独立运行并应包括客户信息、账户信息以及产品信息等核心系统。 （四）其董事会和高级管理层具有数据中心最高管理权。 （五）设立的数据中心，须符合内地有关监管要求并经内地相关部门认可。	在银行领域对澳门服务及服务提供者进一步放宽市场准入的条件。
2009年5月9日《内地与香港关于建立更紧密经贸关系的安排》补充协议六	（一）香港银行在广东省设立的外国银行分行可以参照内地相关申请设立支行的法规要求提出在广东省内设立异地（不同于分行所在城市）支行的申请。 （二）若香港银行在内地设立的外商独资银行已在广东省设立分行，则该分行可以参照内地相关申请设立支行的法规要求提出在广东省内设立异地（不同于分行所在城市）支行的申请。	在银行领域进一步放宽市场准入的条件。
2009年5月11日《内地与澳门关于建立更紧密经贸关系的安排》补充协议六	（一）澳门银行在广东省设立的外国银行分行可以参照内地相关申请设立支行的法规要求提出在广东省内设立异地（不同于分行所在城市）支行的申请。 （二）若澳门银行在内地设立的外商独资银行已在广东省设立分行，则该分行可以参照内地相关申请设立支行的法规要求提出在广东省内设立异地（不同于分行所在城市）支行的申请。	在银行领域对澳门服务及服务提供者进一步放宽市场准入的条件。

续表

国家层面政策		
相关政策	主要举措	预期目标
2010年5月27日《内地与香港关于建立更紧密经贸关系的安排》补充协议七	（一）香港银行比照《中华人民共和国外资银行管理条例》的有关规定，在内地申请设立外商独资银行或外国银行分行，提出申请前应在内地已经设立代表处1年以上。 （二）香港银行的内地营业性机构申请经营人民币业务，应具备下列条件：提出申请前在内地开业2年以上且提出申请前1年盈利。 （三）香港银行在内地设立的外资银行营业性机构可建立小企业金融服务专营机构。具体要求参照内地相关规定执行。 （四）香港银行的内地营业性机构申请经营对内地港资企业的人民币业务，应具备下列条件：提出申请前在内地开业1年以上且提出申请前1年盈利。	在银行领域进一步放宽市场准入的条件。
2010年5月28日《内地与澳门关于建立更紧密经贸关系的安排》补充协议七	（一）澳门银行比照《中华人民共和国外资银行管理条例》的有关规定，在内地申请设立外商独资银行或外国银行分行，提出申请前应在内地已经设立代表处1年以上。 （二）澳门银行的内地营业性机构申请经营人民币业务，应具备下列条件：提出申请前在内地开业2年以上且提出申请前1年盈利。 （三）澳门银行在内地设立的外资银行营业性机构可建立小企业金融服务专营机构。具体要求参照内地相关规定执行。 （四）澳门银行的内地营业性机构申请经营对内地澳资企业的人民币业务，应具备下列条件：提出申请前在内地开业1年以上且提出申请前1年盈利。	在银行领域对澳门服务及服务提供者进一步放宽市场准入的条件。
2013年8月29日《内地与香港关于建立更紧密经贸关系的安排》补充协议十	香港的银行在内地的营业性机构，经批准经营港资企业人民币业务时，服务对象可包括依规定被认定为视同香港投资者的第三地投资者在内地设立的企业。	在银行领域进一步放宽市场准入的条件。

续表

国家层面政策		
相关政策	主要举措	预期目标
2013年8月30日《内地与澳门关于建立更紧密经贸关系的安排》补充协议十	澳门的银行在内地的营业性机构,经批准经营澳资企业人民币业务时,服务对象可包括依规定被认定为视同澳门投资者的第三地投资者在内地设立的企业。	在银行领域对澳门服务及服务提供者进一步放宽市场准入的条件。
2014年12月18日 2015年3月1日(正式实施)《关于内地在广东与香港基本实现服务贸易自由化协议》①	(一)推动跨境人民币业务创新发展。(二)推动适应粤港澳服务贸易自由化的金融创新。允许符合条件的外国金融机构设立外商独资银行,符合条件的外国金融机构与中国公司、企业出资共同设立中外合资银行。(三)在条件具备时,适时在自贸试验区内试点设立有限牌照银行。积极推动个人本外币兑换特许机构、外汇代兑点发展和银行卡使用。在完善相关管理办法、加强有效监管前提下,支持商业银行在自贸试验区内设立机构开展外币离岸业务,允许自贸试验区内符合条件的中资银行试点开办外币离岸业务。	推动跨境人民币业务创新发展。推动适应粤港澳服务贸易自由化的金融创新。
2015年4月20日《中国(广东)自由贸易试验区总体方案》②(《国务院关于印发中国(广东)自由贸易试验区总体方案的通知》)	(一)进一步扩大对港澳服务业开放。在《内地与香港关于建立更紧密经贸关系的安排》《内地与澳门关于建立更紧密经贸关系的安排》及其补充协议(以下统称《安排》)框架下探索对港澳更深度的开放,进一步取消或放宽对港澳投资者的资质要求、股比限制、经营范围等准入限制,重点在金融服务、交通航运服务、商贸服务、专业服务、科技服务等领域取得突破。(二)深化金融领域开放创新。推动跨境人民币业务创新发展;推动适应粤港澳服务贸易自由化的金融创新;推动投融资便利化;建立健全自贸试验区金融风险防控体系。	为全面有效推进自贸试验区建设。

① 《〈内地与香港CEPA关于内地在广东与香港基本实现服务贸易自由化的协议〉在香港签署》,2014年12月18日,商务部官网(http://www.mofcom.gov.cn/article/ae/ai/201412/20141200837788.shtml)。

② 国务院:《国务院关于印发中国(广东)自由贸易试验区总体方案的通知》(国发〔2015〕18号),2015年4月20日,中国人民政府官网(http://www.gov.cn/zhengce/content/2015-04/20/content_ 9623.htm)。

续表

国家层面政策		
相关政策	主要举措	预期目标
2015年8月20日（在2015年3月《关于内地在广东与香港基本实现服务贸易自由化协议》正式实施后颁发）《深入推进粤港澳服务贸易自由化实施意见》[1]	（一）创新金融服务合作。 （二）深化银行机构合作。 （三）鼓励保险机构开展保险业务和保险品种创新。 （四）加快资本市场双向开放。 （五）推进跨境人民币业务。 （六）加强开展金融风险防控合作。	形成可复制可推广的"广东经验"，为2015年内地与港澳基本实现服务贸易自由化提供示范和借鉴。
2015年11月27日《内地与香港关于建立更紧密经贸关系的安排》服务贸易协议[2]	金融审慎原则。	为推动内地与香港特别行政区基本实现服务贸易自由化，逐步减少或取消双方之间服务贸易实质上所有歧视性措施，进一步提高双方经贸交流与合作的水平。
2015年11月28日《内地与澳门CEPA服务贸易协议》[3]	《协议》正文对与CEPA的关系、适用范围、双方义务、国民待遇、最惠待遇、金融审慎原则、保障措施、例外条款、保留的限制性措施、跨境服务、电信及文化专章、特殊手续和信息要求、投资便利化等分别作出原则性规定。	内地与澳门基本实现服务贸易自由化不仅为澳门经济多元发展提供有益的帮助，也将为内地服务业发展带来新的活力，有利于内地与澳门经济的全面深入融合，实现两地经济共同发展。
2017年6月28日《内地与香港关于建立更紧密经贸关系的安排》经济技术合作协议	（一）支持内地银行在审慎经营的前提下，利用香港的国际金融平台发展国际业务。 （二）支持内地大型商业银行、股份制银行在商业可持续和风险可控的基础上，结合自身特点和发展实际，坚持自愿原则，审慎将其国际资金外汇交易中心移至香港。 （三）支持内地银行在商业可持续和风险可控的基础上，结合自身特点和发展实际，坚持自愿原则，审慎开展在香港地区以收购方式发展网络和业务以及赴香港开设分支机构经营业务等活动。 （四）为香港银行在内地中西部、东北地区和广东省开设分行设立绿色通道。 （五）鼓励符合条件的香港银行到内地农村设立村镇银行。	进一步加强在银行、证券和保险领域的合作。

[1] 粤府港澳办：《广东深入推进粤港澳服务贸易自由化的实施意见》，粤府港澳办〔2015〕64号，2015年8月20日，参见 http://iftzr.sysu.edu.cn/node/13847。

[2] 《CEPA服务贸易协议》，2015年11月27日，商务部官网（http://tga.mofcom.gov.cn/article/zt_cepanew/fwmyxy/201511/20151101196067.shtml）。

[3] 《〈内地与澳门CEPA服务贸易协议〉在澳门签署》，2015年11月28日，商务部官网（http://www.mofcom.gov.cn/article/ae/ai/201511/20151101196707.shtml）。

续表

国家层面政策		
相关政策	主要举措	预期目标
2017年12月18日《内地与澳门关于建立更紧密经贸关系的安排》经济技术合作协议①	（一）支持内地银行在审慎经营的前提下，利用澳门的中国与葡语国家金融服务平台，发展葡语国家的业务。 （二）支持内地大型商业银行、股份制银行、央企在商业可持续和风险可控的基础上，结合自身特点和发展实际，坚持自愿原则，审慎将其国际资金外汇交易中心，特别是与葡语国家的人民币结算业务移至澳门。 （三）支持内地银行在商业可持续和风险可控的基础上，结合自身特点和发展实际，坚持自愿原则，审慎开展与澳门银行的业务合作以及赴澳门开设分支机构经营业务等。 （四）为澳门银行在内地中西部、东北地区和广东省开设分行设立绿色通道。 （五）鼓励符合条件的澳门银行到内地农村设立村镇银行。	进一步加强在特色金融、银行、证券和保险领域的合作。
2014年9月，国务院领导批示同意了"15条政策"。《南沙新区金融创新发展"15条政策"解读》②	（一）支持包括港澳在内的外资股权投资基金在南沙新区创新发展，积极探索外资股权投资企业在资本金结汇、投资、基金管理等方面的新模式。简化银行办理企业结汇资金支付审核。 （二）允许南沙新区内的金融机构为港澳台居民（包括机构和个人）提供跨境人民币结算金融服务。银行业金融机构可为个人开展的货物贸易、服务贸易跨境人民币业务提供结算服务。 （三）支持设立在南沙新区的银行机构按照《中国人民银行关于境内银行业金融机构境外项目人民币贷款的指导意见》（银发〔2011〕255号）的规定发放境外人民币贷款。 （四）支持南沙新区银行机构按规定研究办理外币离岸业务。 （五）支持具备条件的民间资本在南沙新区发起设立中小型银行等金融机构。落实《广东南沙新区发展规划》，将南沙新区打造成为全省金融对外合作开放的重要平台。	

---

① 商务部台港澳司：《〈内地与澳门关于建立更紧密经贸关系的安排〉经济技术合作协议》，2017年12月18日，商务部台港澳司官网（http：//tga.mofcom.gov.cn/article/zt_cepanew/ajjjshzxy/201712/20171202686301.shtml）。

② 广东省金融办：《南沙新区金融创新发展"15条政策"解读》，2014年12月16日，中国（广东）自由贸易试验区官网（http：//www.china-gdftz.gov.cn/zwgk/ztlm/jrcxzl/zcfg_jr/201604/t20160421_2377.html#zhuyao）。

续表

国家层面政策		
相关政策	主要举措	预期目标
2015年12月9日《中国人民银行关于金融支持中国（广东）自由贸易试验区建设的指导意见》①	深化银行机构合作。推进港澳资银行机构逐步在粤东西北设立分支机构，在广东实现科学布局。开辟行政审批绿色通道，支持符合条件的港澳金融机构投资者在粤发起设立金融租赁公司，试点设立消费金融公司，投资入股广东地方法人金融机构。支持粤港澳银行业跨境合作产品创新，推进跨境人民币业务。鼓励粤港澳电子商务跨境人民币结算，支持跨国企业集团开展经常项下跨境人民币集中收付，推动个人贸易项下使用人民币跨境结算。支持商业银行推出更多利于实施粤港澳服务贸易自由化的跨境人民币业务和产品。	深化银行机构合作。推进跨境人民币业务。
2015年12月9日《中国人民银行关于金融支持中国（广东）自由贸易试验区建设的指导意见》	鼓励自贸试验区内银行业金融机构增加对企业境外项目的人民币信贷投放。推动自贸试验区内银行机构与符合条件的互联网支付机构合作，办理经常项下及部分经批准的资本项下跨境电子商务人民币结算业务简化直接投资外汇登记手续，直接投资外汇登记下放银行办理。 （一）符合条件的区内机构应在自贸试验区所在地外汇分局辖内银行机构开立资本项目——投融资账户，办理限额内可兑换相关业务。 （二）进一步简化资金池管理，允许银行审核真实、合法的电子单证，为企业办理集中收付汇、轧差结算业务。 （三）注册在自贸试验区内的银行机构，对于境外机构按照规定能够开展即期结售汇交易的业务，可以办理人民币与外汇衍生产品交易，并纳入银行结售汇综合头寸管理。	开展跨境人民币双向融资。拓展跨境电子商务人民币结算业务。实行限额内资本项目可兑换。支持发展总部经济和结算中心。支持银行发展人民币与外汇衍生产品服务。

---

① 《中国人民银行关于金融支持中国（广东）自由贸易试验区建设的指导意见》，2016年3月18日，人民银行官网（http://www.gov.cn/zhengce/2016-03/18/content_5055126.htm）。

续表

广东省层面政策		
相关政策	主要举措	预期目标
2015年7月20日《中国（广东）自由贸易试验区建设实施方案》[①]	（一）鼓励广东自贸试验区内银行开展境外项目人民币贷款。研究探索广东自贸试验区内银行、非银行金融机构和企业与港澳地区开展跨境双向人民币融资。允许广东自贸试验区内银行按照实际需要在一定额度内与港澳同业开展跨境人民币借款等业务。 （二）允许符合条件的外国金融机构设立外商独资银行，允许符合条件的外国金融机构与中国公司、企业出资共同设立中外合资银行。适时在广东自贸试验区内试点设立有限牌照银行。 （三）在CEPA框架下，推动广东自贸试验区公共服务领域的支付服务向粤港澳三地银行业开放，允许广东自贸试验区内注册设立的、拟从事支付服务的港澳资非金融机构，依法依规从事第三方支付业务。 （四）进一步简化业务管理程序，允许银行为跨国公司办理集中收付汇、轧差结算等经常项目外汇收支。 （五）推动广东自贸试验区公共服务领域的支付服务向粤港澳三地银行业开放，逐步推进粤港澳三地支付服务同城化建设。	推动跨境人民币融资。 加强与境外及港澳金融市场合作。 放宽港澳金融服务业务范围。 深化跨国公司本外币资金集中运营管理改革试点。 完善公共服务领域和个人跨境金融服务。
2018年7月29日《广东省人民政府关于印发进一步深化中国（广东）自由贸易试验区改革开放分工方案的通知》[②]	（一）积极有序实施《中国人民银行关于金融支持中国（广东）自由贸易试验区建设的指导意见》。推动建立与自贸试验区改革开放相适应的账户管理体系。 （二）支持符合条件的中外资金融机构深化股权和业务合作。 （三）探索适应商业保理发展的外汇管理模式，发展国际保理业务。 （四）在风险可控的前提下，发展通过信息通信网络提供跨境服务的模式，在专业服务领域率先试点服务贸易跨境交付，探索兼顾安全和效率的数字产品贸易监管模式。 （五）支持服务贸易合法资金跨境收付。	对标国际先进规则，建设开放型经济新体制先行区。 争创国际经济合作竞争新优势，打造高水平对外开放门户枢纽。 开拓协调发展新领域，打造粤港澳大湾区合作示范区。

① 广东省人民政府：《中国（广东）自由贸易试验区建设实施方案》，2015年7月20日。

② 广东省人民政府：《广东省人民政府关于印发进一步深化中国（广东）自由贸易试验区改革开放分工方案的通知》，2018年7月29日。

续表

广东省层面政策		
相关政策	主要举措	预期目标
	（六）依托自贸试验区现有金融资产交易平台，依法合规开展相关业务，逐步提高境外投资者参与境内要素平台交易的便利化水平。 （七）在有效防范风险的前提下，探索建立与港澳地区资金互通、市场互联的机制。 （八）大力发展金融科技，在依法合规前提下，加快区块链、大数据技术的研究和应用。 （九）拓展金融IC卡和移动金融在自贸试验区公共服务领域的应用，为粤港澳居民跨境往来提供便捷的支付服务。	
2018年10月18日《广东银监局关于广东银行业促进经济高质量发展的实施意见》[1]	（一）加快体制机制改革。 （二）加大信贷投放力度。 （三）不断优化信贷结构。 （四）大力发展科技金融。 （五）深化小微企业金融服务。 （六）有效降低融资成本。 （七）做好进出口企业金融服务。 （八）大力实施乡村振兴战略。 （九）深入推进金融精准扶贫。 （十）大力发展绿色金融。 （十一）深化银行业对内对外开放。	引导广东银行业促进广东经济高质量发展，为广东经济迈向更高水平、奋力实现"四个走在全国前列"注入金融动力。
2015年7月13日中国人民银行广东分行发布《广东南沙、横琴新区跨境人民币贷款业务试点管理暂行办法》[2]	将跨境人民币贷款试点地区从深圳前海扩展至广东南沙、珠海横琴，拓宽自贸试验区项目建设和企业运营的境外融资渠道。将自贸试验区银行机构境外人民币放款对象扩大到境外机构（不限于境内机构在境外投资的企业）和境外项目、支持自贸试验区企业赴港发行人民币债券、推动自贸试验区企业开展跨境人民币资金集中运营业务，支持区内企业集团集中管理境内外成员企业的人民币资金。	在南沙、横琴新区开展跨境人民币贷款业务试点。

---

① 广东银监局：《广东银监局关于广东银行业促进经济高质量发展的实施意见》，2018年10月19日。

② 《广东南沙、横琴新区跨境人民币贷款业务试点管理暂行办法》，2015年12月2日，珠海市横琴新区政府官网（http：//www.hengqin.gov.cn/ljzl/tljgzjd/201509/5c9914837615436bb84bb46a70bdd30a.shtml）。

续表

广东省层面政策		
相关政策	主要举措	预期目标
2016年8月3日《中国人民银行广东分行关于支持中国（广东）自由贸易试验区扩大人民币跨境使用的通知》①	区内银行发放境外人民币贷款5项跨境人民币业务新政落地自贸试验区内个人经常项下和直接投资项下跨境人民币业务：广东省内结算银行可按照"了解你的客户""了解你的业务"和"尽职审查"原则，凭收付指令为区内个人办理经常项下和直接投资项下的跨境人民币结算业务，必要时可要求客户提交相关业务凭证。人民银行广东分行鼓励和支持区内银行基于实需和审慎原则向境外机构和境外项目发放人民币贷款。区内银行发放境外人民币贷款，应严格审查借款人资信和项目背景，确保资金使用符合要求。	鼓励和支持扩大人民币跨境使用、推进人民币资本项目可兑换。
2017年1月25日《关于支持广东南沙新区深化粤港澳台金融合作和探索金融改革创新的15条意见》	支持南沙新区银行机构按规定研究办理外币离岸业务，支持具备条件的民间资本在南沙新区发起设立中小型银行等金融机构，支持设立在南沙新区的银行机构按照《中国人民银行关于境内银行业金融机构境外项目人民币贷款的指导意见》的规定发放境外人民币贷款。	金融改革创新。
2018年1月《广东南沙新区（自贸区）金融（类金融）项目引荐专项奖励办法》②	明确规范奖励资金的审核、发放及监督，确保项目引荐奖励资金的使用效率和质量。	促进南沙金融业发展，科学、公正、规范地做好金融业招商引资项目引荐专项奖励工作，不断完善政府主导、市场化、专业化招商的主旨，培育一批优秀的金融业招商引资中介机构。

资料来源：课题组根据公开资料整理。

---

① 中国人民银行广州分行：《中国人民银行广州分行关于支持中国（广东）自由贸易试验区扩大人民币跨境使用的通知》，2016年8月3日，广州市南沙区人民政府官网（http://www.gzns.gov.cn/tzns/tzzc/gjzc/201609/t20160922_327234.html）。

② 广州南沙开发区金融工作局：《广州南沙新区（自贸区）金融（类金融）项目引荐专项奖励办法》，2018年2月28日，参见http://www.docin.com/p-2087329987.html。

三 粤港澳银行业服务贸易自由化的影响

(一) 对广东银行业的影响

1. 银行机构数量增加

随着CEPA框架下外资银行可开展人民币业务，外资银行可开展的业务增多，支行数量增加，而一些中小商业银行也开始进入广东开展业务，部分港澳资银行在广东布局如表2-2所示。

表2-2　　　　　　　　港澳资银行在广东的布局

港澳资银行广东布局	首次进入时间	支行数量（家）
汇丰银行（中国）有限公司广东分行	1983	12
渣打银行（中国）有限公司广东分行	2005	3
华侨永亨银行（中国）有限公司广东分行	1997	2
南洋商业银行（中国）有限公司广东分行	1992	3
大新银行（中国）有限公司广东分行	2011	1
东亚银行（中国）有限公司广东分行	n. a.	13
恒生银行（中国）有限公司广东分行	1995	7
永隆银行有限公司广东分行	1994	1
大来信用证国际（香港）有限公司广东代表处	2014	1
澳门国际银行广东分行	2017	1

注：(1) 汇丰与渣打母公司是英资，但其亚太地区业务统归注册于香港的全资法人子公司运作管理，永隆银行母公司已经变为中资招商银行；(2) 大新银行、东亚银行的支行数量数据按照银行内部计算规则把环广东若干地级市分支行机构也计算在内[1]。

资料来源：课题组根据广州市金融工作局[2]和各银行官网资料整理。

---

[1] 参见东亚银行官网（https://www.hkbea.com.cn/PersonalBusiness/）。
[2] 广州市地方金融监督管理局：《2016年广州市银行业机构目录》，2017年6月16日，广州市地方金融监督管理局官网（http://www.gzjr.gov.cn/gzjr/jrdj/201706/7abb03099d8f44e3a4357493a3b603f2.shtml）。

2. 银行资产规模增长

在粤港澳服务贸易自由化进程中,部分参与程度较深的银行的资产规模发生了显著变化。广州市金融工作局(2018)公布数据显示,截至2017年年末,广州市外资银行资产总额、各项存款、各项贷款与去年同期相比均实现平稳增长,其中资产总额1979.62亿元,同比增长20.24%,各项贷款余额1044.95亿元,同比增长23.95%;各项存款余额1296.18亿元,同比增长13.56%。2017年广州市外资银行累计实现盈利14.46亿元,同比增长80.03%[①]。

3. 业务和产品多元化

粤港澳服务贸易自由化对于广东银行业的影响,主要表现在离岸业务的快速发展上。数据显示,从2015年4月21日至2017年3月末,南沙、横琴自贸片区共办理跨境人民币收支4237.2亿元,占区内本外币跨境收支八成以上[②]。

案例1 广东南沙、横琴新区试点跨境人民币贷款

2015年7月13日,中国人民银行广州分行颁布《广东南沙、横琴新区跨境人民币贷款业务试点管理暂行办法》,允许在南沙、横琴新区注册成立并在区内实际经营或投资的企业,以及参与区内重点项目投资建设的广东省辖内企业,从港澳地区银行借入人民币资金。资金使用范围限于区内或境外,包括区内生产经营、区内项目建设以及区内企业的境外项目建设等,资金投向应符合国家宏观调控方向和产业政策导向。政策颁布当日,中国银行广东省分行联动中银香港及澳门分行,为广东自贸试验区南沙新区企业广州港发放跨境人民币中长期贷款5亿元,为横琴新区珠海十字门中央商务区建设控股有限公司发放跨境人民币中长期贷款6000万元,

---

① 《广州金融业持续扩大对外开放 支持在穗外资金融机构做优做强》,2018年3月12日,广州市情网(http://www.gzsdfz.org.cn/xxcshfz/zxcsjs/201803/t20180312_70825.html)。

② 唐柳雯、唐子湉:《广东自贸区打造金融开放"升级版"人民币成跨境往来主要货币》,2017年6月5日,大洋网(http://ftz.gzns.gov.cn/zwgk/qydt/201706/t20170605_347175.html)。

成功办理了首批南沙、横琴新区跨境人民币贷款业务。

资料来源：《广东南沙、横琴新区试点跨境人民币贷款》，2015年7月15日，中国银行官网（http://www.boc.cn/aboutboc/ab8/201507/t20150715_5298032.html）。

案例2 浦发银行南沙自贸区分行开展离岸业务

浦发银行坚持先行先试，在南沙设立离岸业务创新中心，依托南沙新区、自贸区金融创新契机，开展离岸业务产品、服务、机制创新研究，推动粤港澳金融合作。2016年12月，浦发银行南沙自贸区分行成功落地投资香港某航空公司的首单境外美元私募债券业务，合同金额达1.375亿美元，浦发银行成为该笔债券的基石投资者，有效降低了企业债券的发行利率。

资料来源：南沙区金融工作局：《借粤港澳大湾区东风 推动南沙跨境金融新启程》，2017年7月17日，中国（广东）自由贸易试验区广州南沙新区片区官网（http://ftz.gzns.gov.cn/zwgk/qydt/201707/t20170717_349745.html）。

案例3："香港通"推出

南沙新区分别同创兴银行（2016年4月）和中国银行（2017年9月）合作，在全国推出商事服务"香港通"。通过在香港的指定创兴银行和中国银行网点，可以代办企业在南沙的注册、跨境金融等相关服务。香港市民只要将相关申请材料提交到窗口，即可享受"一站式"商事代办服务，无须来到南沙当地办理。

资料来源：舒霞：《中银网点亦可办香港通》，《南沙新区报》2017年9月28日。

(二) 对香港银行业的影响

1. 银行资产规模扩张

自 CEPA 推出以来,香港银行业资产规模持续增长。此外,受内地与港澳服务贸易自由化的影响,在香港的内地银行的资产规模增长速度明显快于其他银行。如表 2-3 所示,中国银行(香港)有限公司、中国工商银行(亚洲)有限公司、中国建设银行(亚洲)股份有限公司的总资产平均增长率分别为 5.07%、6.11% 与 6.97%,均高于恒生银行和东亚银行的 3.71% 和 5.06%。

表 2-3 部分香港持牌银行总资产增长率 单位:%

	中国银行(香港)有限公司	中国工商银行(亚洲)有限公司	中国建设银行(亚洲)股份有限公司	恒生银行有限公司	东亚银行有限公司
平均增长率	5.07	6.11	6.97	3.71	5.06
2016/12/31	-1.54	2.61	6.09	N.A.	1.21
2016/6/30	-0.78	5.92	7.69	4.23	-3.17
2015/12/31	0.64	-0.93	0.72	-0.98	-4.24
2015/6/30	8.14	8.77	8.81	0.22	2.52
2014/12/31	4.99	1.51	2.10	5.34	-1.17
2014/6/30	1.87	7.33	6.75	5.69	6.82
2013/12/31	11.57	1.04	3.39	4.57	8.10
2013/6/30	0.21	6.73	6.34	3.35	0.77
2012/12/31	8.67	2.75	3.46	2.74	7.89
2012/6/30	-3.09	10.31	9.97	7.08	4.92
2011/12/31	-5.02	3.90	4.48	3.10	2.08
2011/6/30	10.19	10.68	8.74	0.23	12.12

续表

	中国银行（香港）有限公司	中国工商银行（亚洲）有限公司	中国建设银行（亚洲）股份有限公司	恒生银行有限公司	东亚银行有限公司
2010/12/31	27.56	3.84	5.61	6.16	11.73
2010/6/30	7.37	9.97	6.37	5.26	10.14
2009/12/31	5.81	3.06	5.63	4.87	5.40
2009/6/30	-0.10	17.19	20.58	4.57	-0.85
2008/12/31	1.78	3.81	7.05	4.23	4.72
2008/6/30	5.58	8.24	6.96	1.91	0.68
2007/12/31	1.96	4.61	7.85	0.26	14.79
2007/6/30	12.72	10.55	12.28	0.63	16.66
2006/12/31	7.98	6.44	5.46	10.80	N.A.

资料来源：课题组根据相关银行财务报表和公告整理。

2. 业务和产品多元化

根据张颖（2017）的研究，香港银行业没有分业经营限制，可以从事多元化的零售银行业务、批发银行业务以及证券经纪、基金/资产管理、保险、投资银行等业务；内地企业大量在香港上市，香港、内地和全球客户的投资理财需求日益增长，促使香港银行业的传统存贷款以外的各项业务和收入迅速增加。此外，人民币国际化、QFII（合格境外机构投资者）、QDII（合格境内机构投资者）、沪港通、深港通、债券通、CIBM（中国银行间债券市场）等的开通有助于银行业推出新产品，扩大业务经营范围和带来新收入。粤港澳服务贸易自由化对于香港银行业务和产品最显著的影响就是人民币业务和产品的推出和广泛应用。如中银香港在2005年终的现货人民币资产只有25033等值百万港币，随着2009年跨境人民币结算业务的推出，该行在2010年底现货资产巨幅增加至429807等值百万港币（如表2-5所示）。

表 2-4　　　　　　　　　　中银香港人民币业务的推出

推出时间	业务
2003	被中国人民银行委任为香港的人民币清算行
2007	推出人民币银行卡清算服务
2009	推出跨境贸易人民币汇款及贸易融资业务 推出人民币债券清算服务
2010	推出人民币债券发行与承销业务 推出人民币信用证融资业务 推出人民币流动资金贷款业务 推出人民币银团贷款业务 推出大陆与香港双向人民币 FDI 业务 向台湾推出提供人民币现钞服务
2011	推出人民币日间货币互换业务 推出清算行托管安排
2012	推出人民币跨时区清算服务

资料来源：中国银行（香港）有限公司，中银香港跨境人民币业务发展介绍，2012。

表 2-5　　　　　2005—2017 年中银香港人民币资产与负债　　　单位：百万港元

	客户贷款总额：中国内地	国际债权：中国内地	现货资产：人民币	现货负债：人民币	远期买入：人民币	远期卖出：人民币
2017	135825	641071	332350	256480	356964	433184
2016	123517	530540	228001	217947	579902	588688
2015	119279	606049	484356	467809	805959	822094
2014	200208	711750	645120	547552	329654	422850
2013	153201	678540	559842	523966	—	—
2012	138345	482698	368138	346184	—	—
2011	121207	529401	429972	418381	—	—
2010	116353	590684	429807	405251	—	—
2009	72556	195874	82010	78020	—	—

续表

	客户贷款总额：中国内地	国际债权：中国内地	现货资产：人民币	现货负债：人民币	远期买入：人民币	远期卖出：人民币
2008	55318	162826	73490	69980	—	—
2007	39050	116642	46571	45107	—	—
2006	—	—	29868	28643	—	—
2005	—	—	25033	23989	—	—

资料来源：课题组根据《中银香港年报》整理。

（三）对澳门银行业的影响[①]

1. 银行准入门槛降低

2011年《粤澳合作框架协议》提出，支持粤澳金融机构跨境互设分支机构，支持符合条件的澳门银行在广东设立法人机构和分支机构。2012年《CEPA补充协议九》把澳门银行进驻横琴的总资产门槛由原来的60亿美元降至40亿美元。

2. 分支网点率先试点

粤港澳服务贸易自由化推动银行业准入门槛降低，打开了澳门银行业机构的入粤通道。2013年12月31日，澳门国际银行股份有限公司珠海横琴代表处获批，实现广东省内澳门银行零的突破，是首家获准在横琴设点的外资银行。[②] 2014年签署的《内地与澳门关于建立更紧密经贸关系的安排〈关于内地在广东与澳门基本实现服务贸易自由化的协议〉》（CEPA广东协议），首次采用"准入前国民待遇加负面清单"的管理模式，成为我国银行业开放力度最大的政策安排。凭借这一政策优势，2017年1月20日，澳门大西洋银行广东自贸试验区横琴分行（以下简称"大西洋横

[①] 郭鑫、王晨曦：《CEPA升级版助力澳门深度融入国家发展大局》，2017年12月22日，新华网（http://hm.people.com.cn/n1/2017/1222/c42272-29723564.html）。

[②] 《首家外资银行澳门国际银行进驻横琴 助横琴金融业发展》，《珠海特区报》2014年1月25日。

琴")正式对外营业。①

四 粤港澳银行业服务贸易自由化存在的问题

粤港澳银行业服务贸易自由化主要存在的问题包括政策整体利用率偏低、缺乏具体的实施细则，银行所面临的流动性风险、利率风险、信用风险、汇率风险等风险增加。

尽管粤港澳三地同根同源，文化、语言互通，但是具体到诸如营销等业务层面，三地仍有一定的差异。地区间政治制度和法律制度的不同加大了银行业服务贸易自由化的复杂度，不同城市要求都不尽相同，很难达成共识。银行业从业人员还指出，粤港澳大湾区内各地区税制、社会保障制度的差异也是阻碍从业人员流动，增加港澳银行业进入内地难度的重要因素之一。②

根据现有研究，香港、澳门等境外银行进入内地市场会提高通胀风险和汇率风险，导致金融风险上升。具体而言，外资银行进入内地市场后，可能通过贷款等渠道传递金融危机，促进信贷规模扩张，催生信贷泡沫，威胁实体经济（Aiyar，2012），具有跨国传染风险效应（Chen et al.，2017）；香港、澳门银行进入广东，加剧了广东银行业竞争，导致银行系统脆弱性增加。此外，外资银行是国际投机资本流动的重要渠道，可以规避我国监管，扰动股票、债券、货币、外汇和房地产市场等，引发系统性金融风险（Fuertes et al.，2016）。在银行业对外开放的过程中，制度环境因素可能影响外资银行进入带来的金融风险。制度环境的改善可以减少银行竞争、市场化带来的不利影响（Hou and Wang，2016）。

---

① 《广东银监局逐步引入特色外资行 首家澳门银行营业性机构内地开业》，《信息时报》2017年1月20日。

② 普华永道：《大湾区金融服务业：培养大湾区思维》，2020年6月10日，https://www.pwccn.com/zh/industries/financial-services/publications/developing-a-gba-mind-set.html。

五 银行业服务贸易自由化：上海自贸试验区先行先试经验

（一）上海自贸试验区银行业服务贸易自由化相关政策

表2-6　　　　　　　　上海自贸区银行业相关政策

名称和时间	具体规定	预期目标
2013年9月29日 银监会：八项措施[①]	（一）支持中资银行入区发展。 （二）支持区内设立非银行金融公司。 （三）支持外资银行入区经营。 （四）支持民间资本进入区内银行业。 （五）鼓励开展跨境投融资服务。 （六）支持区内开展离岸业务。允许符合条件的中资银行在区内开展离岸银行业务。 （七）简化准入方式。区内银行分行以下（不含分行）的机构、高管和部分业务准入事项，由事前审批改为事后报告。 （八）完善监管服务体系。支持探索建立符合区内银行业实际的相对独立的银行业监管体制；建立健全区内银行业特色监测报表体系；优化调整存贷比、流动性等指标的计算口径和监管要求。	支持上海自贸区银行业发展。
2014年2月28日《国家外汇管理局上海市分局关于印发支持中国（上海）自由贸易试验区建设外汇管理实施细则的通知》	区内银行应当遵循"了解你的客户""了解你的业务""尽职审查"等原则。直接投资项下外汇登记及变更登记下放银行办理。区内外商投资企业的外汇资本金实行意愿结汇。银行为区内企业办理大宗商品衍生品交易，应遵守如下规定办理所涉结售汇业务： （一）符合相关金融监督管理部门规定，包括事先获得必要的业务资格、履行必要的产品报备程序等；银行分支机构开办此项业务应符合银行内部管理规定，包括获得必要的事先授权等。 （二）银行或其总行应具备银行间外汇市场做市商资格；或者该银行在上海地区近3年执行外汇管理规定情况考核中曾经获得一次以上A级，且没有得过B以下评级。 （三）银行开展大宗商品衍生品交易项下的结售汇业务应向上海市分局事先备案。 （四）银行为企业提供的大宗商品衍生品交易，应审核企业具有真实的大宗商品实物交易背景，符合适度套期保值原则，并向客户如实披露信息、揭示风险，由企业自主承担有关风险。 （五）银行为企业提供大宗商品衍生品交易项下因境外平盘产生的汇率敞口或外汇盈亏，可在本行办理相应的结售汇业务，并纳入银行结售汇综合头寸平盘；外汇局对银行该结售汇业务实行年累计发生额规模管理。 （六）银行应将上述结售汇交易纳入银行结售汇统计，交易项目归属于"240/440其他投资"项下；交易主体按照"银行自身"统计。 （七）银行应向外汇局定期报送大宗商品衍生品的有关交易和结售汇信息。	支持中国（上海）自由贸易试验区建设，落实《中国（上海）自由贸易试验区总体方案》和《中国人民银行关于金融支持中国（上海）自由贸易试验区建设的意见》。

---

① 刘诗平、苏雪燕：《银监会：八项措施支持上海自贸区银行业发展》，2013年9月29日，新华网（http://finance.china.com.cn/roll/20130929/1846799.shtml）。

续表

名称和时间	具体规定	预期目标
2014年5月22日《中国（上海）自由贸易试验区分账核算业务实施细则》和《中国（上海）自由贸易试验区分账核算业务风险审慎管理细则》	《细则》明确自由贸易账户与境外账户、境内区外的非居民机构账户以及自由贸易账户之间的资金流动按宏观审慎的原则管理；对自由贸易账户与境内（含区内）其他银行结算账户之间的资金流动，根据有限渗透加严格管理的原则按跨境业务实施管理；对同一非金融机构的自由贸易账户与其一般账户之间的资金划转，应按《业务实施细则》规定四个渠道办理。	自贸区内企业可以将境外融到的低成本资金用于归还区内贷款，融资成本将大大降低。
2015年5月《关于中国（上海）自由贸易试验区扩展区域银行业监管有关事项的通知》①	探索建立符合区内银行业实际的相对独立的银行业监管体系，贴近市场提供监管服务，有效防控风险。	明确《中国银监会关于中国（上海）自由贸易试验区银行业监管有关问题的通知》（银监发〔2013〕40号）及其配套实施细则，在上海自贸试验区扩展区域内全面复制推广。
2015年10月30日《进一步推进中国（上海）自由贸易试验区金融开放创新试点加快上海国际金融中心建设方案》	率先实现人民币资本项目可兑换、进一步扩大人民币跨境使用、不断扩大金融服务业对内对外开放、加快建设面向国际的金融市场、不断加强金融监管，切实防范风险。	进一步推进中国（上海）自由贸易试验区（以下简称自贸试验区）金融开放创新试点，加快上海国际金融中心建设。

---

① 《上海自贸区出台银行业监管新政》，《中华工商时报》2015年5月22日，参见 http://finance.china.com.cn/roll/20150522/3133688.shtml。

续表

名称和时间	具体规定	预期目标
2015年12月17日《进一步推进中国（上海）自由贸易试验区外汇管理改革试点实施细则》[①]	（一）进一步简化经常项目外汇收支手续。 （二）支持发展总部经济和结算中心。 （三）支持银行发展人民币与外汇衍生产品服务。 （四）加强跨境资金流动风险防控。	落实《中国（上海）自由贸易试验区总体方案》（国发〔2013〕38号）、《进一步推进中国（上海）自由贸易试验区金融开放创新试点加快上海国际金融中心建设方案》（银发〔2015〕339号）等文件要求。
2018年4月《关于规范在沪银行业金融机构与第三方机构合作贷款业务的通知》	商业银行不得为P2P平台提供借款资金。	规范P2P平台。
2018年6月21日《中国（上海）自由贸易试验区关于扩大金融服务业对外开放进一步形成开发开放新优势的意见》[②]	扩大上海自贸试验区银行业对外开放。支持外国银行同时设立分行和子行。支持外资银行扩大业务范围。支持境外中央银行和国际金融组织在上海自贸试验区设立代表处或分支机构。进一步加强与上海金融仲裁院、人民银行金融消费权益保护局、中证中小投资者服务中心、上海银行业纠纷调解中心等金融法律机构合作，建立与国际规则接轨的多层次的金融纠纷解决机制。	贯彻落实中央关于金融服务业扩大开放的部署，推动我国进一步扩大金融业对外开放重大举措落地。

资料来源：课题组根据公开资料整理。

[①] 国家外汇管理局上海分局：《国家外汇管理局上海市分局关于印发〈进一步推进中国（上海）自由贸易试验区外汇管理改革试点实施细则〉的通知》，2015年12月25日，国家外汇管理局上海分局官网（http：//www.jxfet.gov.cn/shzmq/2016-09-29/5937.html）。

[②] 王宙洁：《上海自贸区推出扩大金融服务业对外开放25条举措》，2018年6月21日，中国证券网（http：//news.cnstock.com/news,bwkx-201806-4236871.htm）。

（二）上海自贸试验区银行业服务贸易自由化创新部分相关案例

表2-7　上海自贸试验区银行业服务贸易自由化创新部分相关案例

案例名称	案例简介	创新点	应用价值
首批全功能型跨境双向人民币资金池落地上海自贸试验区	在沪商业银行按照《中国人民银行上海总部关于进一步拓展自贸区跨境金融服务功能 支持科技创新和实体经济的通知》有关精神，成功为企业搭建了全功能型跨境双向人民币资金池。一是中国工商银行上海市分行率先开展此项业务，为大润发集团搭建了全功能型跨境双向人民币资金池。该资金池的主办企业大润发集团发展有限公司，是"上海科技创新职业清单"内企业，得益于上海自贸区科创新政，该公司通过开设境内机构自由贸易账户（FTE）、实现了大润发集团境内外本外币资金的集约化管理，在降低汇兑成本的同时，拓展了资金跨境融通渠道。二是花旗集团银行成功为香港史兰普集团搭建全功能型跨境双向人民币资金池。这是首家境外跨国公司（FTN），实现了全球资金的统一调配和融通管理，通过跨国公司财资管理中心开立的FTN账户，灵活地将全球主要货币以原币形式汇集到上海自贸试验区，协助包括境外企业在内的相关主体也能享受到自贸试验区金融服务。	一是全功能型跨境双向人民币资金池基于上海自贸区科创新政，进一步拓展的跨境双向人民币资金池账户功能，较一般的本外币一体化功能，即企业可由贸易集团增加了集团发集团实现池内资金的自由汇兑，降低了汇兑成本。二是增加了日间透支、隔夜透支及反理财等功能，可充分满足企业在岸人民币资金所面临的海外流动性限制，拓宽了跨境资金融通渠道。三是利用人民币资金池避免了传统跨境资金池的多币种管理要求和集中管理收益。	一是有利于境内外企业集团实现本外币资金的在岸内化管理，在降低汇兑成本的同时，拓展资金跨境融通渠道并提高资金使用效率。二是有利于推动金融支持实体经济发展，通过资金池内的科技创新和实体经济等金融资源将投入到跨境资金池试验区，激发更多金融创新活力，有利于吸引更多资产管理中心功能落户上海自贸试验区。三是有利于促进跨境人民币资金双向均衡流动，助推人民币国际化进程。

第二部分 行业专项与区域试点

续表

案例名称	案例简介	创新点	应用价值
运用自由贸易账户开展飞机跨境租赁融资	商业银行运用自由贸易账户联动优势成功开展跨境飞机租赁融资，取得良好效果。一是中国建设银行上海市分行为中国飞机租赁集团提供了12年期8000万美元融资，用于该公司与某航空公司的2架空客320飞机售后租赁业务，以收取的租金偿还贷款。该行从境外筹集外币资金，借人长期境内贷款，与中国建设银行海外分行组成内部银团，以转贷款方式发放至FTN账户，支持企业开展境外飞机租赁业务。二是浦发银行上海分行为上海华瑞融资租赁公司制定了飞机交付融资方案，融资期限长达12年，第一阶段2年为飞机预付款融资，第二阶段10年为飞机交付融资，通过自贸账户购汇完成付款，避免币种错配带来的汇率风险。	一是充分运用上海自贸试验区的创新金融政策，围绕自由贸易账户本外币一体化的优势，开展跨境飞机租赁业务创新。二是突破了飞机融资租赁业务专业性较强、时效性要求较高等难点，有效满足了企业的多币种融资、汇兑、结算等措施。此外，运用自由贸易账户跨境融资，符合当前"扩流入、防流出"的宏观政策。	一是有利于拓展跨境飞机租赁融资渠道，通过运用自由贸易账户的优势，利用自由贸易账户本外币自由兑换的统筹管理。同时，通过自由贸易账户可以实现本外币资金的自由兑换，企业可以在两个市场、两种资源寻找更有优势的融资解决方案。二是为飞机租赁通服务提供了飞机租赁通服务，有利于推动企业"走出去"。
运用自由贸易账户联合国际金融机构开展并购融资	中国银行上海市分行作为唯一中资联合牵头行和簿记行，与巴克莱、JP摩根、花旗等7家外资银行共同组建国际银团，助力私募股权投资基金凯雷国际基金特集团的下属安美特集团发起并购法国道达尔石油化工集团100%股权。本项目的收购对价为30.45亿美元，凯雷基金以自有资金出资12.2亿美元（占比40%），TermLoanB（简称"TLB"）高级债务募集14亿美元，剩余4.25亿美元通过发行高收益债募集。中国银行上海市分行参与TLB高级债务融资5亿美元，并购交割时提供5亿美元，并在7年期贷款期间提供借款人5亿美元转换成等值人民币的选择权，到期一次性还本付息。	一是交易结构新颖，但伴同时向高收益债券演变债务融资工具。在还款比例安排给予借款人一定灵活性。TLB是一个以银行贷款为蓝本，但伴同时向高收益债券演变债券融资工具。在还款比例安排给予借款人一定灵活性。对约束等指标给予借款人无追索，担保及核心资产依靠安美特抵押，并辅以财务指标约束警示，还款来源依靠安美特现金流。二是独特币种安排以降低汇率风险，采用自由贸易分账核算单元的使用规则进行交易，有效控制风险。	一是有利于发挥上海国际金融中心和上海自贸试验区联动发展优势，利用自由贸易账户身兼定制的双币种和币种转换选择权融资方案独具创新，具有可复制可推广的效应。二是有利于提升中资银行国际影响力，本并购基金共同名投行与凯雷合作，提升了中资银行的国际银行TLB结构融资模式首次突破。通过与国际知名投行合作，外资银行中资银行的首次突破。TLB结构融资模式是中资银行在欧美市场具有国际银行的首次突破，外资银行的国际化，提升中资银行的国际化能力，促进了人民币国际化。

续表

案例名称	案例简介	创新点	应用价值
上海清算所为首批6只"债券通"债券提供发行分销和登记托管服务	2017年7月，上海清算所为首批6只"债券通"债券提供发行、分销、登记、托管、结算、付息兑付、估值、信息披露等一体化服务。中国联通、中铝集团、国家电投、华能集团、三峡集团、中国中电等6家企业作为首批"债券通"发行人，面向境内外投资者成功发行75亿元人民币计价的债券，发行期限均介于240天至一年之间，包括短期融资券和超短期融资券。境外投资者自德国、东亚银行等来自德国、商业银行、汇丰银行、德意志银行、非法人产品等，韩国、香港和澳门等国家和地区的十多家境外投资者积极参与投资、共同认购11.72亿元。	一是通过债券托管结算基础设施的跨境互联互通，即上海清算所与香港金管局债券市场中央结算系统（CMU）的系统和业务连接，为境外投资人直接参与境内债券市场发行提供了便利高效的渠道。二是境外投资人认购债券创新机制在香港金管局CMU、多级托管模式下覆盖全面二级市场交易。三是对首批6只"债券通"债券在产品方面和项目上添加了特别标识，在信息披露方面对境外投资人提供更多的英文信息，助推债券市场国际化进程。	一是有利于国内实体经济企业通过一级发行市场直接吸收使用国内外资金，进一步拓展实体经济融资渠道。二是有利于优化投资者结构，丰富市场交易策略，降低市场的一致预期和同向波动，提升债务融资工具市场发展的流动性和稳定性，为实体经济发展市场提供更为稳定的融资市场环境。三是促进了债券注册发行流程、信息披露制度以及基础设施建设等进一步与国际接轨。
国内债券市场首单融资租赁绿色债券（PPN）成功发行	2017年5月，由兴业银行上海分行主承销的中电投融和融资租赁公司2017年度第一期非公开定向绿色债务融资工具成功发行，发行规模10亿元，期限180天，所募资金将全部用于光伏发电等清洁能源类租赁项目。本期债券募投项目每年可节约标准煤约77.4万吨，折算减排二氧化碳约206.8万吨。	一是本单债券是2017年度银行间市场交易商协会注册通过及交易所国内银行间市场所首单融资租赁绿色债券。二是本单债券采用非定向债务融资工具的（PPN）模式，降低了企业注册绿色债券的门槛，扩大了各类参与绿色债券的范围，有利于化解各类企业融资困局，为企业绿色发展提供更大空间。	一是有利于扩大绿色债券的发行主体范围，促进绿色债券发行主体多元化，在引入风险偏好型投资者和构建多元化的投资者群体上具备优势。二是有利于节能减排，优化能源结构，带动经济可持续发展，作为绿色融资租赁项目，所募资金全部投向清洁能源类债券，投向绿色投向环境效益明显。

第二部分 行业专项与区域试点

续表

案例名称	案例简介	创新点	应用价值
首单东盟地区主权"熊猫债"	3月20日，菲律宾共和国在银行间债券市场成功发行14.6亿元人民币计价债券（"熊猫债"），期限3年，票面利率5.00%。中国银行（中国）为联席主承销商及簿记管理人，渣打银行（中国）为联席主承销商。	一是该笔债券是菲律宾进入中国银行间债券市场发行的首只主权"熊猫债"，是中国资本市场迎来的又一成功案例和里程碑，将有力促进中国债券市场的发展，推动中菲两国"一带一路"双边合作。二是此次发行受到了国际投资人的热烈追捧，大量境外投资人通过"债券通"参与了债券发行，境外投资者配比达88%，是国际投资者获配比例最高的一次。	一是有利于推动更多境外主权国家发行"熊猫债"，并将募集资金作为其国际储备的一部分，推进人民币国际化进程。二是吸引更多国际投资者参与我国债券市场，进一步提高债券市场对外开放程度。三是进一步拓宽参与"一带一路"建设的融资渠道，推动"一带一路"建设深入。
在沪首家分行子行转制的合资法人银行开业	按照习近平总书记在博鳌论坛上扩大开放的讲话精神，在国家金融管理部门的支持下，上海市梳理形成了两批23个对外开放先行先试项目。6月11日，银保监会批复同意国泰世华银行（中国）开业，该行是在沪首家分行升级转制为子行的合资法人银行，注册地为上海，注册资本30亿元。9月10日，国泰世华银行（中国）正式开业，在沪外资法人银行数量也增至21家。	标志着银保监会有关银行业扩大开放举措在上海正式落地。国泰世华银行（中国）是在原先的国泰世华银行上海分行的基础上升级成为法人银行，该行是在沪首家分行升级分行转制的外商独资银行。	一是有利于提升外资银行的竞争力，吸引更多外资银行在上海集聚，提供更加多元化的跨境金融服务。二是有利于促进中资银行发展，加快转型"修炼内功"，进一步提升国际竞争力。三是有利于深化两岸金融合作，促进两岸的优势互补和共同发展。

续表

案例名称	案例简介	创新点	应用价值
上海保交所国际再保险平台上线	8月8日，上海保交所国际再保险平台上线。该平台依托上海自贸区自由贸易账户（FT账户）体系，可为境内外再保险主体提供便捷的跨境人民币资金清算服务。中国银行为上海保交所开立人民币和美元FT账户，成为上海保交所首家FT账户结算银行。	一是线下交易线上化，提高交易效率，交易周期可由原来的2~3个月缩短至2~3天。二是防篡改数字化，使用电子印章和数字证书进行签约，具有加密、防伪、防篡改等功能。三是账户一体化，为参与者提供综合服务支持。四是跨境结算便利化，依托上海自贸试验区自由贸易账户体系，为境内外再保险主体提供高效便捷的跨境资金结算服务。五是参与机构国际化，依托全球性风险分散机制，助推再保险市场进一步对外开放。	一是有利于提高再保险交易效率和规范程度，加强对再保险市场行为的事中事后监管。二是有利于提高保险行业对外开放，吸引更多境外再保险主体汇聚上海，把上海打造成高质量的再保险中心。三是有利于拓宽人民币在国际再保险业务中的运用，助力人民币国际化。
工商银行开展境外信贷资产簿记业务	工商银行上海市分行以自贸区分账核算单元为载体，通过将集团境外资产进行合理集中与调配，满足客户的融资需求。该分行为两家中资集团分别在巴西和缅甸的项目商银行巴西分行和仰光分行合作，由境外机构承担项目的尽职调查及业务审查，再由上海分行通过自贸区分账核算单元完成相关监管要求直接提供境外信贷资产业务，支持境外企业承接"一带一路"重点投资项目和工程建设。	一是由项目及客户所在地的境外机构直接对接境外法规及当地金融监管要求并完成项目尽职调查，上海分行商定各项融资条款调查，通过与境外机构的同步执行先试，支持与国际市场融资规则一致的境外贷款，直接向境外实体企业提供境内外一体化的同步融资服务实现境外信贷资产簿记。二是发挥了工商银行境内外一体化的综合管理优势，综合运用信用、市场、操作等风险，为业务的合规稳健运行保驾护航。	一是有利于商业银行加强境内外业务联动，为客户提供境内外一体化的金融解决方案，实现资源在集团内部的共同开发和成果分享。二是有利于拓宽企业融资渠道，降低企业融资成本，助力"一带一路"建设。

第二部分　行业专项与区域试点

续表

案例名称	案例简介	创新点	应用价值
中国外汇交易中心推出银行间外汇市场主经纪业务模式	5月27日，中国外汇交易中心（以下简称交易中心）在银行间外汇市场正式推出主经纪业务，并发布《银行间外汇市场主经纪业务指引（试行）》。7月13日，中国银行、交通银行成为首批银行间外汇市场主经纪商，交通银行为境外投资者提供主经纪投资模式市场直接投资（CIBMDirect）项下外汇风险管理需求提供交易服务，均已达成首笔交易。	主经纪业务的推出是贯彻落实"金融30条"中"优化境外机构金融投资项下汇率风险管理、便利境外机构因投资债券市场产生的头寸进入银行间外汇市场"有关要求的重要举措。一是交易中心首次将主经纪业务模式引入中国外汇市场，并主导制定主经纪"中国标准"。二是依托主经纪业务落地，交易中心引入全球第一大外汇主经纪即期做市商——XTXMarkets Limited进入中国，成为银行间外汇市场首家境外非银行类做市商。中国银行、交通银行成为首批银行间人民币外汇金融机构非银行类和非银行机构提供接触服务，为境外银行类和非银行机构提供接触服务，为境外惯例的交易解决方案。	一是该模式为扩大外汇市场参与主体提供实质解决方案，从交易前端解决中小银行机构和非银行机构因外汇授信制约问题，有助于改善外汇市场分层格局下的交易效率和流动性。二是推动境内外汇市场与国际市场接轨，通过主经纪业务参与中国外汇市场多类型境外投资者提供更多元的外汇风险对冲渠道，满足其多期保值管理需求，进一步提升人民币资产吸引力，有助于推动我国金融市场开放和人民币国际化进程。
首家境外投资者参与上海清算所利率互换集中清算业务	1月22日，鼎亚资本（新加坡）私人有限公司（以下简称鼎亚资本）旗下两只非银行间债券市场集中清算业务境外客户，交通银行（中国）作为其代理清算行，汇丰银行、交通银行作为其代理清算业务境外客户提交集中清算，成为人民币利率衍生品交易集中清算成首笔利率互换交易并对境外商业类机构开放以来的首家参与。	一是引入境外机构通过代理清算机制参与的交易方式，完成分层清算代理体系搭建，风险管理和日常监测。支持综合清算会员为非其结算代理的境外投资者建立代理清算关系。二是制定既符合外投资者业务需求又适用于境外投资者的协议文本，业务指引，并对客户内部管理流程进行适配，为客户提供全方位协议，单据样本，业务指引，并对客户内部管理流程进行适配，为客户提供全方位支持。三是业务自动化，建立业务风险匹配的反洗钱和结算风险管理体系。	一是鼎亚资本成功加入市标志着境外商业类交易机构参与的交易路径已经打通，多家衍生品的交易机构纷纷表达入市意愿，实质性工作。二是引入境外投资者参与衍生品市场开展交易，资产管理人，可以丰富人民币资产应用场景，推动人民币国际化，是促进人民币利率保障的重要支持。三是有助于支持上海国际金融中心建设，促进上海成为全球性人民币产品市场的定价、清算人民币利率衍生品市场的重要中心。

续表

案例名称	案例简介	创新点	应用价值
中国外汇交易中心推出银行间人民币LPR利率期权产品及相关交易服务	3月23日，中国外汇交易中心推出LPR利率期权业务。此次推出的利率期权品种包括上下限期权和利率互换期权两大类，均为挂钩利率市场化改革重点品种。参与机构包括1年期和5年期LPR利率。参与机构类型覆盖大型商业银行、股份制银行、城商行、农商行、外资行、证券公司、私募基金等。	该业务为贯彻落实人民币利率市场化的整体进程不断深化"金融30条"中"发展人民币利率期权，研究推出人民币利率期权"的重要举措。一是顺应利率市场化进程的整体对接，紧扣利率改革要点，精准推进LPR利率期权，金融机构及企业客户等，为市场化定价的贸款相关业务保驾护航。二是交易服务覆盖利率期权业务全流程，为机构提供开展利率期权业务的一揽子解决方案，便利机构高效开展利率期权业务。三是建立期权定价模型，建立波动率报价机制，编制我国首张基准利率波动率曲面。	一是LPR利率期权产品为金融机构提供更为灵活多元的风险管理工具，助推LPR改革各项措施的推动落实。二是LPR利率期权进一步完善了挂钩LPR的产品体系，有利于提升LPR的传导效率，可进一步增强LPR挂钩资产衍生产品间的价格联动。三是LPR期权价格走势反映了市场对未来LPR利率走势的预期，为监管部门的货币信息渠道，为货币政策操作和决策提供新的信息渠道，也为"实体经济—金融机构—货币政策"的预期反馈机制，搭建了一货币政策预期反馈机制，有助于提高宏观调控的前瞻性和精准性。
商业银行、保险机构参与国债期货市场	2月21日，经国务院同意，银保监会联合发布公告，银行、证监会与财政部、人民银行、银保监会联合发布公告，允许符合条件的商业银行、具备投资管理能力的保险机构参与国债期货交易所国债期货交易。第一批试点机构包括工商银行、农业银行、中国银行、建设银行、交通银行。	商业银行、保险机构参与国债期货交易是我国债期货市场发展的重大突破，是全面深化资本市场改革的最新成果，是落实金融供给侧结构性改革重要方略的重要举措，对于完善我国金融机构风险管理水平、增强其经营稳健性、提升金融体系防范化解金融风险能力、健全国债收益率曲线都具有非常重要的意义。	一是有助于加快金融市场基础设施建设，增强金融内外市场联动性，提高上海金融资产配置能力，进一步发挥上海作为国际金融中心的作用。二是有助于提高商业银行利率风险管理水平，增强其经营稳健性，提升金融体系防范化解金融风险和服务实体经济的能力。三是有助于提升国债期货市场价格代表性，提升国债期货市场运行质量，进一步提升债券市场流动性和定价效率。

续表

案例名称	案例简介	创新点	应用价值
首单自贸区外币融资租赁担保品跨境担保业务落地	4月3日，中央结算公司、中国银行与交银金融租赁有限公司联合落地实施首单自贸区外币融资租赁业务，中国银行向交银金融租赁公司提供的人民币国债作为担保。中央结算公司履行担保品管理人职责，对担保资产池进行估值、盯市、押品评估等监控工作，并为参与双方提供担保品资产池全面、翔实的数据信息。	该业务为落实"金融30条"中有关"促进人民币风险管理中心建设"要求的重要举措。一是债券担保品首次应用于自贸区融资租赁领域。中央结算公司支持交易双方使用境内优质债券担保品进行跨境外币融资，进一步延展了债券担保品的跨境应用领域。二是担保品管理机制首次服务于金融租赁公司。中央结算公司首次支持金融租赁公司参与中央结算担保品业务，为非银金融机构建起全面的风险管理机制。三是担保品违约快速处置服务首次延伸至自贸区窗口。在交易环节中创新性地引入担保品违约快速处置机制，疏通了风险防范的最后出口，打造完整的担保品管理服务闭环。	一是健全自贸试验区融资体系风险防控机制，进一步盘活市场客户的存量资产，有效降低债券担保户的价值，释放融资成本同时保障资金安全。二是质量发展。交银租赁能用于国内航运融资业务，拓宽了企业跨境融资方式美元贷款直接用于企业跨境融资方式，丰富自贸区金融服务新业态。三是建立长效服务机制，本单业务可复制可借鉴，对构建完善自贸区自贸试验区融资可借鉴式的金融产品推广运用、推动自贸区发展起到良好的示范作用。
自贸试验区临港新片区跨境贸易融资资产跨境转让业务开展	3月31日，在人行上海总部指导下，上海市金融学会跨境金融服务专业委员会发布《中国（上海）自由贸易试验区临港新片区跨境贸易融资资产转让业务操作指引（试行）》（以下简称《指引》）。《指引》发布后，工商银行、建设银行、中信银行等率先成功办理了境内贸易融资资产跨境转让业务。	该业务为落实"金融30条"中"在临港新片区开展境内贸易融资资产跨境转让业务"要求的重要举措。一是上海市各商业银行可按照"服务实体、真实贸易、真实出表、真实转让、风险可控"的原则，先行在临港新片区内开展境内贸易融资资产跨境转让业务。二是试点初期，可转让资产包括基于国内信用证结算基础上资产的福费廷和风险参与业务。其他类型贸易融资资产的跨境转让业务将根据"成熟一项、推出一项"的原则予以推出。	一是有利于境内银行进一步丰富跨境人民币资金运用渠道，满足境外机构配置境内优质金融资产的需求，提升人民币资产的价值和吸引力。二是有利于双向流通渠道，提升人民币优质金融资产在全球配置中的价值和吸引力。三是有利于更好利用两个市场、两种资源，推动开放型金融产业聚集，进一步增强上海国际金融中心的全球影响力。

续表

案例名称	案例简介	创新点	应用价值
优质企业跨境人民币结算便利化启动	3月5日，在中国人民银行总部指导下，上海市银行外汇及跨境人民币业务自律机制联合发布《上海市银行业跨境人民币结算优质企业便利化方案（试行）》（以下简称《方案》）。中行上海市分行率先为注册在新片区的企业昂旭（上海）贸易有限公司提供跨境人民币结算便利化服务。5月1日，上海市银行外汇及跨境人民币业务自律机制联合会和上海市金融学会跨境金融服务专业委员会发布《关于支持上海市"两链"企业跨境人民币结算便利化的服务倡议书》，推动优质企业符合上海市快乐齐（中国）投资有限公司等3家企业提供相关金融服务。	一是《方案》是贯彻落实"金融30条"中"对于符合条件的临港新片区优质企业，在银行展业自律三原则"基础上，银行凭企业收付款指令直接办理跨境贸易、跨境融资人民币结算业务，直接办理外商直接投资人民币收入在境内支付使用"要求的重要举措。二是《方案》明确将符合条件的临港新片区优质企业，尤其是集成电路、人工智能、生物医药、航空航天、新能源和智能网联汽车、高端装备等领域的重点企业，产业链供应链的全市人民币跨境贸易、服务贸易和其他经常项目以及部分资本项下的跨境人民币结算便利化，在以人民币为结算货币的跨境贸易业务时，可以不再逐笔提交交易单据，享受便利化的跨境人民币结算服务。	一是实行便利化措施后，银行的展业方式从事前逐笔审核转为事前核准、事后抽查回访，实质性材料，调整了业务办理手续，大大简化了企业跨境人民币收付及涉外资金的境内使用提供便利。二是在新冠肺炎疫情蔓延全球的背景下，供应链受到较大冲击，该举措有利于保障外贸企业和产业链供应链运转，支持外贸企业复工复产，服务实体经济发展。
中国信保推出"信保+银行+担保"融资方案	4月16日，中国信保担保基金管理中心联合上海分公司及合作银行推出了面向市中小微企业"信用贷款+担保"的中小微企业保单融资服务方案。该政策整合了上海主要资源优势，依托上海国际贸易"单一窗口"信用保险和政策性担保基金的普惠金融产品和市政策优惠，合力打造上海国际贸易"单一窗口"WE易融和"保易融"金融创新大信易贷大信贷投放力度。截至6月末，"WE易融""保易融"为102家小微企业批复授信金额1亿元，为380家小微企业批复授信金额24亿元。	一是降低门槛，精准授信水平。通过"单一窗口"大数据，提高精准授信水平，简化审核材料和要求，切实为小微企业提供降低企业准入门槛的服务。二是提高效率。银行采取普惠金融利率，政策性保险和政策性担保机构提供了中小微企业最优惠费率。企业综合融资成本远低于中小微企业平均贷款利率。三是便易操作。企业通过上海国际贸易"单一窗口"发起申请，线上反馈授信结果（包括授信额度、贷款利率），整个流程企业可以足不出户，网银等方式办理授信贷款，线上通办。	一是该合作模式能够帮助中小外贸企业拓宽融资渠道，打破融资成本优势，全力支持我市复工复产。二是各业主体发挥各自优势，产品线上整合了原有资源，叠加了新的保单融资服务，进一步为中小微企业优化营商环境。三是在当前世界经济不确定因素增加的情况下，疫情期间对外贸信用风险的释放以及风险保障作用，为普惠金融"两增两控"有效抓手，无论是企业信保扩充信贷，共同提升金融服务实体经济的质效。

第二部分　行业专项与区域试点

续表

案例名称	案例简介	创新点	应用价值
浦发银行成立长三角一体化示范区管理总部并落地首单长三角一体化专项授信业务	为贯彻落实《关于在长三角生态绿色一体化发展示范区深化落实金融支持政策推进先行先试的若干举措》，4月7日，浦发银行成立上海浦东发展银行长三角一体化示范区管理总部，5月7日配套制定了《长三角一体化授信业务方案授权》，6月3日落地首单长三角一体化专项授信授权业务。	该业务为贯彻落实"金融30条"中"强化长三角区域银行机构在信贷项目规划、评级、授信额度核定、还款安排及风险化解等方面的合作协调、资源统筹"的重要举措。一是总行端牵头，统一推进示范区内自贸、科创、绿色金融产品创新，切实强化了板块之间、总分之间的纵向、横向沟通。二是推进浦发长三角范围内六家分行的联合授信，打破以往注册地银行跨区域贷款的限制，支持任一能在注册地银行任意一家经营机构申请贷款。	一是作为联动长三角区域各分行的管理平台，推动浦发银行搭建服务长三角区域的综合平台及统筹全行人力、物力、财力的资源平台，制订长三角一体化发展规划方案，提高长三角区域服务效能，加快发展绿色金融和产品创新。二是深化长三角分行业务合作，强化长三角区域跨省市经营项目规划及授信区域配置，促进资源跨区域的合作协调、信贷资源跨区域安排等方面的发展和科技融资行为。
中国银联推出境外人士短期入境支付项目	为使中国移动支付服务惠及更多境外人士，中国银联牵头实施，组织商业银行共同发行"旅行通卡"。该卡产品支持短期入境人士在商业银行指定网点、云闪付App或发卡机构App申请开通办理，并能便捷享受银联境内广大移动支付受理网络服务。	一是产品创新。该产品为国内首款为国内移动支付境内便利服务的境外人士提供境内移动支付产品。二是模式创新。该产品过线上实现用户身份核验、账户生成、额度管理、卡片管理等模式创新。三是技术创新。本产品创新使用TOKEN技术支持境外人士短期入境移动支付。	依托中国银联多年在卡基支付和移动支付领域的受理经验以及遍布中国城乡的银联受理网络优势，推出专为短期入境旅行通卡产品，为入境人士提供境内移动支付解决方案的同时，可迅速释放入境消费市场潜力，推进上海国际消费中心建设，有利于推进上海国际金融中心建设，展现中国银行国际形象。

资料来源：课题组根据公开资料整理，包括上海市金融办《第七批自贸试验区金融创新案例基本情况》（2017年1月10日）以及《第八自贸区金融创新案例基本情况表》（2018年10月12日）；上海市金融监管局、上海市金融工作局《第九批自贸试验区金融创新案例情况表》（2020年7月30日）。

(三) 上海自贸试验区商业银行实践对粤港澳银行业服务贸易自由化的启示

第一，有步骤、分类别探索和改革银行业务。例如，为了更稳妥地推进自贸区分账核算业务，上海自贸区遵循"先本币、后外币"的原则；"可兑换"不是"完全的可兑换"，而是"分类别、有步骤"的可兑换；对一些短期资本流动和外债等方面仍会继续加强监管，对于拟推动的改革措施，按照"成熟一项、推进一项"的原则有步骤地推动可兑换①；根据银总部发〔2014〕22号文件②规定，自贸区内注册的企业和个人办理直接投资项下的跨境人民币结算业务时，可以适用简化流程并与前置核准脱钩，但在事后不能免除银行调查客户办理业务的背景真实性调查。

第二，开展人民币境外借款和双向资金池业务，跨国企业可以通过自贸区内的分行来对接这些银行境外分支机构，使境外子公司获得便利的融资，既免除了担保费，又节约了时间成本（李翼，2015）。截至2015年9月末，上海自贸区内累计有209家企业参与跨境双向人民币资金池试点，资金池收支总额达2951.75亿元，同时全国范围内也有许多企业搭建了跨境资金池③。

第三，完善自贸区金融开放创新的制度框架体系，便于银行充分利用自贸区政策平台开展业务创新。上海自贸区挂牌以来，"一行三会"④先后出台51条支持自贸区建设的金融政策措施⑤。例如，允许获得离岸业务资格的4家中资商业银行授权自贸区内分行开办离岸业务⑥。

---

① 夏心愉：《自贸区分账核算细则落地　银行们如何分账》，《第一财经日报》2014年5月23日，参见http：//finance.sina.com.cn/money/bank/bank_hydt/20140523/021619198666.shtml。
② 中国人民银行上海总部：《中国人民银行上海总部关于支持中国（上海）自由贸易试验区扩大人民币跨境使用的通知》（银总部发〔2014〕22号），2014年2月20日。
③ 张继翎、石倩：《跨境双向人民币资金池演进时》，《中国外汇》2015年第4期。
④ 根据2018年3月17日十三届全国人大一次会议审议通过的《国务院机构改革方案》，"将中国银行业监督管理委员会和中国保险监督管理委员会的职责整合，组建中国银行保险监督管理委员会"。改革后，原"一行三会"的金融业分业监管机构设置整合为"一行两会"。此处按原政策发布机构设置表述。
⑤ 钱箐旎、李治国：《上海自贸区的金融创新》，《经济日报》2014年3月26日。
⑥ 马翠莲：《上海自贸区金融创新进行时》，《上海金融报》2014年3月28日。

六 粤港澳银行业服务贸易自由化的政策建议

本章通过研究建议从以下方面推动粤港澳银行业服务贸易自由化。一是针对香港、澳门的银行及外资银行进入内地市场带来的金融风险问题,建议完善相关政策法规,建立健全更加成熟的金融市场,加强监管,注意防范系统性金融风险和资本外逃,构建系统性金融风险监测评估和预警体系(胡其伟,2015)。二是针对粤港澳大湾区银行业服务贸易自由化面临的人才流动、文化差异问题,建议积极推进粤港澳大湾区一体化,加强政策宣传和促进信息交流(张光南等,2016)。三是根据上海自贸区的创新实例,进一步推动金融开放,降低监管审批程序,促进穗港澳三地资本流动、服务贸易自由化。

第三章 粤港澳服务贸易自由化：会计行业研究[*]
——基于广州天河示范基地案例研究

摘要： 会计专业服务是粤港澳深化服务贸易合作的重点领域，特别是"一带一路"和粤港澳大湾区建设等国家战略为穗港澳会计专业服务发展带来了新机遇。但是，三地的行业标准差异、港澳专业人士准入限制、执业环境和生活配套的滞后给穗港澳会计行业合作带来了诸多障碍。因此，需要借助粤港澳大湾区建设的契机，以天河中央商务区为合作试点，政策上先行先试，从提升穗港澳会计职业考试和任职资格互认水平、搭建穗港澳"事务所+协会+信息"合作平台、优化审批流程等配套体系等方面推动穗港澳会计行业服务贸易自由化。

一 广州会计行业呈现集中化、一体化，穗港澳区域合作进一步深化

第一，广州会计服务在区域上呈现集中化，同时联同法律等形成"一体化"的专业服务。截至2015年6月，天河中央商务区已经成为广州企业总部数量最多的地段，天河中央商务区内的会计师事务所数量约占广州市会计师事务所数量的33%。广州民间金融街综合服务中心也有涵盖会计的"一站式"专业配套服务。

---

[*] 本章内容感谢广州市人民政府外事办公室"穗港澳共建广东省服务贸易自由化示范基地：天河中央商务区会计行业研究"的调研支持。调查研究成员包括：张光南、谭颖、罗顺均、钟俏婷、曹恒宇、梅琳、杨洋、房西子、杨清玄。

表 3–1　　　　　　　　　广州会计行业集中趋势

2018		2019	
业务排名	业务占比	业务排名	业务占比
1—10	61.60%	1—10	62.26%
11—20	11.72%	11—20	12.28%
21—30	6.30%	21—30	6.09%
31—40	4.62%	31—40	4.74%
41—50	3.96%	41—50	3.69%
51—60	3.31%	51—60	3.04%
61—70	2.84%	61—70	2.70%
71—80	2.34%	71—80	2.09%
81—90	1.84%	81—90	1.71%
91—100	1.47%	91—100	1.40%

资料来源：课题组根据广州市注册会计师协会公开数据整理。

第二，在 CEPA 框架下，内地与港澳在会计领域的资格互认和专业资格考试合作工作持续推进，内地规范和放宽对港澳会计师事务所的执业规定。在注册会计师考试方面，2005 年 5 月内地与香港签订了《内地与香港注册会计师部分考试科目相互豁免实施协议》。目前，香港会计专业人士参加内地注册会计师考试科目已豁免 4 科[1]。2016 年，财政部许可并支持港澳会计专业人士在取得中国注册会计师资格后，担任内地合伙制会计师事务所合伙人。

第三，依托行业协会交流，推动三地合作。2015 年成立的广东省粤港澳合作促进会会计专业委员会是粤港澳地区第一个联系三地会计业人士的平台，通过举办比赛、培训等合作交流项目为三地搭建了多种形式的交流合作平台，推动和支持港澳会计专业人士来粤执业发展。

---

[1] 中国注册会计师协会（CICPA）、香港会计师公会（HKICPA）：《内地与香港注册会计师部分考试科目相互豁免实施协议（2012 年修订）》，2012 年。

行业协会交流项目：粤港澳高校会计商业知识竞赛

广东省粤港澳合作促进会会计专业委员会近年来积极响应粤港澳大湾区一体化方针，促进粤港澳三地会计行业人员、单位之间积极交流，相继举办了三地学子商业知识竞赛、专业人士交流访问与座谈等，积极地为推动粤港澳会计行业一体化建言献策。

2017年6月2日，由广东省粤港澳合作促进会主办的"首届粤港澳高校会计商业知识竞赛"总决赛在广州举行。该届赛事是在中央提出研究粤港澳大湾区城市群建设规划后的首次粤港澳会计青年交流活动，受到了粤港澳三地政商界及会计界人士高度重视。

2018年9月27日，由广东省粤港澳合作促进会主办的"第二届粤港澳高校会计商业知识竞赛"以辩论赛形式在香港中文大学顺利举办。该届竞赛首创采用普通话和广州话进行双语辩论，对参赛者和评委都是一次尝试和挑战，参赛者围绕税务优惠、鼓励企业创新和研发、人工智能、人才引入等话题展开激烈的辩论，充分体现出粤港澳高校大学生对"一带一路"倡议和粤港澳大湾区建设下专业服务融合发展的积极思考。

继2017年在广州举办了首届知识竞赛、2018年在香港以辩论赛形式举办第二届知识竞赛，粤港澳高校会计商业知识竞赛已成为三地青年大学生每年一度的会计专业竞技盛事。2019年第三届粤港澳高校会计商业知识竞赛于5月24日在澳门举行。该届决赛内容涵盖粤港澳三地的法律法规及会计准则差异、商业领域相关内容，包括经济、财会、金融、营销、商法典、财经时事等知识。

资料来源：广东省粤港澳合作促进会：《粤港澳高校会计商业知识竞赛在香港举办，三地高校学子共倡大湾区专业服务融合发展》，2018年9月29日，http://121.15.254.4:1980/SuniT/www.ygahzcjh.gd.gov.cn/Item/1124.aspx；澳门基金会：《2019第三届粤港澳高校会计商业知识竞赛》，https://www.fmac.org.mo/macaubusicompet/index.php；香港华人会计师公会：《2017年首届粤港澳高校会计商业知识竞赛》，https://www.scaacpa.org.hk/web/subpage.php?mid=149&id=421。

二 穗港澳会计合作存在行业差异、准入限制和配套服务差异等障碍

第一,会计行业标准的差异。内地和港澳的会计行业在会计准则、信息披露要求和财务报表列报等多方面存在显著差异。根据刘霞(2014)的研究,香港会计准则的法制基础是英美法系,未将会计纳入法律体系,而是用会计准则和公认会计原则来规范,更重视会计信息的公允和真实,更强调依靠公司和会计师的职业判断;内地会计准则偏向大陆法系,把会计纳入法律体系内加以规范,对企业财务报告格式和内容都有统一要求。

第二,港澳会计人员在资格认证、执业权限、机构设立、经营范围、专业联动等方面在内地执业存在限制。

第三,从业人员存在税收和通关便利化等执业环境以及医疗、社会保障、教育等生活配套公共服务等不能对接的问题。

表 3-2　　　　穗港澳三地会计及资本市场环境对比

对比内容	中国内地	香港	澳门
上市公司监管	中国证券监督管理委员会(中国证监会)、上海证券交易所、深圳证券交易所是中国内地上市公司的主要监督管理机构。中国证监会为国务院直属正部级事业单位,依照法律、法规和国务院授权,统一监督管理全国证券期货市场,维护证券期货市场秩序,保障其合法运行。中国证监会总部设在北京,此外,中国证监会在省、自治区、直辖市和计划单列市设立36个证券监管局,以及上海、深圳证券监管专员办事处。上海证券交易所(上交所)和深圳证券交易所(深交所)	证券及期货事务监督委员会和香港交易所是香港地区上市公司的主要监督管理机构。证券及期货事务监督委员会于1989年成立,是独立的法定机构,负责监管香港的证券及期货市场的运作,主要职能包括:监督交易所、结算所、股份登记机构等市场营运机构的运作,并协助优化市场基础建设;预先审批拟向公众发售的投资产品;监督适用于公众公司的收购合并案件;与本地及海外的监管机构合作并提供支援;以及协助投资者了解市场运作、投资风险及其权利和义务等。	澳门地区无证券交易市场。

续表

对比内容	中国内地	香港	澳门
	分别成立于1990年11月和1990年12月，受中国证监会监督和管理。上交所和深交所共同履行市场组织、市场监管和市场服务等职责，具体包括：提供证券集中交易的场所、设施和服务；制定和修改本所的业务规则；审核、安排证券上市交易，决定证券暂停上市、恢复上市、终止上市和重新上市；提供非公开发行证券转让服务；组织和监督证券交易；组织实施交易品种和交易方式创新；对会员进行监管；对证券上市交易公司及相关信息披露义务人进行监管；对证券服务机构为证券上市、交易等提供服务的行为进行监管；设立或者参与设立证券登记结算机构；管理和公布市场信息；开展投资者教育和保护；法律、行政法规规定的以及中国证监会许可、授权或者委托的其他职能。	香港交易所旗下包括服务于证券市场的香港联合交易所、服务于多种类别衍生产品的香港期货交易所以及伦敦金属交易所（香港交易所附属机构，于2012年收购）等机构。香港交易所主要职能是为股本证券、大宗商品、定息及货币等多种资产类别产品提供交易及结算服务。	
非上市公司监管	国家市场监督管理总局是中国内地非上市公司的主要监督管理机构。国家市场监督管理总局的主要职责包括：市场综合监督管理；市场主体统一登记注册；组织和指导市场监管综合执法工作；监督管理市场秩序；宏观质量管理；负责反垄断统一执法等。	香港公司注册处是香港非上市公司的主要监管机构，其主要职能包括：提供公司注册办理服务，保管注册资料；确保公司及高管人员遵从有关条例，并承担责任；执行信托或公司服务提供者的发牌及规管制度；就与公司法及相关法例有关的政策及立法问题，向政府提供意见。	澳门金融管理局是澳门地区非上市公司的主要监管机构。
会计师事务所和注册会计师	财政部和中国注册会计师协会是中国内地会计师事务所和注册会计师的主要监督管理机构。财政部负责管理全国的会计工作，监督和规范会计行为，制定并组织实施国家统一的会计制度，指导和监督注册会计师和会计师事务所的业务，指导和管理社会审计。	香港会计师公会是香港地区的会计师事务所和注册会计师的主要监督管理机构，主要职能包括：处理会计师注册及颁发执业证书事宜；监管会员的专业操守及水平；制定专业操守指引、会计准则和核数准则；举办专业资格课程及相关课程以维持会计师的专业素质；为会员提供持续进修及其他服务；推动会计行业的发展。	澳门财政局是澳门地区会计师事务所和注册会计师的主要监督管理机构，澳门财政局下设核数师暨会计师注册委员会，负责组织注册会计师考试，注册会计师及会计师事务所的登记注册等事宜。

续表

对比内容	中国内地	香港	澳门
	中国注册会计师协会是在财政部领导下开展行业管理和服务的法定组织，主要职能包括：审批和管理会员；拟订注册会计师执业准则、规则，监督、检查实施情况；组织对注册会计师的任职资格、注册会计师和会计师事务所的执业情况进行年度检查；制定行业自律管理规范，对会员违反相关法律法规和行业管理规范的行为予以惩戒；组织实施注册会计师全国统一考试；协调行业内、外部关系，支持会员依法执业，维护会员合法权益等。		
注册会计师行业的主要相关法律法规	主要包括《注册会计师法》和《审计法》。	主要为《专业会计师条例》。	主要包括《会计师通则》《核数师通则》和《注册核数师职业道德守则》。
注册会计师的资格取得	候选人具有高等专科及以上学校毕业的学历、或者具有会计或者相关专业中级以上技术职称的中国公民，并通过注册会计师专业阶段和综合阶段考试。通过考试且在会计师事务所具有两年的实务经验后，方可取得注册会计师的执业资格。	候选人须年满21岁，品格良好，通过香港注册会计师专业和综合阶段考试，完成上述考试外，须获指定雇主/主管监督下累积3—5年工作经验，方可成为香港会计师公会会员，并取得注册会计师的资质。	候选人须为成年居民或获准在澳门地区居住的任何有效凭证人士，其学历需要达到本地区十二年级的程度，或经认可的同等学力，并通过规定考试后，即可注册成为注册会计师。
会计准则及国际准则趋同情况	中国财政部会计司是中国内地的会计准则制定机构。中国内地主要采用与国际财务报告准则实质趋同的中国企业会计准则。	香港会计师公会是香港财务报告准则的制定机构。香港财务报告准则与国际财务报告准则基本趋同。	澳门行政长官根据《澳门特别行政区基本法》，经征询行政会的意见，制定会计准则。澳门会计准则为澳门特别行政区于2005年发布当地会计准则，该准则基于2004版国际财务报告准则制定。澳门没有计划全面采用国际财务报告准则标准，而

续表

对比内容	中国内地	香港	澳门
			是计划继续有选择地采用某些个别国际财务报告准则。迄今为止，澳门已采用1项IFRS准则和15项IAS准则。
审计准则及国际准则趋同情况	财政部及中国注册会计师协会是中国内地的审计准则制定机构。中国审计准则与国际审计准则已实质性趋同。	香港会计师公会是香港审计准则的制定机构。香港审计准则与国际审计准则基本趋同。	澳门行政长官根据《澳门特别行政区基本法》，经征询行政会的意见，制定核数准则。经济财政司司长根据行政法规，核准核数实务准则。国际审计准则目前正在计划采用中。
上市公司法定审计和财务报告要求	上市公司法定审计须采用中国企业会计准则编制财务报表，会计师事务所需要按照中国审计准则执行工作。	上市公司允许采用国际财务报告准则编制合并报表和个别报表。在香港注册成立的公司须按照香港会计师公会制定的香港财务报告准则编制财务报表。会计师事务所需要按照香港审计准则执行工作。	无
非上市公司法定审计和财务报告要求	非上市公司通常须采用中国企业会计准则编制财务报表，中小企业可采用小企业会计准则编制财务报表，会计师事务所需要按照中国审计准则执行工作。	非上市公司须按照香港会计师公会制定的香港财务报告准则编制财务报表。中小企业会计准则与国际财务报告准则尚未完全接轨，主要差异在所得税方面。会计师事务所需要按照香港审计准则执行工作。	以下实体须按照澳门会计准则编制财务报表：澳门特区政府颁发优惠许可证的实体、保险公司、澳门金融体系法监管的实体、澳门离岸机构、股份有限公司和有限合伙企业。除上述实体外，其他实体允许采用澳门会计准则或一般财务报告准则（一种适用于中小企业的简单会计准则）编制财务报表。会计师事务所需要按照澳门审计准则执行工作。

资料来源：普华永道：《"一带一路"沿线国家会计及资本市场环境报告》，2019年6月，参见 https://www.pwccn.com/zh/research-and-insights/belt-and-road/hotspot/belt-and-road-countries-accounting-and-capital-market-environment-report.html。

三 建立合作试点，政策先行先试，推动穗港澳会计行业合作

为推动穗港澳会计行业合作，建议实施四方面政策措施。一是提升穗港澳会计职业考试和任职资格互认水平，在教育培训、考察交流、任职资格证和考试科目互免等方面采取先行先试措施，促进三地会计人才流动。二是搭建穗港澳"事务所+协会+信息"合作平台，通过港澳会计团体，特别是行业协会搭建合作平台，推动粤港澳会计师事务所强强合作[1]。三是依托天河中央商务区，建立跨界合作试点。四是优化审批流程等配套体系，在国民待遇、放宽准入、简化审批、强化监督、丰富会计师事务所组织形式、优化行业布局等方面[2][3]，提升政府服务效能。

---

[1] 广东省人民政府办公厅：《广东省人民政府办公厅转发省财政厅关于加快发展我省注册会计师行业意见的通知》，2010年9月。

[2] 《践行"放管服"进一步激发会计服务市场活力》，《中国会计报》2017年9月1日，参见http://wap.cnki.net/touch/web/Newspaper/Article/ZGKJ201709010012.html。

[3] 《财政部有关负责人就修订和实施〈会计师事务所执业许可和监督管理办法〉答记者问》，《财务与会计》2017年第19期。

第四章 粤港澳服务贸易自由化：会展行业研究[*]

——基于广州琶洲示范基地案例研究

摘要： 会展业是港澳的主要优势产业和粤港澳深化服务贸易合作的重点领域。"一带一路"、粤港澳大湾区和自由贸易港建设等国家战略为粤港澳会展业深度合作带来了新机遇。但是，粤港澳会展合作存在配套不完善、资源整合不足和行业标准差异方面的障碍，这阻碍了粤港澳会展业的进一步合作发展。本章基于穗港澳共建琶洲国际会展中心的区域案例研究，在借鉴港澳和上海发展会展行业的经验基础上，从建立会展人才互认机制、优化会展通关流程、设立穗港澳跨区域行业协会、挖掘联合办展空间完善会展配套建设、培育新兴会展模式等政策创新推动粤港澳会展行业服务贸易自由化。

一 穗港澳共建琶洲国际会展中心：合作现状与主要障碍

（一）合作现状：会展市场逐步开放，"政府+企业+协会"多元合作

第一，CEPA联通穗港澳，会展市场逐步开放。随着CEPA的签订与

---

[*] 本章内容感谢广州市人民政府外事办公室"穗港澳共建广东省服务贸易自由化示范基地：琶洲国际会展中心区会展行业研究"的调研支持。调查研究成员包括：张光南、谭颖、罗顺均、陈平、王烁、梅琳。

实施，从允许独资办展①，实行事后备案制度②，会展合作政策支持③到提供优惠准入④，三地之间的会展行业市场准入门槛的不断降低，会展业合作逐步深化。

第二，合作模式由要素单一化合作转变为"政府+企业+协会"多元合作。早期主要是以企业和民间为主体、由市场自发形成的单一要素的合作，随着合作的深入，合作的主体更加多元化，政府层面签订了《穗港澳会展业合作协议》，建立珠三角城市会展联盟和泛珠城市会展联盟等行业协会，签订了《泛珠三角城市会展联盟合作协议》等会展合作协议。

(二) 主要障碍：配套不完善、资源整合不足、行业标准存在差异

第一，品牌实力有待提高，服务配套有待完善。广州在品牌展会方面还比较欠缺，获得国际展览协会（UFI）认证的展览会与北京、上海相比有一定的差距，品牌展会在琶洲每年举办的展会总量中占比较少（刘松萍，2015）。琶洲地区交通规划滞后于会展的发展实际，大型展会期间停车难的问题仍相当突出，各建筑与地铁连通性不够，造成出行不便（中国人民政治协商会议广州市委员会，2009）。现阶段的对外贸易制度下，相对烦琐的人员、货物通关流程以及检验检疫手续，使外贸企业和境外企业的产品参展成本居高不下，限制了企业主动参展的积极性。

第二，粤港澳三地资源整合力度不够，重复办展现象普遍。由于资源整合力度不够、缺乏深度合作，三地展会泛滥、低水平重复办展现象十分普遍（刘松萍，2008b；隋斌，2018）。主题相似、展期相近的展览会对展览资源构成了严重的浪费，随之而来的展会"价格战"也给参展方和展览公司造成了不便，进而影响到了粤港澳会展业的对外形象和正常发展。

第三，粤港澳办展模式、行业标准和人才认定存在差异。例如，在办

---

① 《关于开放服务贸易领域的具体承诺》，2003年9月29日。
② 《〈内地与香港关于建立更紧密经贸关系的安排〉服务贸易协议》，2015年11月27日。
③ 《〈内地与香港关于建立更紧密经贸关系的安排〉经济技术合作协议》，2017年6月28日。
④ 《〈内地与香港关于建立更紧密经贸关系的安排〉投资协议》，2017年6月28日。

展模式上,广州会展业管理主要为"行政模式",由政府部门直接实施行业管理,而港澳会展管理主要为"代行模式",受政府委托,由行业协会代行行业管理。在行业标准上,内地是根据《中国境内对外经济技术展览会评估标准和认证办法(试行)》的分级标准,而港澳采用国际展览协会(UFI)和其他国际权威机构的认证标准。在人才认定上,由于粤、港、澳三地针对会展人才尚无统一标准,人才标准上难以进行资格互认,三地机构对专业人才的执业资格"互认机制"尚未确立,人才跨境执业困难重重,不确定性非常大(广东省经济贸易委员会流通服务处,2008)。

二 全球会展行业服务贸易自由化:经验借鉴

(一)澳门经验:"会议大使"联合"互联网+"宣传

1. 政府管理:澳门政府会展业发展委员会

澳门政府会展业发展委员会于2010年正式成立,主要职责包括制定及执行会展业策略、措施和政策,跟进及分析会展业的发展情况并对相关的法规草案发表意见和提出建议等。[①] 澳门会展业发展委员会通过打造"会议大使",借助"互联网+"宣传,发展策略因时制宜,发展理念与时俱进,促进澳门会展业自由化发展。

澳门会展行业服务贸易自由化:政府管理

澳门会展业发展委员会的主要职责为以下五个方面。一是就订定及执行会展业策略、措施和政策以及相关的法规草案发表意见及提出建议。二是为发展会展业并提升其竞争力,制定意见书、建议及提议。三是搜集、整理及研究会展业资料,尤其涉及其他国家及邻近地区的会展业发展状况

---

① "第56/2010号行政长官批示——设立会展业发展委员会",《澳门特别行政区公报》,2010年3月。

资料。四是跟进及分析会展业的发展情况。五是对主席安排的其他事项发表意见。

在促进澳门会展业自由发展过程中，澳门会展业发展委员会主要的工作亮点如下。

第一，澳门会展业发展委员会为更加有效地贯彻落实以"会议为先"的会展业发展方针政策，积极借鉴国际会展业发展的成功经验，制订了"会议大使计划"，特别邀请六位来自医学、建筑、体育、资讯以及化学等不同领域的知名权威人士出任澳门"会议大使"，通过他们在自身专业领域的国际影响力，联同澳门特区政府及会展业界，向外推介澳门完善的会展环境及会展优势，助力提升澳门国际会议城市的形象以协助竞投及招揽更多不同行业的国际会议来澳门举行。

第二，澳门会展业发展委员会积极探索会展业与"互联网+"融合的发展模式，通过发挥线上线下的不同优势，使会展业线上线下活动形成良性互动。

第三，澳门会展业发展委员会根据澳门会展业发展的实际情况，因时制宜地调整会展业发展规划。例如，自2016年起，澳门特区政府实施以"会议为先"的会展业发展策略，其中一个因素就是考虑到会议规模大小不一，商务旅客在澳门不同地区的酒店参会期间，可利用会议闲暇渗透酒店所处社区消费休闲，从而广泛惠及澳门不同的旅游设施及周边的中小企业。

资料来源：澳门会展网（http：//www.mice.gov.mo/sc/support5.aspx）。

2. 行业协会：澳门会议展览业协会

澳门会议展览业协会于2002年10月成立，以"服务、代表、协调、沟通"作为协会宗旨，致力于凝聚会展业力量，配合政府施政方向，推动澳门会展朝"国际化、专业化、精品和高端品牌展览"方向前进[①]。澳

---

① 资料来源：澳门会议展览业协会网站（http：//www.mcea.org.mo/cn/about/about）。

门会议展览业协会通过积极组织澳门会展业推广和宣传活动，积极开展会展行业学术交流、出版《澳门会展》杂志及《会展咨询专刊》，积极开展会展业教育及培训课程，以配合政府、服务企业为宗旨，推动澳门会展业自由发展。

澳门会展行业服务贸易自由化：行业协会

一方面，澳门会议展览业协会为会展业发展委员会、澳门贸易投资促进局制定相关法律法规提供专业意见，协助政府部门对会展业进行管理，从规范行业规章制度、建立会展企业资质和信誉评价体系、人员培训与资质认定等方面加强对澳门会展行业的管理和监督，推动会展业发展激励政策和措施落地。

另一方面，澳门会议展览业协会为当地会展企业提供服务，代表同业向政府部门、立法机构、公共机构、法定机构及传媒争取应有的权益，充当着政府与会展企业之间的桥梁和纽带。

此外，为进一步促进内地与澳门之间的商贸往来，协助澳门中小企业"走出去"拓展商机，对外宣传澳门多元形象，澳门会议展览业协会自2009年至今先后在内地25个城市举办了"活力澳门推广周"，包括上海、重庆、北京、郑州、长春等，有效地扩大了澳门会展业的影响力。

资料来源：澳门会议展览业协会网站（http://www.mcea.org.mo/cn/about/about）。

（二）上海经验：打造良好会展法制环境，对接企业培养会展人才

1. 政府管理：上海市商务行政事务中心（上海市会展业促进中心）

上海市会展业促进中心于2012年5月成立，主要职责是受上海市商务委员会委托，承担促进及协调上海市会展业发展工作，参与制定会展业发展规划及促进政策、推进会展业标准制定工作以及对外推介上海市会展业发展环境。[①] 通过开展会展信息发布、项目宣传、人才培训等方面的合作，上海会展业促进中心加强会展企业之间的交流，确立会展、旅游、商务联动发展机制，推动了会展业公共服务平台建设，推进了会展网上审批办理，推动了会展业相关管理部门监管信息共享，形成多部门参与、多渠道推进会展业联动发展的工作格局（雷鹏等，2012）。

上海会展行业服务贸易自由化：政府管理

上海市会展业促进中心的主要职能部门有两个：一是管理协调部，主要负责本市会展业纠纷协调、档期协调、现场评估、《上海会展指南》编纂等工作；二是政策研究部，受市商务委委托，组织新展可行性评估会、参与会展业政策法规制定等工作。

协会工作内容如下。一是完成上级委派任务，承担市商务委行政许可事项"一门式办理"服务，负责办理市商务委有关业务处室委托的具体业务，承担市商务委办事大厅的日常管理以及展览行业的管理和协调工作。二是平台管理与政策研究，主要承担本市会展业发展战略及政策研究工作，商业网点发展规划编制和政策研究，商业网点布局规划信息平台的建设与管理以及直管商业网点的管理。三是其他职责，主要负责对外提供业务咨询、会务、翻译及代理服务以及对外宣传、推介本市会展业发展环境，包括和上海市会展行业协会共同主办上海会展论坛（国际会展业CEO峰会）等交流活动。

上海会展业促进中心成立后，推进了会展业公共服务平台建设，推进了会展网上审批办理，推动了会展业相关管理部门监管信息共享，整合全市外事、外宣等资源，形成多部门参与、多渠道推进会展业联动发展的工作格局。开展会展信息发布、项目宣传、人才培训等方面的合作，加强会展企业之间的交流，确立会展、旅游、商务联动发展机制，通过有效延长

[①] 资料来源：上海市会展业促进中心网站（www.shcepc.com）。

会展产业链来放大会展经济的辐射效应。

资料来源：上海市会展业促进中心网站（www.shcepc.com）；雷鹏、龚维刚、吴星贤：《上海会展经济的发展现状、问题与对策》，《现代管理科学》2012 年第 1 期。

2. 行业协会：上海市会展行业协会

上海市会展行业协会于 2002 年 4 月成立，一方面，协助政府从事行业管理，在保护会员合法权益、提高行业整体素质、加强行业自律、行业认证、制定标准等方面努力工作；另一方面，致力于为会员单位提供培训、国际交流与合作、发布行业综合信息、会员交流等服务，构建政府与企业之间的沟通交流平台。

上海会展行业服务贸易自由化：行业协会

上海市会展行业协会积极发挥"服务、代表、协调、自律"四大职能，协助政府从事行业管理，就保护会员合法权益，提高行业整体素质、推进行业统计、形成行业自律机制、行业认证、组织国际交流与合作等方面做出了全方位的开创性工作。具体工作亮点如下。

一是开展会员活动。为扩大服务内容，提升服务质量，增强协会会员之间的凝聚力，自 2015 年 4 月起，协会每月组织一次沙龙活动，各次沙龙均有不同的主题。

二是制定展览标准。在上海市质量技术监督局的指导下，开展了展览业地方系列标准即《展览经营与服务规范》的制定。其中，"展览主（承）办机构"的服务规范已在 2015 年 6 月发布推广，展示工程企业的服务规范于 2016 年通过上海市服务标准委员会审定。

三是积极推动上海会展行业对外交流。例如，协会在上海市政府的支持下四次参加国际展览业协会（UFI）的各种会议，在与印度德里、泰国曼谷和南非约翰内斯堡的竞争中脱颖而出，完成了 2016 年国际展览业协会大会的申办任务，提升了上海在全球展览界的地位，促进了上海国际贸易中心的建设。同时，协会与美国国际展览协会（IAEE）、美国独立组展商协会（SISO）和韩国展览行业协会签订了合作协议，为会员的国际交流拓宽了渠道和途径。

四是会展业人才培训。2005年，经上海市人事局批准，上海市职业能力考试院、上海世博人才发展中心、上海会展行业协会联合组织"上海市会展管理专业技术水平认证定"工作。同年协会和华东师范大学合作组建了"华东师范大学上海会展学院"，对业内人士开展会展管理师的培训。2012年协会又启动了"展示设计师"资格认证培训工作。2015年，协会还就会展管理初级培训进行探索，与会员单位合作，根据具体业务发展的需要，开设了3期讲解员培训班。

五是开展企业资质评审和信用体系建设。2015年，协会与第三方评估机构合作，完成了长三角国际展会参展商信用信息核查产品的应用推广（一期）项目，这是协会探索行业信用体系建设将范围扩展至长三角区域的初步成果。

六是展会项目评估。在上海市会展行业协会的组织下，自2006年起，协会率先通过创建项目品牌推动行业的发展。

七是协调纠纷事件。为了提高会展行业协会处理纠纷效率，维护会展企业的合法权益，上海市会展行业协会制定了《法务部展会纠纷处理流程》，一旦有展会到协会投诉，协会及时会同法务部进行处理协调，尽力使矛盾得到缓和，维持上海会展业安定和谐的局面，优化上海会展业的发展环境。

资料来源：上海市会展行业协会秘书处：《上海市会展行业协会工作报告》，2016年4月1日。

（三）香港经验："一站式"专业支援

1. 政府管理：香港会议及展览拓展部

香港会议及展览拓展部于2008年11月正式成立，属香港旅游发展局的部门之一，辖下分为三个团队，分别向企业会议及奖励旅游、大型会议以及展览活动这三大界别提供专门服务①。香港会议及展览拓展部通过集合香港社会各界的力量，与包括香港贸易发展局、投资推广署及香港经济贸易办事处等"联合工作小组"成员紧密合作，为会展及企业活动的筹办机构提供"一站式"的专业支援服务。

香港会展行业服务贸易自由化：政府管理

自成立以来，香港会议及展览拓展部一直与会展业界、贸发局、政府驻外经济贸易办事处及投资推广署一同在多个目标市场加强推广，并为会展项目筹办机构提供"一站式"专业支援。服务范围包括提供酒店住宿资料、安排市内活动及业界优惠、在香港国际机场设立特快专用入境柜台、为出席活动的人士送上欢迎礼包，以及筹备别开生面的文娱休闲节目等。成功争取的大型会展项目包括：亚洲国际航空展览会暨论坛、SWIFT International Banking Operations Seminar、专业视听与系统集成展会、World Congress of Nephrology、世界牙科联盟年会、Spoon Art Fair Hong Kong 2012、亚洲游乐设施博览会、国际青年商会亚太大会、国际商标协会年会、世界新闻峰会等。

在市场推广方面，香港会议及展览拓展部采取重点的推广策略，并在高潜力市场，例如中国内地、印度、韩国、日本、英国和美国，委任推广代表；同时，以名为"无尽机遇 盛汇香港"的推广平台，通过广告、直邮、业界展销会、公关活动、研讨会及工作坊等多元化的途径，强化香港的会展旅游品牌。在 2010—2011 年度，香港会议及展览拓展部推出一项新措施，开设"电子互动市场"，作为拓展业务的"一站式"网上平台，方便会展项目主办机构和策划机构物色合适场地和产品、计划行程、向本地供应商征求计划书，以及了解本港提供的最新优惠。

资料来源：香港旅游发展局网站（https：//partnernet. hktb. com/fileman-

---

① 资料来源：香港旅游发展局网站（https：//partnernet. hktb. com/filemanager/intranet/pm/PressRelease/ChinesePress/CCPR2008 – C/mehk_ launch – c_ 1. html）。

ager/ intranet/pm/PressRelease/ChinesePress/CCPR2008 – C/mehk_ launch-c_ 1. html）；香港会议及展览拓展部网站（https：//mehongkong. com/tc/mehk）；立法会四题：会议展览业的发展，https：//www. cedb. gov. hk/citb/txt_ sc/Legco_ Business/Replies_ to_ Legco_ Questions/2010/P2010050501 86. html。

2. 行业协会：香港展览会议业协会

香港展览会议业协会前身为香港展览业协会，于 1990 年 5 月由当时 10 家主要展览会主办机构创立，致力于宣扬香港展览及会议业，在专业发展、业务联系、信息交流等方面为会员提供支援[1]。香港展览会议业协会通过进行展览业年度调查，让社会各界了解香港展览业趋势，促进香港会议及展览业自由发展。

香港会展行业服务贸易自由化：行业协会

自 1992 年更名为香港展览会议业协会之后，在迅速增长的展览及会议行业中担当了充满活力的角色。香港展览会议业协会每隔两年进行执委会推选，也成立了数个事务委员会，专门负责一些特别项目及活动，如中国、传讯、展览营运事务、教育及培训及会员事务和组织海外访问团及周年晚会等。

协会主要宗旨包括如下四方面：一是以统一的声音代表同业向政府部门、立法及法定机关、传媒及公共机构争取应有的权益及保障；二是通过精心策划的培训及教育课程，提升从业员之专业知识及操作水平；三是作为本行业的咨询机构，与其他有关团体或组织紧密合作，从而促进及提高本行业的声誉和地位，并推动香港成为东亚区及全球的主要国际展览及会议之都；四是加强会员间沟通，协助收集和发放行内资讯和数据，以促进会员的商业利益。

资料来源：香港展览会议业协会网站（https：//www. exhibitions. org. hk/sc_ chi/）。

---

[1] 资料来源：香港展览会议业协会网站（https：//www. exhibitions. org. hk/sc_ chi/）。

三 穗港澳共建琶洲国际会展中心：目标定位与发展策略、政策改革与管理创新

穗港澳共建琶洲国际会展中心可通过"港澳优势"契合"广州需求"的发展策略，实现打造琶洲国际会展高地、提升广州琶洲高端会议品牌[①]的目标定位。具体可从五方面进行政策改革与管理创新。一是珠三角地区借鉴香港会展业采取的政府与市场二元结合的运营管理方式，加大产业扶持力度。二是依托自由港建设契机，借鉴香港建设自由港的管理经验，充分发挥广州南沙自贸区的政策优势，精简通关流程。三是按照"一江三城"城市布局规划，加快完善琶洲国际会展中心区控制性详细规划；把握好"互联网+"的契机，利用新一代电子信息技术，培育发展新型会展模式，发展新兴会展模式，健全会展产业链条。四是筹建穗港澳跨区域展览业协会，促进穗港澳三地之间展览市场机制的形成（莫岸华，2009），积极探索"一展三地"等联合办展空间方案（刘松萍，2008a）。五是珠三角地区引进国际会展业相关的职业标准和认证体系，建立粤港澳会展业专业人才的执业资格认定的互认机制，加快三地人才流动（陈恩等，2005；刘松萍，2008b）。

---

① 《广州市未来十年 城市建设重心移琶洲》，《南方日报》2011年12月1日，参见 http://m.xmhouse.com/news/news_pdetailv2.aspx?id=337022。

第五章　粤港澳服务贸易自由化：养老业研究[*]

摘要：党的十九大报告提出要"打造共建共治共享的社会治理格局"。粤港澳大湾区进行养老业合作发展，既能有效缓解三地居民日益增长的优质养老服务需求，促进三地经贸合作发展，实现"老有所养、病有所医"的大湾区优质生活圈的共建共治共享新格局，也能成为联系港澳与内地的强力纽带，促进大湾区民心相通。但粤港澳三地涉及"一国、两制、三个独立关税区"，需要通过创新养老合作模式，推动粤港澳三地的人员跨境流动、居民社会保障覆盖、个人信息登记及管理、医疗账户跨境结算等方面具体合作，从单一政府主体转变成跨区域、多主体合作，为国家未来签署多双边社会保障协定提供可复制的成功经验。

在跨境养老规模持续增加和跨境社保合作不断加强的国际趋势下，为研究如何深化中国内地与港澳互利合作，创新养老合作模式，共建共治共享粤港澳大湾区优质生活圈，本章通过粤港澳大湾区养老业的发展现状、优势、机遇与障碍分析，总结了粤港澳大湾区养老业"管理输出""公建民营""直接投资"和"政府协议"四种合作模式，在借鉴美国—加拿大养老保险的双边互免协议与欧盟从法律上保障跨国就医制度等国际养老业合作经验以及中美合资经营、中日政企养老人才培养、中英保健养生合作和中法高端城市养老综合体等中外合作发展养老业的实践基础上，提出了构建多主体合作模式、优化跨区域合作平台、规范化粤港澳养老服务行业建设三方面的政策建议。

---

[*] 本章内容感谢广州市人民政府外事办公室"穗港澳养老业合作研究"的调研支持。调查研究成员包括：张光南、钟俏婷、廖唐勇、谭颖、陈冰、梅琳、杨洋、徐万君、刘威。相关调研内容已形成研究成果《粤港澳大湾区养老业发展：合作模式、全球经验与政策建议》并发表在《当代港澳研究》2020年第3辑。

一 粤港澳大湾区养老业合作模式：管理输出、公建民营、直接投资、政府协议

当前港澳地区的养老服务体系和养老福利制度相对完备，而广东养老业虽然服务供给能力稳步提升[①]，但供给主体的协作性与服务内容的多元性仍不足（阳程文、侯保疆，2019；郑妙珠，2017；丘志乔、胡丹缨，2016）。随着粤港澳三地经济合作的深入，三地之间跨境流动的人口规模不断增加，跨境养老人口数量也随之增加。为缓解庞大的养老需求与严重不足的养老床位资源供给间的矛盾，粤港澳三地政府逐年加大养老专项资金投入；但是未来除了满足本地老人的养老需求外，三地政府还需兼顾跨境养老人口的养老需求。同时，粤港澳三地都存在养老护理人才资源短缺的问题（澳门特区长者服务资讯网——社会工作局，2015；王标，2015）。考虑到未来老龄人口数量的持续增加，专业医师和看护人员的短缺问题会日益严重。

在粤港澳合作发展养老产业的过程中，对比两岸养老合作发展的模式（林景沛，2015），主要存在管理输出、公建民营、直接投资和政府协议四种合作模式（张光南，2019）。

（一）"管理输出"合作模式：港澳管理团队指导在粤养老机构建设

粤港澳大湾区养老业"管理输出"合作模式指的是港澳机构不参与在粤养老机构的投资，仅派出管理团队承担在粤养老机构的专业化管理或指导工作，在具体实践中，管理输出可包括管理培训、管理人才引进、管理外包等形式（林景沛，2015）。在粤港澳大湾区养老业合作中，管理输

[①] 自2014年广州市和深圳市被列为全国养老服务业综合改革试点城市以来，广州与深圳两地政府在养老服务方面的财政投入持续加大、制度设计不断完善。例如，2016年，广州市人民政府办公厅印发的《广州市人民政府办公厅关于深化社区居家养老服务改革的实施意见》，对广州市居家养老服务的管理体制、设施运营、服务模式等进行改革。

出模式目前主要限于养老管理人才培训，而广州市老人院与香港圣公会福利协会的合作是其中一个典型（张光南，2019）。具体情况如表 5-1 所示。

表 5-1 "管理输出"合作案例：广州市老人院与香港圣公会福利协会

20 世纪 90 年代，在广州市民政局社会福利处引荐下，广州市老人院前院长洪佩贤一行赴港拜访了香港三大社会福利机构之一的香港圣公会福利协会（以下简称"协会"）及其属下养老服务机构，在交流中达成了长期合作意向。2003 年，广州市老人院首次向协会派出 3 名文体辅导员，到香港接受为期 3 个月的社工知识培训，并以此为基础建立了社工部前身老年工作辅导小组。在协会的指导下，广州市老人院从 2001 年开始在全国养老机构中率先启动质量管理体系标准化建设，并于 2002 年 10 月通过 ISO9001：2000 质量管理体系认证，于 2015 年系统文件经过 7 次换版升级，基本覆盖了养老服务全过程。协会除了在社工人才队伍建设与社工服务方面提供督导外，还在优质管理、跨专业护理、痴呆照顾、临终关怀、ISO 管理等方面给予老人院指导和支持。

为推进长者照料服务，广州市老人院多次派遣专业人员前往香港学习老人支持体系，并于 2015 年起在院内开展"个人照顾计划"服务，通过组建跨专业团队为老年人提供个性化服务。"个人照顾计划"试行一年期间，广州市老人院共对 115 名老年人实施个性化服务，满意度调查指出该计划的实施提高了院内老年人对养老院服务的满意度。

资料来源：陈清智、印锐、常广财：《跨越半个世纪的养老样本》，《中国社会报》2015 年 8 月 5 日第 3 版；广州市老人院：《市老人院：与香港圣公会福利协会携手同行 20 余年成果丰硕》，http://www.gzlry.com.cn/gzlry/byxw/201510/0641df8293149b790abd7ae8753 6e6.shtml；欧幼冰、王正蓉：《个人照顾计划模式的本土化探索——以 GZS 老人院的实践为例》，《中国社会工作》2018 年第 9 期，第 48—52 页。

（二）"公建民营"合作模式：广东公建 + 港澳民营

粤港澳大湾区养老业"公建民营"合作模式指的是在粤公办养老服务机构的经营权以承包、租赁、委托经营、合资、参股等方式转让给港澳的企业、社会组织等社会经营者（王雪辉，2016）。广东利用毗邻港澳和 CEPA 政策优势，引入港澳养老服务机构，参与社会养老服务事业（赵小仕、于大川，2015）。

表5-2 "公建民营"合作案例：广州市逢源街道办事处与香港邻舍辅导会

广州市利用毗邻港澳和CEPA政策的优势，协助实施香港"广东计划"，引入香港圣公会、香港邻舍辅导会等港澳台养老服务的资金与服务机构，参与社会养老服务事业，开展居家养老综合服务平台试点。例如，香港邻舍辅导会与广州市逢源街道办事处分别在1998年、2003年、2008年和2010年创办文昌邻舍康龄社区服务中心、逢源邻舍展能中心、逢源邻舍康龄社区大学和逢源邻舍长者日间中心，为广州的长者、智障人士、精神病康复者和社会人士提供多元化社会工作专业服务。
经过十多年的建设，逢源街道已具备了社区养老、婚姻家庭、青少年教育、社区康复指导、社区矫正、群众诉求反馈、社区就业、困难群众帮扶、外来人口、社区卫生保健等十大服务功能，服务体系日趋完善，逢源社区养老服务多次在广州市社区居家养老评估中名列前茅，被评为"全国敬老模范社区"和"全国养老示范社区"。

资料来源：赵小仕、于大川：《广州城市社区养老社会化问题探究》，《改革与战略》2015年第7期；香港邻舍辅导会：《内地社会服务 专业路上有邻舍》，http://naacvizzhost.vizzhost.com/index.php? id = 53#.XK3UdOszbOQ；杨芳、张净：《城市社区养老服务"逢源"模式探析》，《西北人口》2014年第3期。

（三）"直接投资"合作模式：港澳业者直接投资设立在粤养老机构

粤港澳大湾区养老业"直接投资"合作模式指的是港澳相关业者直接在粤港澳大湾区投资成立相应的养老机构（林景沛，2015）。目前"直接投资"合作仍处于起步期，港澳相关业者直接在粤港澳大湾区投资所成立的养老机构数量较少。根据广东省民政厅数据，截至2018年7月，仅有3家香港服务机构和2名香港居民以独资或合资合作形式在粤港澳大湾区内兴办5所养老机构，共提供2003张养老床位。

表5-3 "直接投资"合作案例：香港赛马会伸手助人肇庆护老颐养院

位于广东省肇庆市的"香港赛马会伸手助人肇庆护老颐养院"是第一所由香港慈善机构在内地筹建及管理，专为香港长者而设的大型护老颐养院。资料显示，该颐养院由香港赛马会慈善信托基金全资资助兴建，由香港伸手助人协会筹建、营运及管理，设置养老床位300张，主要为正在香港中央轮候册等候入住资助护理安老宿位长者提供养老服务。入住该颐养院的香港长者受香港政府支持，可领取"综援长者自愿回广东及福建省养老计划"援助金，若同时也参加了肇庆市医疗保险，则可享受免按金及等同肇庆市当地居民收费水平的医疗服务。
凭借良好的服务，香港赛马会伸手助人肇庆护老颐养院于2017年被广东省民政厅评为三星级养老机构。但由于香港和内地之间的医保、社保、老年福利对接机制不完善，香港长者入住比例不高，2019年香港长者仅占入住长者的18%。

资料来源：香港伸手助人协会网站资料，http://www.helpinghand.org.hk/category.php? pid = 16&gid = 12&lang = gb；《民建联提15建议推动返内地养老》，《大公报》2019年3月20日，http://www.takungpao.com/news/232109/2019/0320/264576.html。

(四)"政府协议"合作模式:粤澳/粤港合作框架协议

粤港澳大湾区养老业"政府协议"合作模式指的是《粤港合作框架协议》与《粤澳合作框架协议》签订以来,政府在医疗卫生、养老等社会民生领域的合作和交流。广东省人民政府网站资料显示,2013年粤澳相关部门共同签署了《粤澳养老保障合作协议书》,建立了粤澳养老保障长期合作机制。2015年粤澳相关部门签署了《开展养老金受益人在生证明协查合作备忘录》,解决了粤澳异地养老长者的养老金资格认证问题。此外,香港社会福利署资料显示,香港特区政府先后出台了"广东计划""广东院舍住宿照顾服务试验计划"等便利香港长者到内地养老的相关政策,截至2019年1月,16800名香港长者受惠于"广东计划"。

表5-4 "政府协议"合作案例:粤澳养老保障合作协议书

为贯彻落实《粤澳合作框架协议》,2013年粤澳政府联席会议上,广东省人力资源和社会保障部门与澳门社会保障基金共同签署《粤澳养老保障合作协议书》,建立了粤澳养老保障长期合作机制;2015年广东省人力资源和社会保障部门与澳门社会保障基金签署《开展养老金受益人在生证明协查合作备忘录》,就开展养老金受益人在生证明达成合作共识,粤澳异地养老长者的养老金资格认证问题得到解决。 广东省社会保险基金管理局资料显示,2018年在粤居住并以文件形式办理在生证明的澳方人员共有590名,其中,珠海市以及中山市两地居住为主。

资料来源:广东省人民政府:《广东省人民政府关于全国政协十二届三次会议关于加快推进粤澳医疗和社会养老服务合作提案(第3992号)的答复摘要》,2015年8月;广东省社会保险基金管理局:《关于开展2019年度广东省与澳门特别行政区领取养老金在生证明协查工作的通知》(粤社保函〔2018〕581号),2018年12月。

二 粤港澳大湾区养老业发展:新机遇与新问题

随着港澳人口结构日益老化,内地为港澳地区缓解养老压力提供了广阔空间,鉴于粤港澳合作越来越紧密,广东更是港澳居民异地养老的首要选择。以香港为例,根据香港统计处2019年的调查,与2013年年底相比，2018 年年底通常逗留在广东省的 65 岁以上的香港居民总数增加了 1.48 万人[①]，年均增长约为 4%，接近香港老年人口增速。尽管在内地生活的港澳长者逐年增加，粤港澳养老合作的成功经验仍有待推广。粤港澳大湾区建设背景下，三地养老业合作发展也存在新的机遇和问题。

粤港澳合作发展养老业具有区位文化、经济合作、社会治理合作、教育培训合作和产业互补等独特优势。第一，区位文化：地理接近，文化同源，交通便利。第二，经济合作：粤港合作历史悠久，粤澳合作前景广阔。第三，社会治理合作：粤港社工合作多年，社工网络粗具规模。第四，教育培训合作：政府间合作、医院间合作、高校间合作。第五，产业互补：资本与管理方式互补，人才及培养标准互补。

同时，国家养老金融的发展、养老产业配套政策的出台以及行政审批制度的改革，都为粤港澳大湾区合作发展养老业提供新的机遇。首先，中国人民银行等六部门联合印发的《中国人民银行、民政部、银监会、证监会、保监会关于金融支持养老服务业加快发展的指导意见》为粤港澳合作发展养老金融，创新养老服务业贷款方式，拓宽养老服务业贷款抵押担保范围，推动符合条件的养老服务企业上市融资以及不断扩展养老金融服务内容等提供了政策支持。其次，国务院及广东省政府出台的关于全面放开养老服务市场提升养老服务质量的相关意见[②]，明确将养老服务设施建设用地纳入城镇土地利用总体规划和年度计划，为粤港澳大湾区进行养老合作配套提供了一系列政策支持。最后，国务院办公厅印发《完善促进消费体制机制实施方案（2018—2020 年）》进一步放宽服务消费领域市场准入，明确取消养老机构设立许可，建立养老机构分类管理制度，开展养老机构服务标准体系建设和养老机构服务质量专项行动，这为粤港澳大

---

① 根据香港统计处的注释，"通常逗留在广东省的香港居民"是指在统计时点前的 6 个月至统计时点后的 6 个月的 1 年内，在广东省逗留 6 个月及以上的香港永久性居民。

② 《国务院办公厅关于全面放开养老服务市场　提升养老服务质量的若干意见》（国办发〔2016〕91 号）首次提出了全面放开养老服务市场，放宽外资准入条件，鼓励境外投资者在华举办营利性及非营利性养老机构。在此基础上，广东省人民政府办公厅发布了《广东省人民政府办公厅关于全面放开养老服务市场　提升养老服务质量的实施意见》（粤府办〔2018〕3 号），其中关于外资进入、新设立机构审批、土地供应、机构管理、人员培训及市场监督，均给出了具体实施措施和任务进度安排。

湾区合作发展养老行业带来更为简化的审批流程，显著降低三地合作发展养老产业的前期成本。

然而，粤港澳大湾区合作发展养老产业仍面临存在法律体系与行业环境差异、社会保障制度与医疗保险体系差异、沟通机制缺乏等问题。首先，港澳养老政策体系更为完善，而内地在养老服务行业的准入门槛和市场退出机制、养老合同规范以及养老服务的护理评级等方面仍有完善空间，并且港澳养老政策规划可操作性强，而内地养老政策原则性强，导致三地在养老人才和机构合作等方面存在政策体系对接障碍（阮晓青，2017；张光南等，2014；张光南，2019）。其次，广东与港澳地区缺乏养老信息沟通机制，尚未建立关于来粤养老的港澳居民信息库，因此缺少港澳长者迁居广东前的保险记录情况，同时，粤港澳三地医疗保障体系尚未接轨，使得港澳长者在内地的跨境缴费、跨境报销和跨境转诊政策无法落地（陈广汉等，2017；王标，2015；张光南，2019）。再次，粤港澳社会保障管理体系与资金来源不同，导致三地在养老与医疗保险的合作管理上存在覆盖面、可携带性、记录累计等转移接续问题（王丽娅，2010；谢宝剑，2012；张光南，2019）。最后，粤港澳服务贸易在税收政策、文化融合、利益协调以及配套措施方面仍有完善空间，譬如税收政策上存在税制复杂、税种过多、税率过高、跨区域税制差异、税收优惠制度不合理等障碍，港澳企业面临内地商业规则难以适应和跨区域员工融合不足等文化融合问题，政府监管层面也存在利益协调以及配套措施不足等潜在问题，阻碍粤港澳三地合作发展养老产业（陈广汉等，2017；张光南等，2018；张光南，2019）。

三 养老业跨境合作：全球经验与中国实践

全球养老社会保障以政府间合作为主，包括签订国际养老保险的双边互免协议、制定跨国就医制度以及采用异地医疗救助等模式。中国在不断对外开放的过程中，也出现了若干有益的中外合作发展养老服务模式，包括境外资金和服务机构引进、养老护理服务与技术引进、政企养老人才培养等（张光南，2019）。

为便利跨境养老和跨境就医，国外主要通过签署双边协议实现养老保险的互免，并通过设立专门的协调机构以及建立相关法律法规来保障跨国就医行为；而我国长三角地区则通过建立养老服务补贴异地结算机制以实现异地医保结算和养老服务对接。粤港澳三地的养老保险制度存在较大差异，社会保障对接机制有待完善，可充分借鉴国内外经验，通过设立协调机构、完善相关法规制度等方式推进跨境养老和跨境就医合作。此外，可借鉴国内引进境外资金和服务机构、引进养老护理服务与技术、养老人才合作培养等经验，进一步引入港澳先进养老资源，提升内地养老服务水平。

（一）养老保险的双边互免：美国—加拿大的社会保障双边协议

随着经济的发展和全球化进程的加快，国与国之间的人员流动性日益加大，国内外劳动者之间的自由流动范围更加广泛。人员的自由流动对国家的社会保障制度提出了更高要求，为保障外来人口的社会保障权益，同时防止移民在母国与移民国家重复缴纳社保费用，解决这些人员的社会保障跨国流动问题，欧美发达国家之间较早已签署了社会保障双边互免协议（翁仁木，2010）。但相关研究发现，现有的双边互免协议的内容主要是养老保险、伤残保险、遗属保险和在双方国缴纳的社会保障税，除欧盟个别成员国之间的互免协议外，一般不涉及国家间差异较大的医疗保险内容（王延中、魏岸岸，2010）。

（二）跨国就医问题：欧盟委员会从法律上保障跨国就医合作

医疗保险作为社会保险的重要内容，受项目复杂性的影响，大多进行属地化管理，异地操作较为困难，因此，一般的社会保障双边互免协议并不涉及处理跨国就医问题。针对欧盟成员国内部跨国就医涉及的本地居住异地工作就医、短期旅居跨国就医、退休异地安置就医和异地计划就医等跨国就医行为，欧盟设立了专门的管理和协调机构，负责协调和监督跨国就医问题，具体由欧盟委员会负责制定跨国就医合作项目（王延中、魏岸岸，2010）。《欧共体 1408/71 号条例》和《欧共体 574/72 号条例》规定了欧盟成员国之间医疗服务的连续性、医疗保险关系的可携带性、报销原则、使用统一表格和医疗保险卡等，从法律上保障了欧盟成员国公民的跨国就医行为（王延中、魏岸岸，2010）。

（三）异地医疗救助：中国长三角建立养老服务补贴异地结算机制

为便利异地养老，中国上海、江苏、浙江、安徽四地的民政部门在首届长三角民政论坛上启动全面战略合作，推动建立养老服务补贴异地结算机制，深化长三角全域养老服务业合作发展中的异地结算、跨区补贴机制，实现医疗保险（门、急诊）异地结算、长期护理保险、养老服务补贴异地对接（王正玲、张俊，2018）。

（四）境外资金和服务机构引进：中国首家外资老年康复护理机构"凯健国际"、中美合资的社区和居家养老服务机构"上海星堡老年服务有限公司"

凯健国际由美国养老服务商 Columbia Pacific Management Co（CPM）以及新加坡淡马锡集团联合创建，是中国第一家拥有养老服务营业执照的外商投资企业（自曾晖，2014）。凯健国际采用"外资连锁+美国服务经验输出"模式，弥补了国内养老服务机构在照顾介助、介护老人方面经验相对缺乏的短板。而上海星堡老年服务有限公司由中美合资经营，除参与养老社区的开发、提供居家护理服务以外，还为国内多个养老地产投资与开发商提供专业的养老咨询顾问服务，包括养老产业上下游的医疗设备供应、健康食品供应、护理人员培训等配套问题（厚朴养老，2018）。

（五）养老护理服务与技术引进：中英合作的保健养生管理机构"海南天来泉养生俱乐部"、中法合作示范性养老项目"越秀海颐苑高端城市养老综合体项目"、中美合资的养老地产项目"椿萱茂"

中国海南天来泉养生俱乐部引入英国爱德华健康管理等顶尖服务（丁胡送、汤和银，2013）；中国越秀地产与法国爱德福护理机构集团

（Adef Résidences）合作运营管理广州首个中法合作项目——越秀海颐苑高端城市养老综合体项目，引进法国成熟的养老服务经验和细化护理标准，为长者建立个人护理档案、护理计划，同时组建专业的护理团队，提供贴心的专业护理（赵燕华，2018）；中国远洋地产与美国知名养老机构CPM、Emeritus集团共同投资运营中美合资经营性养老机构椿萱茂老年公寓，引进了认可疗法、音乐疗法、园艺疗法等国际先进失智照护理念，成为"认可疗法"在中国唯一的应用机构（陈禹铭，2017）。

（六）中外政企养老人才培养：冈山—上海养老服务教师培育中心

中国民政部与日本国际协力机构中国事务所[①]于2015年3月签署了为期4年的"中日养老服务政策及产业合作项目"，旨在开展老年社会福利的制度设计和标准制定、养老人才培养、产业发展环境建设，并选取北京市、江苏省、浙江省、陕西省的10家机构作为项目承担机构。其中，冈山—上海养老服务教师培育中心是日本国际协力机构和上海市政府合作开展的项目，以日本养老福利培育的教学计划为基础，结合上海市的实际情况，培养一批拥有专业知识和技术的养老护理教师，通过构建中日间养老服务政策及服务的多层次交流平台，提高民政部及合作地区建设养老政策及养老服务人才体系的能力[②]。

综上而言，为便利跨境养老和跨境就医，国外主要通过签署双边协议实现养老保险的互免，并通过设立专门的协调机构以及建立相关法律法规保障跨国就医行为；而我国长三角地区则通过建立养老服务补贴异地结算机制以实现异地医保结算和养老服务对接。粤港澳三地的养老保险制度存在较大差异，社会保障对接机制有待完善，可充分借鉴国内外经验，通过设立协调机构、完善相关法规制度等方式推进跨境养老和跨境就医合作。此外，可借鉴国内引进境外资金和服务机构、引进养老护理服务与技术、养老人才合作培养等经验，进一步引入港澳先进养老资源，提升内地养老服务水平。

---

① 日本国际协力机构是日本一家负责协调日本政府官方发展援助的独立政府机构。

② 项目介绍详情请参见 https://www.jica.go.jp/china/chinese/office/others/pr/c8h0vm0000al4mq9att/brochure_04_cn.pdf。

四　粤港澳大湾区养老业合作：政策建议

根据党的十九大报告提出的"全面推进内地与香港、澳门互利合作""加快老龄事业和产业发展""打造共建共治共享的社会治理格局"的要求，结合粤港澳大湾区实际，粤港澳合作发展养老业应遵循"优势互补，合作共赢""开放创新，防范风险""信息共享，互认互免"三大原则。为进一步深入推进粤港澳大湾区养老业合作，有针对性地制定以下政策措施。

第一，构建多主体合作模式。创新粤港澳养老合作模式，由三地政府作为粤港澳大湾区养老业合作主要行为人，三地事业单位、企业（特别是已布局养老产业的金融机构）、社会组织（如提供养老护理服务的社工组织）、具备专业技术技能的养老专业人才以及公众作为主要参与者，从单一政府主体转变成区域政府间互动、多方主体参与合作的社会治理共建共治共享模式（王晶晶，2018；张光南，2019）。具体实践上，首先，积极探索制度创新，设立粤港澳养老合作专责小组和粤港澳养老合作基金，推动民间资本参与公共养老服务业，采取专业的基金管理模式，实现合作基金的优化配置和收益分配（王标，2015；张光南，2019）。其次，由粤港澳三地政府与金融行业共同开发养老金融产品和方案，发挥港澳金融服务和广东产业规模的领先优势，协助个人养老账户的资产配置优化（陈超，2015；张光南，2019；张岩松等，2016；周琳，2018）。最后，针对我国康复辅助器具广阔的需求市场，粤港澳三地充分发挥港澳科研机构、产业创新和广东土地资源、劳动力资源、制造业聚集等优势，共同打造具有区域特色的养老用品制造中心。

第二，优化跨区域合作平台。通过社会福利和社会综合援助互认、医疗资源整合、养老信息资源共享等措施，加强粤港澳社保制度与养老资源对接。对于跨境养老人士的社会福利转移接续以及三地医疗资源整合问题，建议参考美国和加拿大、欧盟以及长三角等区域间政府合作模式，设立粤港澳养老合作专责小组协调各方，进一步推动香港"综援长者自愿回广东省养老计划"、"广东计划"、医疗券等在更广泛的范围内实施。同时，依托区域行业协会，搭建粤港澳区域数据平台，构建粤港澳养老信息库，加强行业信息交流，利用电子方式向对方定期提供最新的行业趋势、标准体系和供求信息等，实现三地养老信息资源共享（王标，2015；张光南等，2014；张光南，2019）。

第三，规范化粤港澳养老服务行业建设。一方面，根据最新的国家职业资格目录（人社部发〔2017〕68号文件），包括养老护理员职业资格在内的一批国家职业资格认定已被取消，内地政府需要会同港澳相关机构，通过探索制定养老服务行业从业人员水平评价标准、优化水平分级培训模式、成立养老护理和专业技术人才合作培养基地等途径，推动内地养老服务业同国际标准接轨（张光南，2019）。另一方面，为解决内地养老服务行业标准缺失和滞后问题，内地政府需结合区域养老行业发展实际，把社会工作领域与香港机构协会合作开展标准建设的做法推广到养老服务标准制定领域，加快出台地方性养老服务行业急需标准，推动港澳大湾区养老服务行业规范化发展（田新朝，2017；张光南，2019）。

第六章 粤港澳服务贸易自由化：商贸和旅游行业研究[*]

——基于珠海横琴示范基地案例研究

摘要：2017年10月18日，习近平总书记在党的十九大报告中指出要"拓展对外贸易，培育贸易新业态新模式，推进贸易强国建设。实行高水平的贸易和投资自由化便利化政策，全面实行准入前国民待遇加'负面清单'管理制度，大幅度放宽市场准入，扩大服务业对外开放，保护外商投资合法权益"。这对横琴自贸区发展服务贸易提供了更好的制度保障。横琴自贸区作为探索粤港澳合作新模式的示范区、深化改革开放和科技创新的先行区和促进珠江口西岸地区产业升级的新平台，在推动粤港澳大湾区建设与"一带一路"建设中肩负重大使命，需充分发挥"先行先试"带头作用，以服务贸易发展带动区域经济发展，进而支持国家"一带一路"倡议实施和粤港澳大湾区建设。

本章是横琴自贸区促进服务贸易自由化的区域案例研究成果，主要分为五个部分：第一部分从国家战略、区域需求以及本地发展三个角度探讨横琴自贸区促进服务贸易自由化的充分性与必要性；第二部分以商贸行业和旅游行业为研究对象，聚焦商贸行业和旅游行业的服务贸易发展现状及存在问题；第三部分梳理总结了当前世界范围内促进服务贸易自由化的先进经验，重点对港澳两地发展商贸和旅游服务贸易的管理模式和政策法规进行了分析；第四部分编制了横琴自贸区促进服务贸易自由化的负面清

---

[*] 本章内容感谢珠海市横琴新区管理委员会商务局"横琴自贸片区促进服务贸易自由化研究：基于商贸、旅游行业的研究"的调研支持。调查研究成员包括：张光南、谭颖、杨洋、梅琳、房西子、杨清玄、陈平、游士仪、罗顺均、钟俏婷、刘威。

单;第五部分从政策法规、管理模式、行业发展平台、风险管理四个维度对横琴自贸区如何促进服务贸易自由化提出建议。

一 横琴自贸试验区促进服务贸易自由化：背景与意义

横琴自贸试验区促进服务贸易自由化是横琴自贸试验区在全球经济区域化的趋势下，结合党的十九大报告要求、"一带一路"国家倡议、"粤港澳大湾区"区域发展需求、CEPA 及其系列协议，以促进本地经济发展、社会融合为目标，提出的重要发展计划。横琴自贸试验区促进服务贸易自由化，有利于紧跟国家加快完善社会主义市场经济体制，推进区域协调发展战略的发展步伐，进而推动我国形成全面开放新格局，加快建设创新型国家。

横琴在探索促进服务贸易自由化的道路上先行先试，提出了率先发展商贸、旅游行业的战略方针。根据《内地与港澳关于建立更紧密经贸关系的安排（CEPA）》，结合横琴具体情况，本项研究中，商贸主要包含分销服务及商务服务两部分。根据中华人民共和国商务部定义，旅游服务贸易是指旅游服务在国家之间的有偿流动和交换过程，即国家之间相互为旅游者进行国际旅游活动所提供的各种旅游服务的交易过程，包括旅游服务出口和进口两部分。其中，旅游服务出口表现为向入境旅游者或在国外以其他形式为旅游者提供各种旅游服务，并相应获得旅游服务的出口收入；而旅游服务进口表现为向本国旅游者出境旅游或在国内消费由外国旅游经营者提供的旅游服务，以及进口旅游服务必需的配套设施、原材料等，而相应发生旅游服务的进口支出等。[①] 结合横琴实际，本项研究讨论的旅游服务贸易，主要包含旅游和与旅游相关的服务及运输服务。

---

① 详见中华人民共和国商务部服务贸易和商贸服务业司网站（http://fms.mofcom.gov.cn/）。

二 横琴自贸试验区商贸旅游行业服务贸易自由化：现状与问题

（一）商贸：区位与政策优势，空间与交通限制

横琴自贸试验区地理位置优越、商贸规划合理，功能定位明晰、政策红利叠加，产业配套完善，与港澳深化跨境合作，商贸发展迎来新机遇，但仍存在五方面问题[①]。一是空间资源局限（赵树宽等，2015）。二是交通设施不完善、交通使用密度不均等，导致交通压力较大。三是横琴产业结构相对单一，亟须多元化发展。四是由于协调难度大、信息互联互通不顺畅等原因，国际贸易"单一窗口"[②] 成效微弱。五是粤、港、澳三地法律对接难度较大，横琴在法律层面上面临着"一个国家，两种制度，三个法系"的融合问题。

（二）旅游：资源优势突出，交通配套需完善

横琴自然条件优越，打造国际休闲旅游岛的功能定位明确[③]，政府投入到位，"合作查验，一次放行"的新型查验模式[④]等政策支持下，仍存在三方面发展问题：一是对外交通不便问题日益突出；二是横琴自贸试验区内旅游名片单一；三是横琴旅游区内旅游配套设施不完善，主要存在酒店、餐饮服务业单一等问题。

[①] 张光南：《横琴发展商贸旅游应向港澳借鉴哪些经验？》，《21世纪经济报道》2018年1月22日，参见 http://epaper.21jingji.com/html/2018-01/22/content_79114.htm。

[②] 国际贸易单一窗口是国际贸易和运输相关各方通过一个平台可实现递交满足监管部门要求的标准化单证和电子信息的一项便利化措施。企业可通过"单一窗口"提交各种进出口业务办理资料，并通过"单一窗口"获取各监管部门对处理状态（结果）的反馈信息。

[③] 《国家旅游局回函支持横琴新区建国际休闲旅游岛》，《南方都市报》2016年5月20日。

[④] 珠海市人民政府：《珠海经济特区促进横琴休闲旅游业发展办法》（珠海市人民政府令第116号），2017年5月1日。

三 全球促进商贸旅游行业服务贸易自由化：案例分析与经验借鉴

（一）促进服务贸易自由化区域发展经验：美国、上海、前海

1. 美国：建立行业规范，与非政府机构合作

横琴在服务贸易发展过程中，可以充分借鉴美国经验，制定良好的服务行业准入规则，规范知识产权保护，建立完善的政府治理体系和政策决策机制，继续支持有国际运营能力和高生产效率的服务型跨国公司发展，在服务贸易决策中充分利用专业学术机构力量。

服务贸易自由化区域发展经验：美国服务贸易

作为世界上最大的服务贸易国，美国在商贸、旅游、金融、电信、交通运输、娱乐、咨询、教育培训、医疗保健等服务贸易领域都具有强大的竞争优势。美国成为世界头号服务贸易强国，不仅是其科技发展、产业结构升级的必然结果，其政府服务贸易的促进政策法规及其完善的管理体系也发挥了积极的作用。美国不仅设立了管理服务贸易的专门机构，而且在联邦政府与各州政府之间、政府部门与企业和民间组织之间、立法机构与管理部门之间均形成了有效的协调机制。

美国的服务贸易政策具有如下特点。第一，政府非常重视服务出口，积极推行"服务优先"的出口战略。第二，通过双边和多边谈判消除服务贸易壁垒，打开国外市场。第三，积极与国内一些非政府机构密切合作，为服务企业出口提供优质服务。美国政府通过在各区域性市场上设立多功能服务性的商务、信息中心，同时与某些公众机构、组织以及私有企业的建立起紧密合作，从而可以为服务企业开展服务出口贸易活动提供有效信息，并且在促销、融资担保等方面提供强有力的服务。例如，从20世纪90年代中期开始至今，美国商务部以及诸如进出口银行、小企业管

理局等机构联合在中欧、东欧市场、亚洲市场建立了"中、欧、东欧商务信息中心""亚洲商务中心"等机构,为各种商务提供服务。

资料来源:杨丹辉:《美国服务贸易管理体制及其启示》,《亚太经济》2007年第2期;周家高:《美国何以成为旅游大国》,《环渤海经济瞭望》2001年第3期;谢康、陈燕、黄林军:《美国服务贸易的发展及政策分析》,《国际贸易问题》2004年第12期。

2. 上海:积极发展新业态,推动区域合作

横琴可借鉴上海经验,在商贸行业,充分发挥政府支持引导作用,在制度建设、平台支持等各方面,充分支持商贸行业发展。在旅游行业,发展多种新型旅游业态,运用新科技手段,实现旅游与互联网有机融合,为旅游服务升级开拓新空间;加强与澳门合作,协同澳门世界旅游休闲中心建设,寻求机遇发展横琴旅游行业,打造琴澳旅游一体化;进一步规范旅游市场秩序,提高旅游市场信誉。

服务贸易自由化区域发展经验:上海服务贸易

上海在发展商贸行业方面主要重视如下方面。一是发挥自贸区制度和管理创新对商贸服务业发展的带动作用,通过制度创新、政府管理模式创新,如开展市场准入负面清单制度试点、推行"企业简易注销登记"等,大大提高了服务贸易自由化和便利化的水平,更好地发挥了市场主体作用,降低了服务业企业营商成本。二是发挥政府支持引导作用。三是把握区域一体化进程带来的机遇,在推动长江经济带和长三角一体化国家战略以及"一带一路"倡议过程中,上海的商贸服务业从中受益。

在发展旅游业方面,上海主要重视如下方面。一是推动旅游新型产品业态迅速发展。近年来,上海市推出培育邮轮旅游、会展旅游、节庆旅游、房车旅游、赛事旅游、观光巴士、医疗旅游等新型业态,开发红

色印记之旅、历史文博之旅、艺术鉴赏之旅、赛事观光之旅等新旅游线路，开展"四季上海""上海旅游99系列"等主题活动，推广"上海旅游卡"和"上海都市旅游卡"，有效推动了旅游业与相关产业的融合发展。二是加快完善"旅游+互联网"智慧服务体系，积极推动旅游服务线上线下联动，全面提升旅游公共服务能级。上海全市已建成49个旅游咨询服务中心、13个"i+游客中心"和188个社区文化活动中心旅游信息服务点；完善旅游集散三级站点网络，开发旅游线路170余条，基本覆盖上海及周边城市主要景区景点，使旅游服务信息化、便利化、智能化水平全面提升。三是推动区域旅游合作发展。一方面，上海市加强与长江沿线省份沟通协作，共同打造区域旅游品牌，建立长三角地区旅游合作联席会议制度，使长三角地区旅游品牌、公共服务基本实现一体塑造、一体建设，长三角地区基本建成世界级旅游城市群。另一方面，依托"一带一路"倡议，上海市与丝绸之路沿线省份共商旅游合作，共同研发国际旅游线路和产品，联手组织海内外旅游宣传推介，共同策划主题旅游年和"海上丝绸之路旅游推广联盟"活动，联手拓展东北亚、俄罗斯旅游市场，扩大中国旅游影响，推动旅游民间交往。四是坚持疏堵结合、管建并重原则，持续开展旅游市场秩序专项整治，建立旅游违法行为查处信息共享机制，深化旅游诚信体系建设，不断提升旅游行业诚信水平与服务质量。

资料来源：上海市人民政府：《上海市人民政府关于印发〈上海市服务贸易创新发展试点实施方案〉的通知》（沪府发〔2016〕82号），2016年9月。

3. 前海：提高商贸服务标准，打造旅游特色品牌

横琴可充分借鉴前海发展经验，在商贸行业，继续发展新零售业态，进一步营造差异型购物环境。在旅游行业，通过进一步深化横琴旅游岛概念，加强与港澳合作，打造横琴旅游特色品牌。

服务贸易自由化区域发展经验：前海服务贸易

前海通过发展专业服务与打造零售业发展新业态两大抓手，促进商贸行业发展。一是通过前海金融商务区承接服务贸易功能，重点发展专业服务。二是打造新零售发展业态，探索试行保税零售业态。具体措施包括以下三点：第一，大力发展专卖店、专业店、连锁便利店、综合超市、大型购物中心等零售业态；第二，禁止发展摊位制批发市场、农贸市场、旧货市场等影响本地区高端产业活动的业态，限制发展仓储式会员店、大型家居家具店等对道路交通要求较高的零售业态；第三，探索试行保税零售业态，建立港货购销中心，向海关争取税务优惠，尽量减小商品在香港与前海的价格差距。

在发展旅游业方面，前海主要重视如下方面，一是打造"主题公园"品牌，树立全域旅游理念。二是打造城市休闲综合体，构建国际化旅游新品牌。前海依托蛇口海上世界都市娱乐休闲目的地、前海蛇口自贸区跨境电商体验区等城市休闲综合体、特色美食购物街区、免税购物场所，正在完善旅游功能和服务配套，加强旅游交通及信息服务咨询指引。同时利用"设计之都"优势，打造出"深圳礼物""深圳手信"等高品质消费品牌。推动旅游美食购物节庆及商贸展会活动产品开发，构建与深圳国际化都市相适应的"时尚购物"旅游新品牌。三是前海以国家实施"一带一路"倡议为契机，借助自贸区平台，将太子湾邮轮母港建成中国邮轮旅游发展实验区。四是建设多层次、差异化酒店与特色餐饮业。

资料来源：深圳市文体旅游局：《深圳市旅游业发展"十三五"规划》，2016年10月；《前海合作区综合规划获批 总建设投资约4000亿元》，《南方日报》2013年6月28日；《前海将建港货购销中心以快消品和奢侈品为主年底或落成》，《深圳商报》2015年3月11日。

（二）港澳管理模式案例分析：香港贸发局、澳门贸易投资促进局、香港旅游发展局、澳门旅游局

1. 香港贸发局：全球办事处、会展及活动、网上商贸平台

横琴在商贸管理过程中，可以充分借鉴香港贸发局的经验，强化政府公共服务职能，创新管理模式，加大对中小企业的扶持力度，加强对横琴城市品牌的推广，继续加强与拉丁美洲的友好来往，借助港澳与葡语系国家、东盟、中亚、中东密切联系，推进跨境电子商务合作，打造优质、高效、惠民的跨境电子商务购物平台。

港澳管理模式案例分析：香港贸发局

香港贸发局商贸管理模式成熟，主要优势突出，具体如下。

一是全球网络优势。作为国际商业枢纽区，香港拥有稳定的政治法制、自由经济体系、顶级的基建设施及自由流通的市场信息。比邻中国内地，香港是企业进军内地市场的最佳据点，也是国内企业与国际市场接轨的重要桥梁。同时，香港贸发局办事处遍布全球27个国家44个城市（见下表），并与日本、美国、韩国、欧盟、法国及中国台湾等6个国家和地区有双边贸易协会，其覆盖范围广泛，影响深远。

二是人力资源优势。香港贸发局理事会19位成员由政府官员、协会领袖及商界代表等各界杰出人员组成，具有广泛的代表性；其管理层的3位总裁（一正两副）、3位助理总裁及7位总监均为经验丰富、成绩斐然的资深专家。同时，香港贸发局通过"见习贸易推广主任计划""当代中国商贸讲座系列""商贸大使计划"及各种内部培训课程，加强人才培养，打造一支优质高效的服务队伍。

三是会展业务优势。香港贸发局在会议展览、制造业拓展、服务业拓展、电子商贸平台、商贸配对服务、品牌推广等方面具有极大的优势。每年，该局在全球举办约340项贸易展览及推广活动、510项交流会或外访团，以及接待约740个访港贸易团。例如，2013年6月在美国举办"迈向亚洲，首选香港"论坛，吸引了3800人参与；2013年12月举行的国

际中小企业博览会吸引来自54个国家和地区的逾9160人参观；2014年1月主办的第七届亚洲金融论坛有来自41个国家及地区逾2559位金融业者及政府官员参与等。

香港贸发局全球办事处分布情况

区域	数量	所在城市
亚洲	23	北京、上海、广州、深圳、大连、青岛、南京、杭州、福州、武汉、成都、重庆、西安、香港、台北、东京、大阪、首尔、孟买、曼谷、胡志明市、吉隆坡、雅加达
欧洲	11	巴塞罗那、布达佩斯、法兰克福、伊斯坦布尔、伦敦、米兰、莫斯科、巴黎、布拉格、斯德哥尔摩、华沙
北美	4	芝加哥、洛杉矶、纽约、多伦多
拉美	3	墨西哥城、圣地亚哥、圣保罗
中东及非洲	2	迪拜、约翰内斯堡
澳洲	1	悉尼

资料来源：香港贸发局官网（https://aboutus.hktdc.com/tc）。

2. 澳门贸易投资促进局：对内对外宣传推广、设立专门服务机构、"一站式"服务

横琴在商贸发展管理过程中，可以充分借鉴澳门贸易投资促进局的经验，通过发行刊物杂志等途径积极推广横琴商贸行业及品牌，通过落实横琴粤澳合作产业园中商贸项目（如横琴中葡商贸中心）的服务工作加强横琴与世界商贸服务往来，加快建设国际贸易"单一窗口"，精简行政流程，提高行政效率，实现"一站式"服务①。

港澳管理模式案例分析：澳门贸易投资促进局

澳门贸易投资促进局在管理方面经验丰富，分别采用对内对外广泛推广、设立商务专门服务机构及"一站式"服务等方式，充分发挥了自身

---

① 张光南：《横琴发展商贸旅游应向港澳借鉴哪些经验？》，《21世纪经济报道》2018年1月22日，参见http://epaper.21jingji.com/html/2018-01/22/content_79114.htm。

的经济特点和中介优势。

第一，澳门贸易投资促进局积极主办、协办本地各种展览与推广活动；同时积极参与并帮助本地企业参与世界各地各类经贸活动及展览会，以此协助本地企业在日益激烈的竞争中及时掌握信息、了解市场、抓住商机，从而持续发展。

第二，澳门贸易投资促进局积极编辑发行经贸刊物杂志，借以宣扬澳门工贸环境。

第三，澳门贸易投资促进局围绕"一个中心，一个平台"，加强与内地及葡语国家经贸联系，有序推进中国与葡语国家商贸合作服务平台的建设，拓展产业发展空间。

第四，澳门贸易投资促进局设立了"澳门商务促进中心"，专门为外来投资者提供包括办公场地、商务辅助以及行政手续咨询等多项服务，减轻有关企业的启动成本负担，促进投资项目的落实。

第五，澳门贸易投资促进局透过投资者"一站式"服务为企业和投资者、本地中小企以及青年人创业等创造更有利的营商和投资环境。

资料来源：澳门贸易投资促进局官网（https：//www.ipim.gov.mo/zh-hans/about-us/about-ipim/annual-report/）。

3. 香港旅游发展局：活动举办、宣传推广、业界合作

横琴在旅游业管理过程中，可以借鉴香港旅游贸发局经验，通过积极举办大型活动、制作横琴旅游宣传片、充分支持业界工作、加强基础设施建设等途径，向消费者展现横琴独特的城市文化[①]。

港澳管理模式案例分析：香港旅游发展局

香港旅游发展局在推动香港旅游业发展方面，主要采取了以下措施。

---

① 张光南：《横琴发展商贸旅游应向港澳借鉴哪些经验?》，《21 世纪经济报》2018 年 1 月 22 日，参见 http：//epaper.21jingji.com/html/2018-01/22/content_79114.htm。

一是举办或支持大型活动。香港的节庆旅游已逐渐成为全世界节庆旅游成功典范之一，既突出东方特色的传统佳节，又突出异国风情的西方文化庆典，内容丰富、形式多样，已树立了"亚洲盛事之都"的品牌形象。

二是进行全方位的市场推广和公关宣传。利用如电视、广播、报纸等传统媒体推出节庆旅游宣传片和广告，同时，注重与世界各地高端知名媒体合作进行节庆活动宣传。例如，香港旅游发展局在2015年、2016年接待了超过420家媒体访港，其中约100家为电视制造团队，他们拍摄有关香港的旅游节目，并在Discovery频道、国家地理频道、英国广播公司、美国有线电视新闻网、韩国文化广播公司以及其他多个电视台播放，展现了香港最佳景观和多元化的旅游体验。

三是积极与业界合作。香港旅游发展局的工作之一是协助旅游业界取得资助、建立网络和相互提供支援，让各伙伴在其专业的领域中发挥所长，进而使整个业界受惠。积极鼓励当地业界推广包含香港和邻近城市在内的"一程多站"旅游。例如，香港旅游发展局与台湾"交通部"观光局联手，在两地举办传媒聚会和业界交流活动，展示两地多元化的旅游产品；与珠海市文化体育旅游局及澳门旅游局签署了旅游框架协议，随着港珠澳大桥的开通，三地的旅游业将开展更紧密的合作。

资料来源：香港旅游发展局官网（https://www.discoverhongkong.com/china/about-hktb/annual-report/index.jsp）；单延芳：《香港旅游经济发展的经验借鉴及其对内地的启示》，《商业时代》2011年7月20日。

4. 澳门旅游局：旅游产品多元化、全球营销、市场监管

横琴在旅游发展管理过程中，可以充分借鉴澳门旅游局的管理经验，根据横琴特色制订可持续发展的旅游发展计划，利用网络平台、搜索引擎、手机应用等方式加大市场宣传力度，强化法律法规对旅游市场的监管，以培训的方式确保旅游业界良好的服务素质。

港澳管理模式案例分析：澳门旅游局

澳门旅游局主要采取以下措施推动澳门旅游业可持续发展。

一是协助、鼓励澳门特别行政区旅游产品的改进、拓展及多元化。一方面，对现有旅游资源进行保护和增值；另一方面，积极开拓新的旅游产品，建立新的旅游景点和旅游设施，促进文化、购物、美食风情、娱乐休闲等旅游资源的整合，为顾客提供"一站式"旅游服务体验，深化"感受澳门无限式"的旅游主题。澳门拥有独特的节庆文化，既有农历新年、土地诞、端午节等中国传统节日，还有复活节、花地玛圣像巡游、圣诞节等西方节日。澳门旅游局将节日盛事除节庆外，澳门旅游局每年都举办多项大型的国际盛事，一年四季都有主题节庆，既减少了旅游淡旺季差别，又避免了节庆聚群、无特色的现象。

二是加大力度做全球营销，多元化地扩大客源地。澳门旅游局作为澳门特别行政区旅游官方代表，多年来通过各驻外代表、澳门特别行政区驻外办事处代表和公关顾问代表在不同客源市场推广澳门旅游及提供最新的旅游资讯，包括举办大型推广活动、参加旅游展、举行业界推介会及洽谈会、组织考察团访澳，以及通过主要的传统媒体、网上和社交平台等宣传澳门旅游。此外，澳门旅游局致力于评估、开拓及发展具有潜力的市场，推动澳门旅游市场的多元化和国际化发展。

三是根据相关法律法规对旅游市场进行监管。作为旅游业界的监察部门，澳门旅游局严格确保业界按照法律规定运作。具体措施包括：向本地旅游信待客及具有良好的服务质素；与培训机构及旅游单位合作，协力为本地旅游业界人士提供更多培训机会，尤以旅游服务业、餐饮业及商务旅游业为主，以此提高相关行业的服务质素，持续优化本地旅游业。

资料来源：澳门旅游局官网（https://www.macaotourism.gov.mo/zh-hans/）。

(三) 港澳政策法规分析：减少限制、鼓励发展、严格监管

1. 商贸：市场准入限制少、人员流动自由、工会独立透明

横琴在商贸政策法规制定的过程中，可以充分借鉴港澳政策、法律和法规。首先，应减少市场准入限制，向横琴及其他服务提供者及所提供的服务在对方市场提供同等待遇及优惠条件。其次，应放宽商业服务人员流动限制，简化入境程序及提高其透明度。最后，应加强行业监管，增加监管人员中业外人士的占比，以确保行业运作的高效、有序以及透明。

港澳政策法规案例分析：商贸发展

港澳地区通过降低市场准入门槛，提供优厚待遇及不限制人才流动等方式吸引人才，促进港澳服务贸易发展。

第一，在市场准入方面，香港与其他服务提供者享受同等待遇及优惠条件。在多个服务界别，香港及其他服务提供者及所提供的服务在对方市场享有同等待遇及优惠条件。

第二，在人员流动方面，在不影响合理的出入境管制的情况下，属于指定服务界别的商务旅客、企业内部人员调动及安装或服务人员类别的商务人员，将可以优惠条件获准临时进入对方境内。

第三，香港会计师公会高度透明及更具问责性。

第四，为支持内地和世界其他各地的企业前往香港从事商业活动，自2012年4月1日起，香港政府开始免征第一年的商业登记费，这对商业活动起到了积极的推动作用，吸引各地商业机构前往香港。

资料来源：刘军（2012）；香港工业贸易署：香港的自由贸易协定（自贸协定），https://www.tid.gov.hk/sc_chi/ita/fta/index.html。

2. 旅游：鼓励发展、严格监管、旅游税率低

横琴在完善旅游政策法规的过程中，可以充分借鉴香港发展旅游业经

验，鼓励国内外知名旅游公司和专业人才进入市场，支持符合条件的澳门企业在横琴设立旅行社，推动出台游客出入境便利化措施；严格监管旅游服务业，坚持执法必严、违法必究，全面提升横琴旅游服务的质量。

港澳政策法规案例分析：旅游业发展

旅游业是香港重要的经济支柱，香港在注重旅游服务基础和商户积极性的同时，严格推行行业监管，再加上其较低税率，吸引了大量游客和商家。

香港政府积极鼓励旅游服务业发展，主要采取了如下措施。

一是制订了"优质旅游服务"计划，由香港生产力促进局作为"优质旅游服务"计划的顾问，负责为零售、餐饮商户及游客住宿服务进行专业评审及年中监察访查。

二是通过评选"优质旅游服务"计划认证商户并设立奖项，评选杰出优质商户，提升商户展业的积极性，为其提供更好的服务打下了基础。

资料来源：香港旅游发展局："优质旅游服务"计划，https://www.discoverhongkong.cn/china/plan/qts.html。

四 横琴自贸试验区促进服务贸易自由化：编制商贸和旅游业"负面清单"

党的十九大报告指出要"赋予自由贸易试验区更大改革自主权，探索建设自由贸易港"。为了进一步贯彻党的十九大精神，发挥横琴自贸试验区在服务贸易领域"先行先试"重要作用，横琴应向上级主管部门争取更大改革权，进一步扩大对港澳服务贸易开放范围，试行横琴自贸试验区"商贸"负面清单及"旅游"负面清单。

横琴自贸试验区促进服务贸易自由化"负面清单"编制使用了联合

国秘书处经济与社会事务部统计司 2004 年公布的《产品总分类（CPC）版本 1.1》，参考 2016 年《内地与香港/澳门 CEPA 服务贸易协议》《自由贸易试验区外商投资准入特别管理措施（负面清单）（2017 年版）》和《（上海）自由贸易试验区金融服务业对外开放负面清单指引（2017 年版）》对每个行业的开放标准，结合横琴具体情况和产业准入目录编制了商贸、旅游行业负面清单。

（一）《负面清单》编制四大程序

1. 实地调研

粤港澳服务业深度合作的前提是服务贸易自由化，编制符合粤港澳地区实情的《负面清单》，不仅需要参考国际国内经验，如《服务贸易总协定》透明和逐步自由化的原则、《跨太平洋战略经济伙伴关系协定》服务贸易的完全开放的主旨精神，《香港—新西兰紧密经贸合作协定》对政府职能和权限的详细界定，还要结合粤港澳区域合作现状、自身条件和开放实际实地调研，针对横琴本地实际情况编制《负面清单》。以地区调研促问题和现状研究，对横琴自贸试验区进行调查研究，了解《负面清单》实施以来粤港澳服务贸易自由化的发展现状与相关障碍，根据本地服务贸易问题分析原因和对策，从而编制可操作性强、满足实际需要和符合特殊情况的《负面清单》。

2. 编制起草

设立"横琴自贸试验区促进服务贸易自由化研究小组"，根据和商贸、旅游服务贸易有关的服务贸易问题，探寻双方能进一步扩大服务贸易合作的措施。在符合国际规范的基础上，参考粤港澳地区实际情况做出修改和补充。根据横琴自贸试验区的现实情况和粤港澳的实际需要，考虑在横琴自贸试验区的可操作性，删除明显不适用于横琴自贸试验区的内容。针对横琴自贸试验区的特殊情况，补充现有负面清单中没有的新内容。

3. 反馈调整

为加强《负面清单》的实施效果，应搭建政府和企业间高效便捷的沟通交流平台。良好的政企合作有利于强化政府的服务意识，促进《负面清单》的顺利实施，加快粤港澳服务业一体化的进程，如《国际贸易协定》《北美自由贸易协定》《美韩自由贸易协定》对于政府和企业间的沟通交流、申诉反馈和司法仲裁渠道等方面都有详细的规定，以确保缔约方能顺利开展贸易合作（张光南等，2017）。因此《负面清单》的实施管理应根据"政企互动、沟通协调、申诉反馈"的思路提出具体措施的建议。如在制度透明化中政策制定时加大企业的参与度，政策施行前鼓励企业提出意见与建议，政策施行后应注意企业的反馈，并根据实际情况及时调整政策；在政策制度宣传推送中建立咨询点提供政府政策咨询服务。此外，应强调行业/商业协会与政府合作，提供行业研究、商业推广、组织企业培训等服务。当修改或撤销《负面清单》中的任何承诺时，将制定必要的补偿性调整的管理措施，确保承诺的总体水平不低于在此类谈判之前《负面清单》中规定的对服务贸易的有利水平。

4. 统筹审核

广东省和珠海市横琴自贸试验区发展改革委会同有关部门，对横琴自贸试验区《负面清单》进行统筹审核，督促横琴自贸试验区广泛听取意见，进行修改完善后，汇总报国家发展改革委。国家发展改革委会同有关部门和科研机构，组织开展技术审核论证，形成衔接审查意见，反馈广东省和珠海市横琴自贸试验区发展改革委。列入《负面清单》的商贸和旅游服务业，应通报有关部门参与会审。

（二）《负面清单》编制六大原则

横琴自贸试验区促进服务贸易便利化《负面清单》在编制上要遵循高度开放、国际标准、横琴实际、优势互补、逐步推进、底线思维六大原则（张光南等，2014）。

第一，高度开放是指以2017年《自由贸易试验区外商投资准入特别管理措施（负面清单）（2017年版）》和《（上海）自由贸易试验区金融服务业对外开放负面清单指引（2017年版）》为最低开放标准，扩大投资准入放开的领域，科学编制横琴自贸试验区促进服务贸易自由化商贸、旅游《负面清单》。第二，国际标准是指为使横琴自贸试验区促进服务贸易自由化商贸、旅游《负面清单》符合国际规范，采用国际规范的部门分类和行业代码标准。第三，横琴实际是指结合横琴与港澳经济合作和发展的实际需要，在符合国际规范标准的基础上作出专门的修改与补充。第四，优势互补是指根据横琴与港澳产业的优势互补进一步降低港澳服务提供者进入横琴的门槛，推动横琴与港澳在商贸旅游相关领域进行深度合作。第五，逐步推进是指考虑市场接受能力和风险，逐步减少限制，分期执行目标，"由点带面、先试再行""阶段推动、循序渐进"推动服务贸易自由化进程。第六，底线思维是指在保证国家安全和社会安全等底线的前提下，编制横琴自贸试验区促进服务贸易自由化商贸、旅游《负面清单》。

（三）横琴自贸试验区促进服务贸易便利化《负面清单》

1. 商贸《负面清单》

（1）建议修订版本

部门	1. 商务服务
分部门	A. 专业服务 a. 法律服务（CPC861）
所涉及的义务	国民待遇
保留的限制性措施	商业存在 独资设立的代表机构不得办理涉及内地法律适用的法律事务，除聘用的内地执业律师外
部门	1. 商务服务
分部门	A. 专业服务 b. 会计、审计和簿记服务（CPC862）
所涉及的义务	国民待遇
保留的限制性措施	商业存在 实行国民待遇。
部门	1. 商务服务
分部门	F. 其他商务服务 b. 市场调研和公共民意测验服务（CPC864）

所涉及的义务	国民待遇
保留的限制性措施	商业存在 1. 提供市场调查①服务限于合资、合作（其中广播电视收听、收视调查须由内地方控股）。 2. 不得提供公共民意测验服务和非市场调查的市场调研服务。
部门	1. 商务服务
分部门	F. 其他商务服务 l. 调查与保安服务（CPC873）
所涉及的义务	国民待遇
保留的限制性措施	商业存在 从事调查服务除外。 不得提供经设区的省级以上地方人民政府确定的关系国家安全、涉及国家秘密等治安保卫重点单位的保安服务。
部门	4. 分销服务
分部门	B. 批发销售服务（CPC622，图书、报纸、杂志、文物的批发服务除外）②
所涉及的义务	国民待遇
保留的限制性措施	商业存在 不得投资烟草的批发。
部门	4. 分销服务
分部门	C. 零售服务（CPC631＋632＋6111＋6113＋6121，图书、报纸、杂志、文物的零售服务除外）③
所涉及的义务	国民待遇
保留的限制性措施	商业存在 不得提供烟草的零售服务。
部门	4. 分销服务
分部门	E. 其他分销服务（文物拍卖除外）④
所涉及的义务	国民待遇
保留的限制性措施	商业存在 设立、经营免税商店应符合内地有关规定。

---

① 市场调查是指，旨在获得关于一组织的产品在市场中的前景和表现的信息的调查服务，包括市场分析（市场的规模和其他特点）及对消费者态度和喜好的分析。
② "图书、报纸、杂志、文物的批发销售服务"属于文化领域正面清单涵盖范畴。
③ "图书、报纸、杂志、文物的零售服务"属于文化领域正面清单涵盖范畴。
④ "文物拍卖"属于文化领域正面清单涵盖范畴。

（2）商贸《负面清单》对比表格

	2016年版服务贸易	建议修订版	修改说明
部门	1. 商务服务	1. 商务服务	
分部门	A. 专业服务 a. 法律服务（CPC861）	A. 专业服务 a. 法律服务（CPC861）	
所涉及的义务	国民待遇	国民待遇	
保留的限制性措施	商业存在 1. 独资设立的代表机构不得办理涉及内地法律适用的法律事务，或聘用内地执业律师。 2. 与内地方以合作形式提供法律服务限于： （1）可由内地律师事务所向香港律师事务所驻内地代表机构派驻内地执业律师担任内地法律顾问，或由香港律师事务所向内地律师事务所派驻香港律师担任涉港或跨境法律顾问。 （2）内地律师事务所和已在内地设立代表机构的香港律师事务所按照协议约定进行联合经营的，在各自执业范围、权限内以分工协作方式开展业务合作。 （3）在广州市、深圳市、珠海市与内地方以合伙方式联营，联营方式按照司法行政主管部门批准的具体规定执行。	商业存在 独资设立的代表机构不得办理涉及内地法律适用的法律事务，除聘用的内地执业律师外。	为了促进横琴与港澳在商贸领域的合作与发展，放宽了独资设立的代表机构办理涉及内地法律适用的法律事务的限制；对与内地方以合作形式提供法律服务的方式不再做限制。
部门	1. 商务服务	1. 商务服务	
分部门	A. 专业服务 b. 会计、审计和簿记服务（CPC862）	A. 专业服务 b. 会计、审计和簿记服务（CPC862）	
所涉及的义务	国民待遇	国民待遇	

续表

	2016 年版服务贸易	建议修订版	修改说明
保留的限制性措施	商业存在 取得中国注册会计师资格的香港永久性居民可在内地担任合伙制会计师事务所合伙人，会计师事务所的控制权须由内地居民持有，具体要求按照内地财政主管部门的规定执行；担任合伙人的香港永久性居民在内地有固定住所，其中每年在内地居留不少于 6 个月。	商业存在 实行国民待遇。	为了促进横琴与港澳在商贸领域的合作与发展，对会计师事务所的控制权不再做限制；对担任合伙人的香港永久性居民每年在内地居留的时间不再做要求。
部门	1. 商务服务	1. 商务服务	
分部门	F. 其他商务服务 b. 市场调研和公共民意测验服务（CPC864）	F. 其他商务服务 b. 市场调研和公共民意测验服务（CPC864）	
所涉及的义务	国民待遇	国民待遇	
保留的限制性措施	商业存在 1. 提供市场调查服务限于合资、合作（其中广播电视收听、收视调查须由内地方控股）。 2. 不得提供公共民意测验服务和非市场调查的市场调研服务。 3. 内地实行涉外调查机构资格认定制度和涉外社会调查项目审批制度。涉外市场调查需通过取得涉外调查资格的机构进行；涉外社会调查需通过取得涉外调查资格的内资机构报经批准后进行。	商业存在 1. 提供市场调查服务限于合资、合作（其中广播电视收听、收视调查须由内地方控股）。 2. 不得提供公共民意测验服务和非市场调查的市场调研服务。	为了促进横琴与港澳在商贸领域的合作与发展，对内地实行涉外调查机构资格认定制度和涉外社会调查项目审批制度不再做要求。
部门	1. 商务服务	1. 商务服务	
分部门	F. 其他商务服务 l. 调查与保安服务（CPC873）	F. 其他商务服务 l. 调查与保安服务（CPC873）	
所涉及的义务	国民待遇	国民待遇	

续表

	2016年版服务贸易	建议修订版	修改说明
保留的限制性措施	商业存在 1. 不得从事调查服务。 2. 不得提供经设区的市级以上地方人民政府确定的关系国家安全、涉及国家秘密等治安保卫重点单位的保安服务。 3. 不得设立或入股内地提供武装守护押运服务的保安服务公司。	商业存在 从事调查服务除外。 不得提供经设区的省级以上地方人民政府确定的关系国家安全、涉及国家秘密等治安保卫重点单位的保安服务。	为了促进横琴与港澳在商贸领域的合作与发展，对设立或入股内地提供武装守护押运服务的保安服务公司放开了限制。
部门	4. 分销服务	4. 分销服务	
分部门	B. 批发销售服务（CPC622，图书、报纸、杂志、文物的批发服务除外）	B. 批发销售服务（CPC 622，图书、报纸、杂志、文物的批发服务除外）	
所涉及的义务	国民待遇	国民待遇	
保留的限制性措施	商业存在 1. 不得从事粮食收购以及粮食、棉花、植物油、食糖、农作物种子的批发销售服务。 2. 从事大型农产品批发市场的建设、经营须由内地方控股。	商业存在 不得投资烟草的批发。	为了促进横琴与港澳在商贸领域的合作与发展，减少了对批发销售服务的类别限制；对从事大型农产品批发市场的建设、经营须由内地方控股不再做限制。
部门	4. 分销服务	4. 分销服务	
分部门	C. 零售服务 （CPC631＋632＋6111＋6113＋6121，图书、报纸、杂志、文物的零售服务除外）	C. 零售服务 （CPC631＋632＋6111＋6113＋6121，图书、报纸、杂志、文物的零售服务除外）	
所涉及的义务	国民待遇	国民待遇	

续表

	2016年版服务贸易	建议修订版	修改说明
保留的限制性措施	商业存在 1. 不得提供烟草的零售服务。 2. 同一香港服务提供者设立超过30家分店、销售来自多个供应商的不同种类和品牌成品油的连锁加油站，须内地方控股。	商业存在 不得提供烟草的零售服务。	为了促进横琴与港澳在商贸领域的合作与发展，对同一香港服务提供者设立超过30家分店、销售来自多个供应商的不同种类和品牌成品油的连锁加油站，须内地方控股不再做限制。
部门	4. 分销服务	4. 分销服务	
分部门	E. 其他分销服务（文物拍卖除外）	E. 其他分销服务（文物拍卖除外）	
所涉及的义务	国民待遇	国民待遇	
保留的限制性措施	商业存在 1. 设立、经营免税商店应符合内地有关规定。 2. 申请设立直销企业，应当有3年以上在境外从事直销活动的经验，直销企业及其分支机构不得招募境外人员为直销员，境外人员不得从事直销员业务培训。	商业存在 设立、经营免税商店应符合内地有关规定。	为了促进横琴与港澳在商贸领域的合作与发展，对申请设立直销企业的直销活动的经验不再做要求；对直销企业及其分支机构不得招募境外人员为直销员，境外人员不得从事直销员业务培训不再做限制。

2. 旅游《负面清单》

（1）建议修订版本

部门	9. 旅游和与旅游相关的服务
分部门	A. 饭店和餐饮服务（CPC641-643）
所涉及的义务	国民待遇
保留的限制性措施	商业存在 实行国民待遇。
部门	9. 旅游和与旅游相关的服务

续表

分部门	B. 旅行社和旅游经营者服务（CPC7471）
所涉及的义务	国民待遇
保留的限制性措施	商业存在 实行国民待遇。
部门	9. 旅游和与旅游相关的服务
分部门	C. 导游服务（CPC7472）
所涉及的义务	国民待遇
保留的限制性措施	商业存在 实行国民待遇。
部门	9. 旅游和与旅游相关的服务
分部门	D. 其他
所涉及的义务	国民待遇
保留的限制性措施	商业存在 实行国民待遇。
部门	11. 运输服务
分部门	A. 海洋运输服务 a. 客运服务（CPC7211）
所涉及的义务	国民待遇
保留的限制性措施	商业存在 1. 从事沿海水路运输服务应符合下列条件： （1）在拟经营的范围内，内地水路运输经营者无法满足需求。 （2）应当具有经营水路运输业务的良好业绩和运营记录。 （3）限于合资、合作，但香港服务提供者的出资额度不受限制。 2. 经批准取得水路运输经营许可的企业中，香港服务提供者或其投资股比等事项发生变化的，应当报原许可机关批准。
部门	11. 运输服务
分部门	B. 内水运输服务 a. 客运服务（CPC7221）
所涉及的义务	国民待遇
保留的限制性措施	商业存在 1. 从事内水运输服务应符合下列条件： （1）在拟经营的范围内，内地水路运输经营者无法满足需求。 （2）应当具有经营水路运输业务的良好业绩和运营记录。 （3）限于合资、合作，但香港服务提供者的出资额度不受限制。 2. 经批准取得水路运输经营许可的企业中，香港服务提供者或其投资股比等事项发生变化的，应当报原许可机关批准。

续表

部门	11. 运输服务
分部门	C. 航空运输服务 a. 客运服务（CPC731）
所涉及的义务	国民待遇
保留的限制性措施	商业存在 1. 设立经营公共航空客运公司，须由内地方控股，一家香港服务提供者（包括其关联企业）投资比例不可超过49%，公司法定代表人须为中国籍公民。 2. 设立经营为工业服务的通用航空企业，须由内地方控股；设立经营从事农、林、渔业作业的通用航空企业，限于与内地方合资、合作。通用航空企业的法定代表人必须为中国籍公民。
部门	11. 运输服务
分部门	C. 航空运输服务 c. 带乘务员的飞机租赁服务（CPC734）
所涉及的义务	国民待遇
保留的限制性措施	商业存在 实行国民待遇。
部门	11. 运输服务
分部门	C. 航空运输服务 e. 空运支持服务（CPC746）
所涉及的义务	国民待遇
保留的限制性措施	商业存在 1. 不得投资和管理内地空中交通管制系统。 2. 投资民用机场，应由内地方相对控股。 3. 不允许以独资形式提供大型机场委托管理服务。 4. 可独资提供的航空运输地面服务不包括与安保有关的项目。 为明晰起见，香港服务提供者申请设立独资、合资或合作航空运输销售代理企业时，可出具由内地的法人银行或中国航空运输协会推荐的担保公司提供的经济担保；也可由香港银行作担保，待申请获内地批准后，在规定时限内再补回内地的法人银行或中国航空运输协会推荐的担保公司提供的经济担保。
部门	11. 运输服务
分部门	F. 公路运输服务 a. 客运服务（CPC7121+7122）
保留的限制性措施	商业存在 提供香港与内地间及内地城市间定期旅客运输服务限于合资形式，香港服务提供者所持股份比例不可多于49%（以独资形式仅允许提供西部地区道路客运）。

续表

所涉及的义务	国民待遇
部门	11. 运输服务
分部门	F. 公路运输服务 c. 商用车辆和司机的租赁（CPC7124）
所涉及的义务	国民待遇
保留的限制性措施	商业存在 实行国民待遇。

（2）旅游《负面清单》对比表格

	2016年版服务贸易	建议修订版	修改说明
部门	9. 旅游和与旅游相关的服务	9. 旅游和与旅游相关的服务	
分部门	B. 旅行社和旅游经营者服务（CPC7471）	B. 旅行社和旅游经营者服务（CPC7471）	
所涉及的义务	国民待遇	国民待遇	
保留的限制性措施	商业存在 独资设立旅行社试点经营内地居民前往香港及澳门以外目的地（不含台湾）的团队出境游业务限于5家。	商业存在 实行国民待遇。	为了促进横琴与港澳在旅游行业的合作与发展，对独资设立旅行社试点经营内地居民前往香港及澳门以外目的地（不含台湾）的团队出境游业务的数量不再做限制。
部门	11. 运输服务	11. 运输服务	
分部门	A. 海洋运输服务 a. 客运服务（CPC7211）	A. 海洋运输服务 a. 客运服务（CPC7211）	
所涉及的义务	国民待遇	国民待遇	

续表

	2016 年版服务贸易	建议修订版	修改说明
保留的限制性措施	商业存在 1. 从事沿海水路运输服务应符合下列条件： （1）在拟经营的范围内，内地水路运输经营者无法满足需求。 （2）应当具有经营水路运输业务的良好业绩和运营记录。 （3）限于合资、合作，且香港服务提供者的出资额低于50%。 2. 经批准取得水路运输经营许可的企业中，香港服务提供者或其投资股比等事项发生变化的，应当报原许可机关批准。	商业存在 1. 从事沿海水路运输服务应符合下列条件： （1）在拟经营的范围内，内地水路运输经营者无法满足需求。 （2）应当具有经营水路运输业务的良好业绩和运营记录。 （3）限于合资、合作，但香港服务提供者的出资额度不受限制。 2. 经批准取得水路运输经营许可的企业中，香港服务提供者或其投资股比等事项发生变化的，应当报原许可机关批准。	为了促进横琴与港澳在旅游行业的合作与发展，进一步降低港澳服务业提供者的准入门槛，对从事沿海水路运输服务部门中香港服务提供者的出资额不再做限制。
部门	11. 运输服务	11. 运输服务	
分部门	B. 内水运输服务 a. 客运服务 （CPC7221）	B. 内水运输服务 a. 客运服务 （CPC7221）	
所涉及的义务	国民待遇	国民待遇	
保留的限制性措施	商业存在 1. 从事内水运输服务应符合下列条件： （1）在拟经营的范围内，内地水路运输经营者无法满足需求。 （2）应当具有经营水路运输业务的良好业绩和运营记录。 （3）限于合资、合作，且香港服务提供者的出资额低于50%。 2. 经批准取得水路运输经营许可的企业中，香港服务提供者或其投资股比等事项发生变化的，应当报原许可机关批准。	商业存在 1. 从事内水运输服务应符合下列条件： （1）在拟经营的范围内，内地水路运输经营者无法满足需求。 （2）应当具有经营水路运输业务的良好业绩和运营记录。 （3）限于合资、合作，但香港服务提供者的出资额度不受限制。 2. 经批准取得水路运输经营许可的企业中，香港服务提供者或其投资股比等事项发生变化的，应当报原许可机关批准。	为了促进横琴与港澳在旅游行业的合作与发展，对从事内水运输服务部门中香港服务提供者的出资额不再做限制。
部门	11. 运输服务	11. 运输服务	
分部门	C. 航空运输服务 a. 客运服务 （CPC731）	C. 航空运输服务 a. 客运服务 （CPC731）	
所涉及的义务	国民待遇	国民待遇	

续表

	2016年版服务贸易	建议修订版	修改说明
保留的限制性措施	商业存在 1. 设立经营公共航空客运公司，须由内地方控股，一家香港服务提供者（包括其关联企业）投资比例不可超过25%，公司法定代表人必须为中国籍公民。 2. 设立经营从事公务飞行、空中游览、为工业服务的通用航空企业，须由内地方控股；设立经营从事农、林、渔业作业的通用航空企业，限于与内地方合资、合作。通用航空企业的法定代表人必须为中国籍公民。	商业存在 1. 设立经营公共航空客运公司，须由内地方控股，一家香港服务提供者（包括其关联企业）投资比例不可超过49%，公司法定代表人必须为中国籍公民。 2. 设立经营为工业服务的通用航空企业，须由内地方控股；设立经营从事农、林、渔业作业的通用航空企业，限于与内地方合资、合作。通用航空企业的法定代表人必须为中国籍公民。	为了促进横琴与港澳在旅游行业的合作与发展，放宽了对公共航空客运公司中香港服务提供者（包括其关联企业）的投资比例限制。进一步扩大航空客运服务的领域，允许港澳个人或机构能设立公务飞行、空中游览的航空企业。
部门	11. 运输服务	11. 运输服务	
分部门	C. 航空运输服务 e. 空运支持服务（CPC746）	C. 航空运输服务 e. 空运支持服务（CPC746）	
所涉及的义务	国民待遇	国民待遇	
保留的限制性措施	商业存在 1. 不得投资和管理内地空中交通管制系统。 2. 投资民用机场，应由内地方相对控股。 3. 提供中小机场委托管理服务的合同有效期不超过20年；不允许以独资形式提供大型机场委托管理服务。 4. 可独资提供的航空运输地面服务不包括与安保有关的项目。 5. 投资航空油料项目，须由内地方控股。 6. 投资计算机订座系统项目，应与内地的计算机订座系统服务提供者合资，且内地方在合资企业中控股。 为明晰起见，香港服务提供者申请设立独资、合资或合作航空运输销售代理企业时，可出具由内地的法人银行或中国航空运输协会推荐的担保公司提供的经济担保；也可由香港银行作担保，待申请获内地批准后，在规定时限内再补回内地的法人银行或中国航空运输协会推荐的担保公司提供的经济担保。	商业存在 1. 不得投资和管理内地空中交通管制系统。 2. 投资民用机场，应由内地方相对控股。 3. 不允许以独资形式提供大型机场委托管理服务。 4. 可独资提供的航空运输地面服务不包括与安保有关的项目。 为明晰起见，香港服务提供者申请设立独资、合资或合作航空运输销售代理企业时，可出具由内地的法人银行或中国航空运输协会推荐的担保公司提供的经济担保；也可由香港银行作担保，待申请获内地批准后，在规定时限内再补回内地的法人银行或中国航空运输协会推荐的担保公司提供的经济担保。	为了促进横琴与港澳在旅游行业的合作与发展，对提供中小机场委托管理服务的合同有效期不再做限制；放开了投资航空油料项目，须由内地方控股的限制；放开了投资计算机订座系统项目中应与内地的计算机订座系统服务提供者合资，且内地方在合资企业中控股的限制。

五 横琴自贸试验区促进服务贸易自由化研究：配套措施

在横琴实施商贸和旅游行业的"负面清单"的同时需要从以下四方面着手优化"负面清单"的配套措施，促进商贸和旅游行业发展，并为其他行业开放提供经验借鉴。一是通过体制创新、"负面清单"、特色产业优先发展等政策措施，探索完善服务贸易管理体制，发挥政府引导监管作用。二是推动政府管理模式创新发展，通过提供便利的服务以及完善的配套，促进商贸旅游行业发展。三是加强行业发展平台发展，优化行业协会交流互动，鼓励借助互联网平台推广行业资讯。四是落实风险管理，成立应急委员会，全面建立和推进旅游行业安全风险分级管控和隐患排查治理的双重预防机制。

第三部分

CEPA 与自贸区比较研究

第七章　CEPA 与自贸试验区框架下粤港澳合作比较研究[*]

摘要： 本章立足粤港澳合作的国际趋势、国家战略和区域需求，分析了粤港澳深度合作的新机遇、新模式和新成效。针对粤港澳合作的两大政策框架——CEPA 及其系列协议框架以及自贸试验区政策，围绕"目标与定位、原则与内容、适用范围与开放区域、合作平台与实施方式"等方面展开了全方位的比较与分析，在此基础上提出两大政策框架下粤港澳合作升级的五个新方向。

一　粤港澳深度合作：新模式与新成效

（一）创新模式

1. 示范基地模式：粤港澳人才合作示范区，粤港澳服务贸易自由化示范基地

粤港澳合作示范基地以粤港澳人才合作示范区和粤港澳服务贸易自由化省级示范基地两种模式，推进粤港澳合作体制机制创新，为各地经济和社会发展引进了资金、人才和新业态、新经济模式。

---

[*] 本章内容感谢广州市人民政府外事办公室"CEPA 与自贸区框架下粤港澳合作比较研究"的调研支持。调查研究成员包括：张光南、谭颖、郭丽文、杨继超、孙燕、周吉梅、梅琳、陈兆凌、游士仪、罗顺均、钟俏婷、张文闻、方亦茗、戴美珍。

表7-1　　　　示范基地模式典型案例：广州天河中央商务区

2015年11月11日，经广东省人民政府同意，确定成立13个首批粤港澳服务贸易自由化省级示范基地（粤府港澳办函〔2015〕673号），具体包括：广州天河中央商务区（天河CBD）、广州琶洲国际会展中心、深圳前海深港现代服务业合作区、珠海横琴新区、佛山南海粤港澳合作高端服务示范区（含广东金融高新技术服务区和三山新城）、东莞松山湖粤港澳文化创意产业实验园区、中山翠亨新区、江门大广海湾经济区、汕头华侨经济文化合作试验区、湛江五岛一湾滨海旅游产业园、潮州电子商务园区、梅州客天下农电商产业园、广东禅文化创意产业园（云浮市）。

广州天河中央商务区作为首批粤港澳服务贸易自由化示范基地之一，集聚了广州市七成金融机构、九成外资银行总资产、33%的律师事务所和会计师事务所、两成地产中介机构和七成人才中介机构，第三产业比重高达86%以上，是南中国的总部中心、商业中心和金融中心。天河CBD粤港澳服务贸易自由化的实施成效主要体现在以下三个方面：招商方式多元化、"五证合一""一照一码"的商事制度改革和硬件设施上实现的交通系统智能化、楼宇管理国际化。其中，招商方式多元化体现为招商渠道以及招商对象的多元化。"五证合一""一照一码"的商事制度则让企业只需一次性提交"一照一码"申请材料就可以在24小时内领到加载统一社会信用代码的营业执照和刻章许可证。在楼宇管理方面，与香港的物业管理公司及建筑设计公司合作对当前的CBD的楼宇进行硬件和软件上的改造，并与香港品质保证局合作，打造国际化的楼宇；参照香港CBD的楼宇管理水平，并结合本地实际情况制定了创新而且能迎合高端企业、500强公司的管理服务需求的写字楼的管理办法；通过企业的座谈和专业机构的参与，建立与国际接轨的物业管理服务模式和标准。

资料来源：张光南、周倩、周吉梅（2016）；广东省人民政府港澳事务办公室：《2016年度粤港澳服务贸易自由化示范基地评定结果》，2017年4月。

2. 自贸试验区模式

广东自贸试验区对港澳投资者全面实施了负面清单管理模式，从积极探索跨境电子商务监管新模式、先行先试推进与港澳服务行业管理标准和规则衔接、制订与港澳市场经营行为差异化责任豁免目录等途径[①]促进广东自贸试验区与港澳方面深度合作的制度和商业模式创新。

表7-2　　自贸试验区模式典型案例：南沙自贸试验区"跨境电子商务监管模式"

围绕促进投资贸易便利化，广东自贸试验区形成了一批可复制推广的改革创新成果，其中，广东南沙自贸试验区的"跨境电子商务监管模式"入选商务部第一批8个"最佳实践案例"。

---

① 郭楚：《突出粤港澳合作提升广东自贸区改革与发展水平》，《南方日报》2016年4月25日，参见http://www.chinanews.com/ga/2016/04-25/7846715.shtml。

续表

2016年6月1日，全国首个跨境电商商品质量溯源平台在南沙上线运行，消费者可随时随地通过互联网登录广东智检口岸公共服务平台（http://www.gdeciq.gov.cn/），24小时全天候快捷查询经南沙自贸试验区进出口的跨境电商商品质量信息。为全面支持南沙自贸试验区跨境电商新业态发展，广东出入境检验检疫局运用"智检口岸"公共服务平台，以信息化为手段，以"事前准入备案、事中风险监测、科学快速放行、事后问题追溯"为原则，通过企业备案、商品备案、负面清单、风险评估、诚信管理、采信第三方监督抽查、符合性验证、事中事后监管等方式，打造全流程信息化闭环监管，构建跨境电子商务风险监控和质量追溯体系，实现源头可溯、责任可究、风险可控。截至2015年6月，已有190家跨境电商企业在"智检口岸"公共服务平台备案，跨境电商业务量快速增长。

资料来源：国务院自由贸易试验区工作部际联席会议办公室：《商务部关于印发自由贸易试验区"最佳实践案例"的函》（商资函〔2015〕945号）；《全国自贸区首个跨境电商商品质量溯源平台在南沙正式上线》，2015年7月3日，中国质量新闻网（http://www.cqn.com.cn/news/zhuanti/qgzjxwfbt/1056243.html）。

表7-3　自贸试验区模式典型案例：前海自贸试验区"司法保障创新"

选任港籍陪审员是前海法院推进综合性司法改革的特色制度之一。前海法院注重借鉴处理跨境商贸纠纷的先进理念和调解制度，与包括香港商会、粤港澳调解联盟在内的13家专业调解组织与行业协会开展合作，聘请了来自金融、科技、文化产业、公共事务等专业领域的29名港籍和3名外籍专家调解员。
截至2017年6月30日，港籍调解员主持、参与调解的案件共89件，包括参与部分涉外、涉港澳台商事案件的阅卷、庭审、评议等审判活动，有效消除了因文化差异对司法公信力的消极影响。例如，2014年5月27日，前海引入港籍调解员适用香港法成功调解D银行诉L公司融资租赁合同纠纷案。此案为涉港融资租赁合同纠纷，通过引入港籍调解员取得了双方当事人信任，最终调解结案，达到良好的效果；同时，该案创新了调解方式，增强了港籍人士的参与感，有助于提升港籍、外籍当事人在自贸试验区内投资创业的法治信心，有利于营造自贸试验区良好的法治化营商环境。

资料来源：程景伟：《深圳前海法院审结涉港商事案1243件》，2017年7月11日，中国新闻网（http://www.gd.chinanews.com/2017/2017-07-11/2/386161.shtml）；深圳前海合作区人民法院：《D银行诉L公司融资租赁合同纠纷案》，2016年12月29日，http://szqhcourt.gov.cn/SPYJ/spyjDetail.aspx?cls=11&id=344。

3. 创新创业平台模式

广东自贸试验区搭建多个平台，助力粤港澳青年创新创业，在科技、产业园区建设和运营、科学技术研发与转化、知识产权保护、人才引进和培养等方面展开合作。

表7-4　产业企业合作平台模式典型案例：佛山互联网+创新创业产业园

佛山互联网+创新创业产业园分为南、北两园。其中，北园位于"禅西新城"张槎街道，南园位于禅城区石湾西片区大雾岗。

南园，是由佛山市公盈投资控股有限公司借鉴德稻集团在上海地区成功开发"上海德稻文创产业开发集群"的经验，与IBM、上海德稻集团共同在石湾西片区打造极具特色的"互联网+创新产业集群"。南园通过构建公盈·德稻知识资本（DKC）华南基地、全球创新网络工业设计服务中心、IBM全球工业设计认知物联网云平台、绿色金融资本投融资平台、大众创新创业孵化平台等五大平台，从全球各大支柱产业引进行业领军人物，并为他们在中国开设工作室，展开实际项目运营，将知识资本、数据资本、金融资本与产业资本融合，助力佛山创新GDP和企业转型升级。

资料来源：《佛山打造互联网+创新创业产业园》，《佛山日报》2016年3月29日，参见 http：//fs. southcn. com/content/2016 - 03/29/content_ 144913025. htm。

4. 政府合作协调机制：政府联席会议、合作论坛和应急协调机制

2010年和2011年广东分别和香港、澳门签订了《粤港合作框架协议》[①]《粤澳合作框架协议》[②]。自2010年起，粤港澳联席会议每年发布并在三地推行《实施〈粤港（澳）合作框架协议〉年度重点工作》，分别从基础设施、现代服务业、制造业及科技创新、营商环境、优质生活圈、教育与人才、重点合作区、机制安排等方面协调粤港、粤澳有关部门的相关工作职责，取得了良好的合作成效。同时，为集聚智慧深入推进粤港澳合作，粤港澳三地政府每年举办各类专业论坛，邀请专家、学者和业界成功人士参加，共商粤港澳合作发展大计，表7-5梳理了2014—2016年期间举办的粤港澳合作论坛。此外，粤港澳应急联动协调经验丰富，由广东省政府应急管理办公室、香港特别行政区政府保安局、澳门特别行政区保安司三方负责的粤港澳应急联动管理，不仅推进了粤港澳三地信息共享和应急协作联动机制建设，还保障了区域经济和社会稳定，是区域协调发展的必要机制。

---

① 广东省人民政府、香港特别行政区政府：《粤港合作框架协议》，2010年4月。
② 广东省人民政府、澳门特别行政区政府：《粤澳合作框架协议》，2011年3月。

表7-5　　　　　　　　2014—2016年粤港澳合作论坛一览

年份	粤港合作论坛	粤澳合作论坛	粤港澳合作论坛
2016	粤港澳物联网及"互联网+"高峰论坛 智慧城市建设论坛 深港文化创意论坛	澳门国际环保合作发展论坛 跨境电子商务论坛 珠澳合作发展论坛	粤港澳博物馆专业论坛 粤港澳合作论坛 泛珠三角区域合作与发展论坛
2015	粤港澳物联网与智能制造高峰论坛 亚洲知识产权营商论坛 粤沪港"三江论坛"	澳门国际环保合作发展论坛 珠澳合作发展论坛	粤港澳合作论坛 泛珠三角区域合作与发展论坛
2014	粤港物联网技术应用论坛 前海香港合作论坛	中葡合作发展论坛 澳门国际环保合作发展论坛 珠澳合作发展论坛	泛珠三角区域合作与发展论坛

资料来源：课题组根据《实施〈粤港合作框架协议〉2014/2015/2016年重点工作》[1]《实施〈粤澳合作框架协议〉2014/2015/2016年重点工作》[2]及相关新闻报道整理。

（二）合作成效

粤港澳合作成效显著，最主要的是以制度创新为核心的体制机制创新，具体从投资便利化、贸易便利化、扩大开放措施、金融创新、负面清单、人才管理、金融开放以及税收管理等方面进行创新，促进了粤港澳深度融合，不断发展[3]。

表7-6　　CEPA框架的管理创新与复制推广：原产地证书管理模式，
专业人员资质互认

一方面，CEPA对产自港澳的商品货物实施原产地证书管理，直接被各大自贸试验区采用。只要符合CEPA的原产地原则，港澳厂商都可经申请享有零关税优惠。香港特区同意在协议下对所有原产于内地的货品维持零关税，并且不会对该等货品实施限制性贸易法规。这一原产地证书管理模式被各大自贸试验区广泛采用，并且广东自贸试验区对此进行了拓展：构建灵活便利的市场采购出口货物原产地签证模式，实现备案签证一步到位；培育非官方签证机构，开展非优惠和转口证书的签证试点，拓展原产地签证渠道；对于经广东自贸试验区中转出境的货物，优化中转货物签证服务，实行"原产地预确定"等报关预审核制度等。

---

[1] 广东省人民政府：《实施〈粤港合作框架协议〉2014/2015/2016年重点工作》，2014年3月/2015年3月/2016年3月。

[2] 广东省人民政府：《实施〈粤澳合作框架协议〉2014/2015/2016年重点工作》，2014年7月/2015年4月/2016年6月。

[3] 广东省人民政府：《中国（广东）自由贸易试验区管理试行办法》（广东省人民政府令第213号），2015年4月。

续表

另一方面，2003年6月29日签订的首个CEPA协议规定"双方鼓励专业人员资格的相互承认，推动彼此之间的专业技术人才交流"。此后，这种专业人员资质互认的做法被国内各区域经济合作城市群采用，尤其是服务领域。例如，2016年10月，京津冀三地人力社保部门共同签署的《专业技术人员职称资格互认协议》规定，三地互认专业技术人员资格证书和专业技术人员职称评审证书。2017年4月，武汉、长沙、合肥、南昌四城市签署了《长江中游四省会城市人才发展合作框架协议》，协议规定将逐步消除限制人才流动的体制性障碍，四城积极推进专业技术人才和高技能人才的资格互认和无障碍自由流动。

资料来源：国务院：《国务院关于印发中国（广东）自由贸易试验区总体方案的通知》（国发〔2015〕18号），2015年4月；商务部、香港特别行政区财政司：《内地与香港关于建立更紧密经贸关系的安排》，2003年6月；北京市人力资源和社会保障局、天津市人力资源和社会保障局、河北省人力资源和社会保障厅：《专业技术人员职称资格互认协议》，2016年10月；长沙、合肥、南昌、武汉四市市委组织部：《长江中游四省会城市人才发展合作框架协议》，2017年4月。

表7-7　　自贸试验区管理创新与复制推广：前海"深港检测结果互认"，横琴"分线管理"

广东自贸试验区自挂牌以来，坚持以制度创新为核心，积极推动在投资、贸易、金融等领域先行先试，截至2018年1月，已累计形成385项改革创新经验，此前已在广东全省范围复制推广三批共86项改革创新经验，同时有21项改革创新经验在全国范围复制推广。
以前海蛇口自贸片区的改革创新经验推广为例，2016年5月，在深圳全市范围内复制推广前海蛇口自贸片区首批14条改革创新经验，内容涵盖贸易便利化、投资便利化、跨境投融资开放、服务业开放等领域，包括港口"先装船后改配"通关模式、跨境电商O2O展销模式、企业主动披露制度、深港检测结果互认、"无纸化"智慧办税、外商投资股权投资企业试点（QFLP）、会计师事务所合伙人准入制度创新、多元化商事纠纷解决机制等改革创新。
此外，横琴首创的"分线管理"通关模式，如今已在福建平潭推广实行；以法官员额制、主任检察官办案责任制、"两院"人员分类管理等为主要内容的司法综合改革也逐步在广东全省全面铺开。

资料来源：深圳市人民政府：《深圳市人民政府关于复制推广中国（广东）自由贸易试验区深圳前海蛇口片区首批改革创新经验的通知》（深府函〔2016〕86号），2016年5月；沈文金：《改革的横琴人》，《南方日报》2014年12月16日，参见http://news.southcn.com/g/2014-12/16/content_114391572.htm。

二　CEPA框架与自贸试验区政策的粤港澳合作比较：目标定位与政策内容

CEPA的目标定位与政策内容主要在于促进港澳和内地三地的经济贸

易关系，自贸试验区的目标定位与政策内容则主要在于构建国际化的自由贸易区。

(一) 目标与战略定位

CEPA 的发展目标为推动港澳和内地商品贸易、服务贸易的自由化进程，促进贸易和投资的便利化发展[①]；战略定位为在遵循"一国两制"方针和世界贸易组织规则的基础上，不断扩大相互的开放深度和广度[②]。广东自贸试验区的发展目标为通过改革试验，营造国际化、市场化、法治化的经商环境，建成高标准的自由贸易园区，示范带动全国改革发展；战略定位为依托港澳、服务内地、面向世界，建成粤港澳深度合作示范区、21世纪海上丝绸之路重要枢纽和全国新一轮改革开放先行地[③]。

(二) 实施原则与政策内容

CEPA 以采用"负面清单"进行高度开放为实施原则，结合国际标准和中国实际不断完善，促进港澳地区和内地的优势互补，并在保持底线思维的基础上，从货物贸易、服务贸易自由化和贸易投资便利化三方面主要推动，逐步推进自由化的进程（张光南等，2016）。广东自贸试验区以在深化改革的道路上逐步扩大开放，各项政策先试先行，示范带动全国自贸试验区的建设为实施原则，主要从建设优质营商环境、推进粤港澳服务贸易发展、强化国际贸易功能集成、开放金融领域、增强自贸试验区辐射带动作用五方面不断推进[④]。

[①] 商务部、香港特别行政区财政司：《内地与香港关于建立更紧密经贸关系的安排（协议正文）》，2003 年 6 月；商务部、澳门特别行政区经济财政司：《内地与澳门关于建立更紧密经贸关系的安排（协议正文）》，2003 年 10 月。

[②] 广东省人民政府：《广东省人民政府关于印发实施粤港合作框架协议 2016 年重点工作的通知》，2015 年 3 月；广东省人民政府：《广东省人民政府关于印发实施粤港合作框架协议 2015 年重点工作的通知》，广东省人民政府，2016 年 3 月。

[③] 国务院：《国务院关于印发中国（广东）自由贸易试验区总体方案的通知》（国发〔2015〕18 号），2015 年 4 月。

[④] 国务院：《国务院关于印发中国（广东）自由贸易试验区总体方案的通知》（国发〔2015〕18 号），2015 年 4 月。

表7-8　CEPA与自贸试验区框架下粤港澳合作的目标定位、实施原则和政策内容

框架类型	发展目标	战略定位	实施原则	政策内容
CEPA	商品贸易和服务贸易自由化，贸易投资便利化。	遵循"一国两制"方针和WTO规则，增加和充实《安排》的内容，不断扩大开放。	高度开放，国际标准，中国实际，优势互补，逐步推进，底线思维。	货物贸易实行零关税，不采用反倾销、反补贴；服务贸易提前开放，取消服务部门投资限制；贸易投资便利化，放开准入限制，推进多领域有序开放。
自贸试验区	营造国际化、市场化、法治化的营商环境，建成高标准自由贸易区。	依托港澳、服务内地、面向世界，建设粤港澳深度合作示范区，21世纪海上丝绸之路重要枢纽和新一轮改革开放先行地。	全面贯彻党的精神，执行党的决策，紧紧围绕国家发展战略，深化改革，扩大开放，先试先行，示范带动。	建设国际化、市场化、法治化的营商环境；深入推进粤港澳服务贸易自由化；强化国际贸易功能集成；深化金融领域开放创新；加大自贸试验区辐射带动功能。

资料来源：课题组根据相关资料整理。

三　CEPA框架与自贸试验区政策的粤港澳合作比较：适用范围与开放区域、合作平台与实施方式

在适用范围与开放区域方面，CEPA协议为面向港澳、全国适用，在深化内地与港澳合作中起到了积极作用；自贸区则为面向世界、自贸区适用，积极探索更开放、更便利的国际投资贸易规则。在合作平台与实施方式方面，CEPA协议以市场为主体，针对内地与港澳在货物贸易零关税、扩大服务贸易市场准入以及实行贸易投资便利化三方面贸易合作；而在广东自贸区的建设中，前海自贸区、横琴自贸区和南沙自贸区依托各自园区，推进特色园区发展（汪涛和范温强，2015）。

四 CEPA与自贸试验区框架下粤港澳合作政策趋势

CEPA与自贸试验区框架下粤港澳合作的政策趋势，主要体现在以下五个方面。一是CEPA与自贸试验区框架下的政策"由点带面、示范带动"，从"局部试验"升级为"复制推广"。二是贸易与投资负面清单的不断升级，从"基本版1.0"升级为"升级版2.0"。三是开放模式从促进服务贸易自由化到贸易投资便利化的转变。四是市场准入不断与国际接轨，从专门"针对港澳"升级为全球"国际标准"。五是招商引资通过扩大货物贸易、扩大服务贸易以及扩大投资合作，从区域港澳合作升级为高水平"全球自贸"和"一带一路"网络。

附 录

附录1 粤港澳服务贸易自由化三地服务贸易相关政府部门一览表

地区	部门	联络网址
中国内地	中央港澳工作协调小组	—
	国务院服务贸易发展部际联席会议	—
	商务部	http://www.mofcom.gov.cn/
	财政部	http://www.mof.gov.cn/index.htm
	国家发展和改革委员会	http://www.ndrc.gov.cn/
	国家税务总局及广东省分局	http://www.chinatax.gov.cn/ 及 http://guangdong.chinatax.gov.cn/gdsw/index.shtml
	国家市场监督管理总局及广东省分局	http://www.saic.gov.cn/ 及 http://amr.gd.gov.cn/
	国家知识产权局及广东省分局	http://www.sipo.gov.cn/ 及 http://amr.gd.gov.cn/
	中国贸促会	http://www.ccpit.org/
	中央人民政府驻香港特别行政区联络办公室（香港中联办）	http://www.locpg.gov.cn/
	中央人民政府驻澳门特别行政区联络办公室（澳门中联办）	http://www.zlb.gov.cn/
	广东省商务厅	http://com.gd.gov.cn/
	广东省港澳事务办公室	http://hmo.gd.gov.cn/

续表

地区	部门	联络网址
香港	香港财政司	https：//www.fso.gov.hk/sim/index.htm
	香港税务局	https：//www.ird.gov.hk/chs/welcome.htm
	香港贸易发展局	http：//hktdc.com/sc/index.html
	香港商务及经济发展局	https：//www.cedb.gov.hk/chs/about/index.htm
	香港工业与贸易署	https：//www.tid.gov.hk/
	香港特别行政区政府驻粤经济贸易办事处（香港驻粤办）	http：//www.gdeto.gov.hk/sc/home/index.html
澳门	澳门财政局	http：//www.dsf.gov.mo/
	澳门贸易投资促进局	http：//www.ipim.gov.mo
	澳门旅游局	http：//macau.tourism.gov.mo
	澳门政府土地工务运输司	http：//www.dssopt.gov.mo
	澳门经济司	http：//www.economia.gov.mo

附录2 《内地与香港关于建立更紧密经贸关系的安排》投资协议[*]

序 言

为促进和保护内地[①]与香港特别行政区(以下简称"双方")投资者在对方的投资,逐步减少或取消双方之间投资实质上所有歧视性措施,保护双方投资者权益,推动双方逐步实现投资自由化、便利化,进一步提高双方经贸交流与合作的水平,双方决定,在《内地与香港关于建立更紧密经贸关系的安排》(以下简称《安排》)框架下,签署内地与香港特别行政区(以下简称"香港")投资协议如下。

第一章 初始条款

第一条 与《安排》的关系

一、本协议是《安排》的投资协议。

二、本协议第五条(国民待遇)、第六条(最惠待遇)、第七条(业绩要求)、第八条(高级管理人员、董事会成员与人员入境)不适用于《〈安排〉服务贸易协议》所涵盖的部门及任何形式投资的措施。

第二条 定义

在本协议内:

一、"投资"指所有由投资者直接或间接拥有或控制的、具有投资特征的各种资产,投资特征包括:资本或其他资源的投入、收益或利润的预期和风险的承担。投资形式包括,但不限于:

(一)一家企业;

---

[*] 资料来源:中华人民共和国商务部(http://www.mofcom.gov.cn/)。
[①] 内地系指中华人民共和国的全部关税领土。

（二）企业的股份、股票和其他形式的参股；

（三）债券、信用债券、贷款和其他债务工具，包括由企业或一方发行的债务工具①；

（四）期货、期权及其他衍生工具；

（五）交钥匙、建筑、管理、生产、特许、收入分配及其他类似合同；

（六）知识产权；

（七）根据一方法律授予的执照、授权、许可及类似权益②③；以及

（八）其他有形或无形资产、动产、不动产以及相关财产权利，如租赁、抵押、留置权及质押权；

为进一步明确，投资的资产形式上的任何变化并不影响其作为投资的性质；

二、"投资者"指寻求从事、正在从事或者已经从事一项涵盖投资的一方或其自然人或企业；

三、对于一方来说，"涵盖投资"指本协议生效时另一方投资者在前述一方境内直接或间接拥有或控制的已存在的投资，或在其后作出或取得的投资；

四、"自然人"，对内地而言，是指中华人民共和国公民；对香港而言，是指中华人民共和国香港特别行政区永久性居民；

五、"企业"指：

（一）根据一方法律组成或组织的实体，不论是否以营利为目的，不论私人拥有或政府拥有，也不论其责任是有限责任还是其他形式，例如公共机构、公司、基金会、代理、合作社、信托、社团、协会和类似实体，

---

① 若干债务形式，如债券、信用债券及长期票据较可能具有投资特征；而其他债务形式，如由于货物或服务销售所得而即将到期的付款索偿，则具有投资特征的可能性较小。

② 个别种类的执照、授权、许可及类似工具（包括特许权，如具有此工具的性质）是否具有投资特征的资产，亦取决于例如持有人在一方法律下所享有权利的性质及范围等因素。在不构成具有投资特征资产的工具当中，包括并不产生受一方法律保障的任何权利的工具。为进一步明确，以上不影响与此类工具有关联的任何资产是否具有投资特征。

③ "投资"此词并不包括司法或行政程序中的命令或判决。

以及私人公司、企业、合伙、机构、合资企业和组织;以及

(二)任何此类实体的分支机构;

六、"措施"包括任何法律、法规、规定、程序、决定、要求、行政行为或实践;

七、"政府采购"指政府出于政府目的,以购买、租赁和无论是否享有购买选择权的租购,以及建设—运营—转让合同、公共工程特许合同等各种合同形式,取得商品或服务的使用权或获得商品或服务,或两者兼得的行为。其目的并非是商业销售或转售,或为商业销售或转售而在生产中使用、提供商品或服务;

八、"收益"是指由投资产生的款项,特别包括,但不限于,利润、资本利得、分红、利息、特许权使用费、实物回报或其他收入;

九、"争端投资者"指依据第十九条(香港投资者与内地一方争端解决)、第二十条(内地投资者与香港一方争端解决)提出诉请的投资者;

十、"争端一方"指依据第十八条(本协议双方的争端解决)、第十九条(香港投资者与内地一方争端解决)、第二十条(内地投资者与香港一方争端解决)提出诉请所针对的一方;

十一、"争端方"指争端投资者或争端一方;

十二、《世界贸易组织协定》指于1994年4月15日在马拉喀什签署的《建立世界贸易组织马拉喀什协定》;

十三、《与贸易有关的知识产权协定》指《世界贸易组织协定》附件1C所载的《与贸易有关的知识产权协定》,并经适用于双方的不时修改或修订,包括世界贸易组织总理事会授予该协定的任何条款的任何豁免;

十四、"税收协议"指防止双重征税的协议、协定、条约或安排,或其他与税收有关的双边或多边协议、协定、条约或安排;

十五、"竞争主管部门"指:

(一)对内地而言,国务院反垄断执法机构和反不正当竞争主管部门(执法机构),或其继任者;以及

(二)对香港而言,根据《竞争条例》(第619章)设立的竞争事务委员会,或其继任者;

十六、"受其竞争法律保护的信息"指：

（一）对内地而言，受《反垄断法》《价格法》和《反不正当竞争法》保护不得披露的信息，或其任何后续条款规定的信息；以及

（二）对香港而言，《竞争条例》（第619章）所保护的信息，或其任何后续条款规定的信息。

第三条　适用范围

一、本协议应适用于一方采取或维持的与另一方投资者和涵盖投资有关的措施。

二、本协议应适用于一方投资者在另一方于本协议生效前或生效后的投资，但不适用于本协议生效前已解决的本协议第十九条（香港投资者与内地一方争端解决）第一款及第二十条（内地投资者与香港一方争端解决）第一款所指的"投资争端"。

三、一方在本协议项下的义务应适用于任何由该方授权其行使监管职权、行政职权或其他政府职权的实体，例如，征收、授予许可证、审批商业交易或设定配额、征收税费或其他费用的权力。

第二章　实体性义务

第四条　最低标准待遇

一、一方应确保给予另一方投资者及其涵盖投资公正与公平待遇，并提供充分保护与安全。

二、本条第一款中：

（一）"公正与公平待遇"是指依照正当法律程序，一方不得在刑事、民事或行政裁定程序中拒绝司法，或实行明显的歧视性或专断性措施；

（二）"充分保护与安全"指一方应采取合理、必要的措施，为另一方投资者及其涵盖投资提供治安保护。

三、一项对本协议的其他条款的违反，不能认定为对本条的违反。

四、为进一步明确，一方采取或未采取某一行为且可能与投资者的期待不符，仅这一事实不构成对本条的违反，无论涵盖投资是否因此受到了损失或损害。

五、为进一步明确，一方没有发放或继续发放、维持一项补贴或赠

款,或修改或减少一项补贴或赠款,仅这一事实不构成对本条的违反,无论涵盖投资是否因此受到了损失或损害。

第五条 国民待遇

一、一方给予另一方投资者在设立、取得、扩大、管理、经营、运营和销售或其他处置其境内投资方面的待遇,不得低于在类似情形下给予其本地投资者的待遇。

二、一方给予涵盖投资在设立、取得、扩大、管理、经营、运营和销售或其他处置其境内投资方面的待遇,不得低于在类似情形下给予其本地投资者投资的待遇。

第六条 最惠待遇

一、一方给予另一方投资者在设立、取得、扩大、管理、经营、运营和销售或其他处置其境内涵盖投资方面的待遇,不得低于在类似情形下给予其他方投资者的待遇。

二、一方给予涵盖投资在设立、取得、扩大、管理、经营、运营和销售或其他处置其境内投资方面的待遇,不得低于在类似情形下给予其他方投资者投资的待遇。

三、为进一步明确,本协议的规定不应解释为阻止一方对相邻国家或地区授予或给予优惠,以便利仅限于毗连边境地区的当地生产和消费的投资。

四、为进一步明确,本条第一款和第二款提及的"待遇"不包括其他投资协定、国际投资条约和其他贸易协定中的争端解决机制。

第七条 业绩要求

一、任何一方不得就其境内的涵盖投资在设立、取得、扩大、管理、经营、运营、销售或其他处置方面施加或强制执行以下要求,或者强制要求其承诺或保证:

(一)出口一定水平或比例的货物或服务;

(二)达到一定水平或比例的当地含量;

(三)购买、使用或优先选择其境内生产的货物,或者向其境内的人购买货物;

（四）以任何方式将进口产品的数量或价值与出口产品的数量或价值或与此投资有关的外汇流入金额相联系；

（五）通过以任何方式将该投资生产或提供的货物或服务与出口产品的数量或价值或外汇收入相联系，以限制该等货物或服务在其境内的销售；

（六）将特定的技术、生产流程或其他专有知识转移给其境内的人；或

（七）仅从一方境内向一个特定区域市场或世界市场供应投资所生产的货物或提供的服务。

二、任何一方不得就其境内的涵盖投资在设立、取得、扩大、管理、经营、运营、销售或其他处置方面，要求以遵守下列要求作为获得或继续获得优惠的条件：

（一）达到一定水平或比例的当地含量；

（二）购买、使用或优先选择其境内生产的货物，或者向其境内的人购买货物；

（三）以任何方式将进口产品的数量或价值与出口产品的数量或价值或与此投资有关的外汇流入金额相联系；或

（四）通过以任何方式将该投资生产或提供的货物或服务与出口产品的数量或价值或外汇收入相联系，以限制该等货物或服务在其境内的销售。

三、（一）第一款不应被解释为阻止一方针对另一方的投资者在其境内的投资施加或强制执行以下要求，或者强制要求其承诺或保证：在该方境内确定生产地点、提供服务、培训或雇用员工、建设或扩大特定设施、开展研发，前提是该等措施与第一款第（六）项相符。

（二）第二款不应被解释为阻止一方将在其境内确定生产地点、提供服务、培训或雇用员工、建设或扩大特定设施、开展研发的要求，作为另一方的投资者在其境内的投资获得或者继续获得优惠的条件。

（三）第一款第（六）项不适用于以下情形或措施：

1. 一方根据《与贸易有关的知识产权协定》第三十一条授权使用一

项知识产权的情形,或在《与贸易有关的知识产权协定》第三十九条的范围内且符合该条规定要求披露专有信息的措施;或

2. 由司法机构或竞争主管机构施加或强制执行这种要求、承诺或保证,以救济在司法或者行政程序之中确定的一方竞争法项下的反竞争行为的情形。

(四)第一款第(一)、(二)、(三)项和第二款第(一)、(二)项不适用于关于出口促进和对外援助项目的货物或服务的资格要求。

(五)第一款第(二)、(三)、(六)和(七)项,以及第二款第(一)、(二)项不适用于政府采购。

(六)第二款第(一)项和第(二)项不适用于进口的一方施加的、与获得适用优惠关税或者优惠配额的产品资格所必须满足的货物成分相关的要求。

四、为进一步明确,第一款和第二款不适用于这些条款所列之外的其他承诺、保证或要求。

五、本条并不排除任何私人主体之间、而非由一方施加或要求的承诺、保证或要求的履行。

第八条 高级管理人员、董事会成员与人员入境

一、一方不得要求作为涵盖投资的该方企业任命具备某一特定国籍的人员担任高管职务。

二、一方可要求作为涵盖投资的该方企业的董事会或者其任何委员会的大部分成员,具有特定的国籍或某一地方区域内特定居民身份,前提条件是该要求不得实质性损害投资者控制其投资的能力。

三、依据其关于入境和逗留的法律及政策,一方应当准许作为投资者涵盖投资的企业、其子公司或附属机构雇用的另一方自然人入境并作短暂停留,以担任管理、执行或专业职务。

第九条 不符措施

一、第五条(国民待遇)、第六条(最惠待遇)、第七条(业绩要求)、第八条(高级管理人员、董事会成员与人员入境)不适用于:

(一)1. 一方维持的任何现存的不符措施,由该一方在其附件2之第

一部分（内地减让表）附表1或附件2之第二部分（香港减让表）的清单中列明；及

2. 自本协议生效后，在销售或以其他方式处置某一现存政府拥有或出资的企业或某一现存政府机构中政府的股东权益或资产时维持或采取的措施，该措施禁止或限制对股东权益或资产的所有或控制，或者对高级管理人员或董事会人员施加国籍的要求；

（二）前述第（一）项中所指的不符措施的继续或即时延续；或

（三）前述第（一）项中所指不符措施的修订，只要该修订与修订即刻前相比，不可更不符合第五条（国民待遇）、第六条（最惠待遇）、第七条（业绩要求）、第八条（高级管理人员、董事会成员与人员入境）的义务。

二、第五条（国民待遇）、第六条（最惠待遇）、第七条（业绩要求）、第八条（高级管理人员、董事会成员与人员入境）不适用于一方根据附件2之第一部分（内地减让表）附表2或附件2之第二部分（香港减让表）保留权利采取或维持的措施。

三、为进一步明确，对本协议涵盖的非服务业投资领域，就第五条（国民待遇）、第六条（最惠待遇）、第七条（业绩要求）、第八条（高级管理人员、董事会成员与人员入境）规定的义务，香港对内地投资者不增加任何限制性措施。双方通过磋商，拟订和实施香港对内地投资者及涵盖投资进一步开放的内容。有关具体承诺列入本协议附件2之第二部分（香港减让表）。

四、在不影响本协议其他条款及附件规定的前提下，为享受第五条（国民待遇）、第六条（最惠待遇）、第七条（业绩要求）、第八条（高级管理人员、董事会成员与人员入境）所规定的投资待遇，一方投资者须满足本协议附件1关于"投资者"定义的相关规定。

五、就知识产权而言，一方可按照符合双方均为成员方的或对双方均适用的与知识产权有关协定的方式，背离本协议第五条（国民待遇）、第六条（最惠待遇）、第七条（业绩要求）。

六、第五条（国民待遇）、第六条（最惠待遇）、第八条（高级管理人员、董事会成员与人员入境）不适用于：

（一）一方进行的政府采购；

（二）一方提供的补贴或赠款，包括政府支持贷款、担保与保险。

但一方法律就本款第（一）、（二）项另有规定的从其规定。

七、如各方对本协议附件2附表的范围有不同的理解，双方应通过依第十七条（投资工作小组）设立的投资工作小组作出解释。

第十条 特殊手续和信息要求

一、如果特殊手续要求不实质性损害一方根据本协议承担的对另一方投资者及涵盖投资的义务，则第五条（国民待遇）不应被解释为阻止一方采取或维持与投资者及涵盖投资相关的特殊手续的措施，例如，投资者须是一方居民的要求，或该涵盖投资须根据一方的法律合法组建的要求。

二、尽管有第五条（国民待遇）和第六条（最惠待遇）的规定，一方可仅为了信息或统计的目的，要求另一方的投资者或其涵盖投资提供与投资者或涵盖投资有关的信息。前述一方应保护商业机密信息防止因泄露而有损投资者或涵盖投资的竞争地位。本款不应被解释为阻碍一方获得或披露与公正和诚信适用法律有关的信息。

第十一条 征收

一、一方投资者的涵盖投资或投资收益均不得在另一方境内被征收，亦不得被采取具有相当于征收效果的措施（以下称"征收"），基于公共目的、根据正当法律程序、以非歧视方式并给予补偿的情况除外。为进一步明确，本款应根据附件3来理解。

二、本条第一款所指的补偿应相当于采取征收前或征收为公众所知时（以较早者为准）被征收投资的实际价值[①]，并应包括直至补偿支付之时按通常商业利率计算的利息。补偿的支付应可以有效实现、自由转移，且不得迟延。根据实施征收一方的法律，受影响的投资者应有权根据本款规定的原则，要求该方司法机构或其他独立机构迅速审查其案件及对其投资的估值。

[①] 为进一步明确，实际价值应按被征收投资的市场价值为基础计算。

三、本条不适用于有关知识产权强制许可的颁发，亦不适用于与知识产权相关的其他措施，只要该措施符合双方均为成员方的或对双方均适用的与知识产权有关的协定。

四、为进一步明确，一方没有发放或继续发放、维持一项补贴或赠款，或修改或减少一项补贴或赠款，仅这一事实不构成征收，无论涵盖投资是否因此受到了损失或损害。

第十二条　损失补偿

一、尽管有第九条（不符措施）第六款第（二）项的规定，一方投资者的涵盖投资，如果由于战争、紧急状态、叛乱、暴乱、自然灾难或其他类似事件而遭受损失，在恢复原状、赔偿、补偿或其他解决措施方面，另一方给予前述一方投资者的待遇，不得低于相似条件下给予其投资者或其他方投资者的待遇中最优者。

二、在不损害本条第一款的情况下，如果一方投资者在另一方境内，在本条第一款所述情况下遭受损失，是由于：

（一）该另一方征用该投资者的全部或部分涵盖投资；或

（二）在并非必需的情形下，该另一方破坏该投资者的全部或部分涵盖投资，该另一方应当对此损失向投资者提供恢复原状或补偿，或在适当情况下同时提供恢复原状和补偿。补偿应当按照第十一条（征收）第二款规定的标准进行。

第十三条　代位

若一方或其代理机构依据其对投资者的涵盖投资授予的担保或保险合同向该投资者作了支付，则另一方应承认该投资者的任何权利或诉请均转移给前述一方或其代理机构。所代位的权利或诉请不得超过前述投资者原有权利或诉请。此权利可由一方行使，或由其授权的任何代理机构行使。

第十四条　转移[①]

一、一方应允许所有与涵盖投资有关的转移自由、无迟延地进出其境

[①] 第十四条（转移）不影响协议一方为了维护包括外汇、股票、债券和金融衍生品市场等在内的金融体系的稳定而对其资本账户进行管理的能力。

内。该等转移包括：

（一）资本的投入；

（二）利润、股息、资本所得、全部或部分出售或清算涵盖投资所得收入；

（三）利息、特许使用费、管理费以及技术援助和其他费用；

（四）根据合同所付的款项，包括贷款协议或雇佣合同；

（五）根据本协议第十一条（征收）、第十二条（损失补偿）所付的款项；

（六）本协议第三章（投资便利化及争端解决）所涉款项，以及

（七）在另一方境内从事与一项涵盖投资相关工作的一方自然人所获收入和报酬。

二、一方应允许与涵盖投资有关的转移以可自由使用的货币、按照转移时的市场汇率进行。

三、一方应允许与涵盖投资有关的实物回报以该方与涵盖投资或另一方的投资者之间达成的书面协议所授权或规定的方式进行。

四、尽管有第一至三款的规定，一方仍可通过公正、非歧视和善意地适用与下列事项有关的法律来阻止或延迟转移：

（一）破产、资不抵债或保护债权人权利；

（二）证券、期货、期权或衍生品的发行、买卖或交易；

（三）刑事犯罪；

（四）在为执法或金融监管部门提供必要协助时，对转移进行财务报告或备案；或

（五）确保司法或行政程序中的判决或决定得到遵守。

五、在面临严重的国际收支平衡困难或威胁的情形下，一方可依据《国际货币基金组织协定》有关原则实施限制转移的措施。该限制措施的施行应当基于公正、非歧视的原则，仅能够暂时实施并应随该种情形的好转而逐步取消，且不得超过为应对该种情形所必要的程度。

六、第一至三款不应被解释为阻止协议一方采取或维持必要的措施以确保不违反本协议的法律得到遵守，包括防止欺诈的法律，前提是该类措

施不以专断的或不合理的方式适用，并且不构成对国际贸易或投资的变相限制。

第三章　投资便利化及争端解决

第十五条　投资促进和便利化

一、一方应鼓励另一方的投资者在其境内投资。

二、为提高双方之间的投资便利化水平，一方承诺不时评估并逐步简化有关另一方的投资者在其境内投资的手续和要求。

三、双方同意相互提供投资便利，包括：

（一）一方对另一方投资者取得投资讯息、相关营运证照，以及人员进出和经营管理等提供便利；

（二）一方对另一方及其投资者举办说明会、研讨会及其他有利于投资的活动提供便利；

（三）一方将努力建立明确、统一的投资申请审查和批准的标准和程序，优化投资相关许可、资格要求和程序；

（四）一方将同意明确相关审批机构对投资申请进行审查和作出决定的合理时限，并及时将相关申请的审批结果告知申请者；

（五）一方应根据其法律要求，在投资申请不完备时，明确使申请完备所需的信息，并给予改正的机会；

（六）一方将鼓励、促进各自不同监管机构之间的合作协调，在可能情况下，建立"一站式"审批机构，依法明确各监管部门与审批相关的责任权限，及多机构共同审批情况下各机构的责任权限；

（七）一方应尽可能将投资者申请批准过程中承担的成本降到最低，收取的任何费用应与处理申请所需的行政成本相当；

（八）一方将尽可能使另一方投资者可以按照合理和非歧视的条件接入和使用公共基础设施。

第十六条　法律与政策的透明度

一、为促进理解与涵盖投资相关或影响涵盖投资的法律与政策，一方应：

（一）迅速公布这些法律与政策，并使其易于获得，包括通过电子方式；

（二）应要求，向另一方提供特定法律与政策的副本；以及

（三）应要求，与另一方磋商，以对特定法律与政策进行解释。

二、对于与投资准入条件相关的法律与政策，包括申请与注册程序、评估与审批标准、处理申请及作出决定的时间表，以及对决定的复议或申诉程序，一方应确保能够为另一方投资者所知悉。

三、鼓励一方：

（一）提前公布其计划采取的任何措施；以及

（二）向利害关系人及另一方提供对其计划采取的措施进行评论的合理机会。

第十七条　投资工作小组

一、双方同意在《安排》联合指导委员会机制下设立投资工作小组，由投资工作小组负责处理本协议相关事宜，由双方业务主管部门各自指定的联络人负责联络。

二、投资工作小组的职能包括：

（一）投资咨询：交换投资讯息、开展投资促进、推动投资便利化、提供与本协议相关事项的咨询；

（二）投资争端通报及协调处理：对于第十九条（香港投资者与内地一方争端解决）第一款或第二十条（内地投资者与香港一方争端解决）第一款所指的"投资争端"，如双方认为有需要，一方应向其相关部门或机构通报及协调处理在其境内发生的"投资争端"，或向另一方通报在前述一方境内的"投资争端"；

（三）争端解决：协商解决双方之间关于本协议的解释、实施和适用的争端；

（四）协议解释：双方认为如有需要，可根据第九条（不符措施）第七款通过协商对本协议附件2附表作出解释；

（五）经双方同意的其他与本协议相关的工作。

三、投资工作小组的任何决定都应经双方一致同意做出，投资工作小组应将所做出的决定及时向《安排》联合指导委员会通报。

第十八条　本协议双方的争端解决

一、双方之间关于本协议的解释、实施和适用的任何争端，应由双方通过协商解决。

二、双方应按照本协议第十七条（投资工作小组）的工作机制进行协商解决。

第十九条　香港投资者与内地一方争端解决

一、香港投资者主张内地相关部门或机构违反本协议①所规定的义务，且该违反义务的行为与香港投资者或其涵盖投资相关，致该投资者或其涵盖投资受到损失或损害所产生的争端（以下称"投资争端"），可依下列方式解决：

（一）争端双方友好协商解决；

（二）由内地的外商投资企业投诉受理机构依据内地一方有关规定协调解决；

（三）由本协议第十七条（投资工作小组）所设投资争端通报及协调处理职能推动解决；

（四）依据内地一方法律通过行政复议解决；

（五）因本协议②所产生的香港投资者与内地一方的投资争端，可由投资者提交内地一方调解机构通过调解方式解决；

（六）依据内地一方法律通过司法程序解决。

二、涉及本条第一款第（五）项的调解应遵守内地法律法规，充分发挥调解机制的作用和功能，使争议得以有效解决。内地方将就相关调解机制做出安排。

三、如香港投资者已选择依本条第一款第（四）项或第（六）项解决，除非符合内地一方相关规定，该香港投资者不得再就同一争端提交内

---

① 限于第四条（最低标准待遇）、第五条（国民待遇）、第六条（最惠待遇）、第七条（业绩要求）、第八条（高级管理人员、董事会成员与人员入境）第一款、第八条（高级管理人员、董事会成员与人员入境）第二款、第十一条（征收）、第十二条（损失补偿）、第十四条（转移）。

② 限于第四条（最低标准待遇）、第五条（国民待遇）、第六条（最惠待遇）、第七条（业绩要求）、第八条（高级管理人员、董事会成员与人员入境）第一款、第八条（高级管理人员、董事会成员与人员入境）第二款、第十一条（征收）、第十二条（损失补偿）、第十四条（转移）。

地一方调解机构调解。

四、本协议生效前已进入司法程序的本条第一款所指的"投资争端",除非当事双方同意并符合内地一方相关规定,不适用本条第一款第(五)项规定的调解程序。

五、如香港投资者已选择依本条第一款第(二)项至第(六)项中任一项解决,除非符合内地一方相关规定,该香港投资者不得再就同一争端提交内地外商投资企业投诉受理机构协调解决。

六、为进一步明确,在解决涉税争端时,在相关税收协议下的一方税收主管部门应负责判定税收协议是否管辖此类争端。涉税争端的解决方式限于《内地和香港特别行政区关于对所得避免双重征税和防止偷漏税的安排》第二十三条(协商程序)列明的方式。

第二十条 内地投资者与香港一方争端解决

一、内地投资者主张香港相关部门或机构违反本协议①所规定的义务,且该违反义务的行为与内地投资者或其涵盖投资相关,致该投资者或其涵盖投资受到损失或损害所产生的争端,可依下列方式解决:

(一)争端双方友好协商解决;

(二)由香港相关部门或机构所设立的投诉处理机制依据香港一方有关规定解决;

(三)由本协议第十七条(投资工作小组)所设投资争端通报及协调处理职能推动解决;

(四)因本协议②所产生的内地投资者与香港一方的投资争端,可由投资者提交香港一方调解机构通过调解方式解决;

(五)依据香港一方法律通过司法程序解决。

二、如内地投资者已选择依本条第一款第(五)项解决,除非符合

---

① 限于第四条(最低标准待遇)、第五条(国民待遇)、第六条(最惠待遇)、第七条(业绩要求)、第八条(高级管理人员、董事会成员与人员入境)第一款、第八条(高级管理人员、董事会成员与人员入境)第二款、第十一条(征收)、第十二条(损失补偿)、第十四条(转移)。

② 限于第四条(最低标准待遇)、第五条(国民待遇)、第六条(最惠待遇)、第七条(业绩要求)、第八条(高级管理人员、董事会成员与人员入境)第一款、第八条(高级管理人员、董事会成员与人员入境)第二款、第十一条(征收)、第十二条(损失补偿)、第十四条(转移)。

香港一方相关规定，该内地投资者不得再就同一争端提交香港一方调解机构调解。

三、本协议生效前已进入司法程序的本条第一款所指的"投资争端"，除非当事双方同意并符合香港一方相关规定，不适用本条第一款第（四）项规定的调解程序。

四、为进一步明确，在解决涉税争端时，在相关税收协议下的一方税收主管部门应负责判定税收协议是否管辖此类争端。涉税争端的解决方式限于《内地和香港特别行政区关于对所得避免双重征税和防止偷漏税的安排》第二十三条（协商程序）列明的方式。

第四章 最终条款

第二十一条 拒绝授予利益

一、出现下列情形时，在包括按第三章（投资便利化及争端解决）启动任何程序后的任何时候，一方可拒绝将本协议的利益授予作为另一方企业的该另一方投资者及该投资者的涵盖投资：

（一）其他方的投资者拥有或控制该企业；以及

（二）拒绝授予利益的一方针对其他方采取或维持如下措施：

1. 阻止与该企业进行交易；或者

2. 若本协议的利益被授予该企业或其涵盖投资，将导致对该措施的违反或规避。

二、为进一步明确，一方可在包括按照第三章（投资便利化及争端解决）启动任何程序之后的任何时候，依据本条第一款拒绝授予本协议的利益。

第二十二条 例外

一、只要相关措施不以武断或不合理之方式适用，或不构成对贸易或投资之变相限制，本协议中任何规定均不应被解释为阻止一方采取或维持下述措施，包括环境措施：

（一）确保遵守与本协议条款无不一致的法律所必要的措施；

（二）保护人类、动物或植物生命或健康所必要的措施；或

（三）与保护有生命或无生命的可耗尽自然资源相关的措施，如果此

类措施与限制本地生产或消费的措施同时有效实施。

二、本协议中任何规定并不妨碍一方维持或采取与世界贸易组织规则相一致的例外措施。

三、（一）本协议中任何规定均不得被解释为要求一方提供或允许获得这样的信息，此类信息披露后将阻碍法律执行或有违该方保护政府机密、个人隐私或金融机构的金融事务和个人顾客账户信息保密性的法律。

（二）本协议中任何规定均不得被解释为，在本协议下任何争端解决过程中，要求一方提供或允许获得受其竞争法律保护的信息，或要求一方的竞争主管部门提供或允许获得任何其他秘密信息或保护不被披露的信息。

四、一方采取的符合依据《世界贸易组织协定》第九条第三款通过的决定的措施，应视为不违反本协议。投资者不得根据本协议提出该措施违反本协议的诉请。

五、本协议不应被解释为要求一方提供或允许获得一方认为有可能违背其根本安全利益的信息，或阻止一方采用该方认为是为保护其自身根本安全利益所必需的措施。

六、当因执行本协议对一方的产业或公共利益造成重大影响时，一方保留新设或维持与另一方投资者及涵盖投资有关的限制性措施的权利。

第二十三条　金融审慎

一、尽管本协议有其他规定，一方不应被阻止出于审慎原因而采取或维持与金融服务有关的措施。这些审慎原因[①]包括保护投资者、存款人、投保人或金融服务提供者对其负有信托义务的人或确保金融系统的完整与稳定。[②]

二、本协议的任何规定不适用于为执行货币或相关信贷政策或汇率政

[①] "审慎原因"这一用语应理解为包括维持单个金融机构或金融体系的安全、稳固、稳健和财务责任，以及维护支付和清算系统的安全以及财务和运营的稳健性。

[②] 双方确认，如遇及判断某一具体措施是否属于第二十三条（金融审慎）第一款的范围的问题，应当由双方金融主管部门通过协商解决。

策而采取的普遍适用的非歧视性措施。①

三、"金融服务"应当与世界贸易组织《服务贸易总协定》的《关于金融服务的附件》第五款第（a）项中的金融服务具有相同的含义，并且该条款中"金融服务提供者"也包括《关于金融服务的附件》第五款第（c）项所定义的公共实体。

四、为进一步明确，本协议不应被解释为阻止一方在金融机构中适用或者执行为保证遵守与本协议无不一致的法律而采取的与另一方的投资者或者涵盖投资有关的必要措施，包括与防范虚假和欺诈做法或者应对金融服务合同违约影响有关的措施，但这些措施的实施方式不得在情形类似的国家（或地区）间构成任意的或者不合理的歧视，或者构成对金融机构的投资的变相限制。

第二十四条 税收

一、除本条规定外，本协议的其他任何规定不适用于税收措施。

二、本协议的任何规定不得影响一方在任何税收协议项下的权利与义务。如果本协议的规定与任何此类协议出现不一致，在不一致的范围内则应以该税收协议为准。

三、如披露某些信息将违反一方有关保护纳税人税收事务信息的法律规定，本协议的任何规定不得被理解为要求该方提供或允许获得此信息。

四、第十一条（征收）的相关规定应适用于税收措施。②

五、一方的措施是否为本条第一款所述税收措施的问题，仅可以由双方税收协议下的主管部门通过协商共同决定。双方税收协议下的主管部门的共同决定对依据本协议处理投资者诉请的任何程序具约束力。

六、投资者不得根据本条第四款提出诉请，以下情况除外：

（一）投资者向双方税收协议下的主管部门提交了诉请通知的副本；并且

---

① 为进一步明确，为执行货币或相关信贷政策或汇率政策而采取的普遍适用的措施，不包括明确将规定了计价货币或货币汇率的合同条款宣布为无效或修改该种条款的措施。

② 为进一步明确，确保公平有效地课征或收取税赋而采取或执行的非歧视性税收保全和对于违法行为的处罚措施，不构成第十一条（征收）规定的征收。

（二）在收到投资者的诉请通知 6 个月之后，双方税收协议下的主管部门未能就争议措施并非征收达成共同决定。

第二十五条　环境措施[①]

双方均承认，通过放松环境措施来鼓励另一方投资者进行投资是不适当的。为此，一方不应豁免、违背或以其他方式减损此类环境措施去鼓励另一方投资者在前述一方境内设立、取得、扩大或保留投资。

第二十六条　不可贬损

一、本协议并不妨碍一方投资者利用另一方适用于该投资者及其涵盖投资并较本协议条款更有利的任何法律，或利用双方之间适用于该投资者及其涵盖投资并较本协议条款更有利的任何其他义务。

二、一方应遵守其对另一方投资者的涵盖投资已同意的任何其他义务。

第二十七条　附件及脚注

本协议附件及脚注构成本协议不可分割的组成部分。

第二十八条　增补和修正

根据需要，双方可以书面形式对本协议及附件的内容进行增补和修正。任何增补和修正在双方授权的代表签署后正式生效。

第二十九条　生效和实施

本协议自双方代表正式签署之日起生效，自 2018 年 1 月 1 日起实施。

本协议以中文书就，一式两份。

本协议于 2017 年 6 月 28 日在香港签署。

中华人民共和国　　　　　　　　　　中华人民共和国
商务部副部长　　　　　　　　　　　香港特别行政区财政司司长

[①] 为本条款之目的，环境措施限于环境法律、法规、程序、要求或惯例。

附件 1

关于"投资者"定义的相关规定[*]

一、香港企业以商业存在形式在内地进行投资的,在满足以下条件的情况下,可以构成本协议第二条(定义)第二款所规定的"投资者":

(一)根据香港特别行政区《公司条例》或其他有关条例注册或登记设立(在香港登记的海外公司、办事处、联络处、"信箱公司"和特别成立用于为母公司提供某些服务的公司不属于本附件所指的香港投资者),并取得有效商业登记证;以及

(二)在香港从事实质性商业经营。其判断标准为:

1. 年限

香港投资者应已在香港注册或登记设立并从事实质性商业经营 3 年以上(含 3 年)(自本协议生效之日起,双方以外的投资者通过收购或兼并的方式取得香港投资者 50% 以上股权满 1 年的,该被收购或兼并的投资者属于香港投资者);

2. 利得税

香港投资者在香港从事实质性商业经营期间依法缴纳利得税;

3. 业务场所

香港投资者应在香港拥有或租用业务场所从事实质性商业经营,其业务场所应与其在香港业务范围和规模相符;以及

4. 雇用员工

香港投资者在香港雇用的员工中在香港居留不受限制的居民和持单程证来香港定居的内地人士应占其员工总数的 50% 以上。

为进一步明确,香港企业以非商业存在形式在内地进行投资的,无需

---

[*] 为进一步明确,在不影响本协议其他条款及附件规定的前提下,为享受第五条(国民待遇)、第六条(最惠待遇)、第七条(业绩要求)、第八条(高级管理人员、董事会成员与人员入境)所规定的投资待遇,一方投资者须满足本协议附件 1 关于"投资者"定义的相关规定。

满足本条第（一）项、第（二）项规定的条件。

二、除非本协议及其附件另有规定，香港自然人在内地进行投资的，仅中华人民共和国香港特别行政区永久性居民可构成本协议第二条（定义）第二款所规定的"投资者"。

三、为成为本协议第二条（定义）第二款项下的适格"投资者"，香港投资者按本协议申请以商业存在形式在内地进行投资时应满足以下规定：

（一）企业形式的香港投资者应提交香港特别行政区政府工业贸易署（简称工业贸易署）发出的证明书。在申请证明书时，香港投资者须申报其在香港从事的业务性质和范围及其拟在内地投资的性质和范围，并将以下文件资料和法定声明提交工业贸易署审核：

1. 文件资料（如适用）

（1）香港特别行政区公司注册处签发的公司注册证明书副本；

（2）香港特别行政区商业登记证及登记册内资料摘录的副本；

（3）香港投资者过去3年在香港的公司年报或经审计的财务报表；

（4）香港投资者在香港拥有或租用业务场所的证明文件正本或副本；

（5）香港投资者过去3年利得税报税表和评税及缴纳税款通知书的副本；在亏损的情况下，香港投资者须提供香港特别行政区政府有关部门关于其亏损情况的证明文件；

（6）香港投资者在香港的雇员薪酬及退休金报税表副本，以及有关文件或其副本以证明该投资者符合本附件第一条第（二）款第4项规定的百分比；

（7）其他证明香港投资者在香港从事实质性商业经营的有关文件或其副本，如香港法例或本附件有关香港业务性质和范围规定所需的牌照、许可或香港有关部门、机构发出的确认信。

2. 法定声明

对于任何申请取得本协议中待遇的香港投资者，其负责人应根据香港特别行政区《宣誓及声明条例》的程序及要求作出法定声明（任何人如按《宣誓及声明条例》故意作出虚假或不真实声明，将根据香港法律负刑事法律责任）。声明格式由内地与香港特别行政区有关部门磋商确定。

3. 证明书申请表格

工业贸易署在认为必要的情况下，委托香港特别行政区有关政府部门、法定机构或独立专业机构（人士）作出核实证明。工业贸易署认为符合本附件规定的香港投资者标准的，向其发出证明书。证明书内容及格式由内地与香港特别行政区有关部门磋商确定。内地与香港特别行政区有关部门可磋商容许豁免证明书的情况，并予以公布。

（二）自然人形式的香港投资者应提供香港永久性居民的身份证明，其中属于中国公民的还应提供港澳居民来往内地通行证（回乡证）或香港特别行政区护照。

四、为成为本协议第二条（定义）第二款项下的适格"投资者"，香港投资者按本协议向内地审核机关申请以商业存在形式投资时，应按以下程序进行：

（一）香港投资者申请在内地从事附件2适用范围内的涵盖投资时，向内地审核机关提交本附件第三条规定的证明书。

（二）根据法律规定的审核权限，如内地审核机关在审核香港投资申请时认为有必要，可一并对香港投资者的资格进行核证。内地审核机关应在规定的时间内要求香港投资者提交本附件第三条规定的文件资料、法定声明，并应向商务部提交对香港投资者资格进行核证的书面理由。

（三）内地审核机关对香港投资者的资格有异议时，应在规定时间内通知香港投资者，并向商务部通报，由商务部通知工业贸易署，并说明原因。香港投资者可通过工业贸易署向商务部提出书面理由，要求给予再次考虑。商务部应在规定时间内书面回复工业贸易署。

五、内地投资者在香港投资的，须符合本协议第二条（定义）第二款的规定。

六、本附件中，"商业存在"指一方任何类型的商业或专业机构在另一方境内：

（一）设立、取得或经营一企业，或

（二）设立或经营一分支机构或代表处。

附件 2

目　录

第一部分　内地减让表

附表 1（不可回退条款负面清单） ……………………………… 151

注释 …………………………………………………………………… 151

附表 1 条目 1 – 专属经济区与大陆架开发 ……………………… 151

附表 1 条目 2 – 石油和天然气开采 ……………………………… 151

附表 1 条目 3 – 矿产开采和冶炼 ………………………………… 152

附表 1 条目 4 – 交通运输工具制造 ……………………………… 152

附表 1 条目 5 – 政府授权专营 …………………………………… 152

附表 1 条目 6 – 原子能 …………………………………………… 152

附表 1 条目 7 – 所有部门 ………………………………………… 153

附表 1 条目 8 – 所有部门 ………………………………………… 153

附表 1 条目 9 – 所有部门 ………………………………………… 154

附表 2（可回退条款负面清单） ………………………………… 154

注释 …………………………………………………………………… 154

附表 2 条目 1 – 原子能 …………………………………………… 154

附表 2 条目 2 – 传统工艺美术和中药 …………………………… 155

附表 2 条目 3 – 土地 ……………………………………………… 155

附表 2 条目 4 – 所有部门 ………………………………………… 155

附表 2 条目 5 – 所有部门 ………………………………………… 155

附表 2 条目 6 – 所有部门 ………………………………………… 155

附表 2 条目 7 – 少数民族 ………………………………………… 156

第二部分　香港减让表 ……………………………………………… 156

第一部分　内地减让表[①]

附表1（不可回退条款负面清单）

注释

根据第九条（不符措施），本附件内地一方的减让表规定了其不受如下全部或部分条款所规定的义务限制的现行措施：

第五条（国民待遇）；

第六条（最惠待遇）；

第七条（业绩要求）；或者

第八条（高级管理人员、董事会成员与人员入境）。

每个减让条目规定了如下方面：

（1）部门是指经双方商定的该条目所对应的部门；

（2）所涉义务明确了前述第1段中提到的条款。根据第九条（不符措施）第一款第（一）项，此处提到的条款不适用于第3段所述的描述的不符之处；以及

（3）描述列出了该条目的不符措施内容。

①根据第九条（不符措施）第一款第（一）项，并受限于第九条（不符措施）第一款第（三）项，一个条目中的所涉义务部分所列出的本协议的条款，不适用于该条目的描述部分的不符之处。

②在解释减让表条目时，应考虑该条目的所有部分，并应考虑制定该条目所对应的条款。除非在某一条目中另有明确标注，在解释一个条目时，描述部分优先于其他所有部分。

③在附表1和附表2的内容存在重叠的情况下，尽管一方基于第九条第一款和本附件承担义务，该一方仍有权基于第九条第二款和附表2采取或维持有关措施。

④为本附件内地一方的减让表之目的：

（4）香港投资者应符合本协议附件1的相关规定。

[①] 为进一步明确，本部分减让表不适用于《〈安排〉服务贸易协议》所涵盖的部门及任何形式投资的措施。

（5）香港投资者不得投资是指香港投资者不得通过直接或间接的方式在内地进行投资，包括香港投资者不得直接或间接持有任何数量的股权、股份或其他形式的投资权益。

（6）内地方控股是指，境外投资者（包括香港投资者）直接或间接的投资比例之和不超过49%的情形。

（7）内地方相对控股是指内地方投资者在外商投资企业中的投资比例之和大于任何一方境外投资者的投资比例。

（8）限于合资是指，仅允许双方投资者合资经营。

（9）投资比例是指投资者及其关联方对单个企业直接或间接投资的累计投资或股权比例。

（10）香港金融机构是指在香港注册并经所在地金融监管当局批准或者许可设立且实施监管的机构。

附表1 条目1　　　　　　　　**专属经济区与大陆架开发**

部门	专属经济区与大陆架开发
所涉义务	国民待遇（第五条）
描述	香港的任何组织或者个人（含国际组织）对《专属经济区和大陆架法》规定的专属经济区和大陆架的自然资源进行开发活动或在大陆架上为任何目的进行钻探，须经中央政府或内地有关部门批准。

附表1 条目2　　　　　　　　　石油和天然气开采

部门	石油和天然气开采
所涉义务	国民待遇（第五条）
描述	香港投资者只能通过与中央政府或内地有关部门批准的具有对外合作专营权的油气公司①签署产品分成合同方式进行石油、天然气、煤层气的开采。 就陆上石油、天然气、煤层气，在专营权向内地投资者全面开放时，允许香港投资者以合资、合作的方式从事陆上石油、天然气、煤层气的开发。 为进一步明确，香港投资者投资油页岩、油砂、页岩气等非常规资源的开发不受本条目所列措施的限制。

附表1 条目3　　　　　　　　　矿产开采和冶炼

部门	矿产开采和冶炼
所涉义务	国民待遇（第五条）
描述	1. 香港投资者不得投资稀土开采；投资稀土冶炼分离限于合资。 2. 香港投资者不得投资钨、钼、锡、锑、萤石开采。 3. 香港投资者投资石墨开采限于合资。

附表1 条目4　　　　　　　　　交通运输工具制造

部门	交通运输工具制造
所涉义务	国民待遇（第五条） 业绩要求（第七条）
描述	1. 香港投资者投资汽车整车（乘用车和商用车）、专用车制造，内地方股比不低于50%。 2. 同一家香港投资者可在内地建立两家（含两家）以下生产同类（乘用车类、商用车类）整车产品的合资企业，如与内地方合资伙伴联合兼并内地其他汽车生产企业可不受两家的限制。 3. 香港投资者投资地面、水面效应飞机制造及无人机、浮空器制造，须由内地方控股。

---

① 为本条目之目的，"中央政府或内地有关部门批准的具有对外合作专营权的油气公司"是指中央政府或内地有关部门批准的分别负责对外合作开采陆上石油资源（石油天然气业务）、海洋石油资源（石油天然气业务）以及煤层气业务的公司。目前负责对外合作开采陆上石油业务的公司包括：中国石油天然气集团公司、中国石油化工集团公司；负责对外合作开采海洋石油业务的公司为中国海洋石油总公司；开采煤层气的公司包括中联煤层气有限责任公司、国务院指定的其他公司。上述公司在国务院批准的区域（海域）内享有与境外企业合作进行石油、天然气、煤层气勘探、开发、生产的专营权。

附表1 条目5 政府授权专营

部门	政府授权专营
所涉义务	国民待遇（第五条）
描述	香港投资者不得投资烟叶、卷烟、复烤烟叶、雪茄烟、烟丝及其他烟草制品①的生产。

附表1 条目6 原子能

部门：	原子能
所涉义务：	国民待遇（第五条）
描述	香港投资者不得投资放射性矿产资源的开采、冶炼、纯化、转化、同位素分离，核燃料生产加工。

附表1 条目7 所有部门

部门	所有部门
所涉义务	国民待遇（第五条）
描述	对本协议附件2之附表1、附表2中不符措施涉及的领域，内地有关部门将对香港投资者投资准入进行管理。

附表1 条目8 所有部门

部门	所有部门
所涉义务	国民待遇（第五条）
描述	1. 香港投资者在内地进行投资，应按规定办理外汇登记，并遵守有关账户开立、资金汇兑、收付及跨境证券投资额度等外汇管理规定。香港投资者使用人民币在内地进行投资的，应遵守跨境人民币业务管理有关规定。 2. 除以下段落另有规定外，香港投资者不得在内地的交易市场、公开市场或场外交易市场自行交易或通过他人交易②，或者通过其他方式在内地投资： 货币市场工具（包括支票、汇票、存单）； 外汇； 衍生产品，包括但不限于期货和期权；

---

① 为本条目之目的，烟草制品指全部或者部分由烟叶作为原材料生产的供抽吸、吸吮、咀嚼或者鼻吸的制品。

② 为进一步明确，香港投资者不得成为证券交易所的普通会员和期货交易所的会员。

部门	所有部门
描述	汇率和利率工具，包括掉期和远期利率协议等产品； 可转让证券（B 股除外）； 其他可转让票据和金融资产。 3. 尽管有本条第 2 款的规定，香港投资者在符合中央政府或内地有关部门规定的条件的情况下可开立相关证券账户和相关期货账户，包括但不限于： 合格境外机构投资者（包括 QFII 和 RQFII)①； 在内地工作和生活的香港永久性居民； 参照内地外国投资者对上市公司战略投资制度进行投资的香港投资者； 作为内地上市公司股权激励对象的香港自然人； 从事内地特定品种期货交易的香港投资者； 参与沪港通、深港通的香港投资者的名义持有人（即香港中央结算有限公司）； 参与债券通的香港投资者的名义持有人（即香港金融管理局认可的香港地区债券登记托管结算机构）。 4. 尽管有本条第 2 款的规定，香港投资者在符合中央政府或内地有关部门规定的条件的情况下可投资银行间债券市场： 香港货币当局、国际金融组织、主权财富基金可在银行间市场投资债券现券、债券回购、债券借贷、债券远期，以及利率互换、远期利率协议等其他经中国人民银行许可的交易。 符合条件的香港商业银行、保险公司、证券公司、基金管理公司及其他资产管理机构等各类金融机构及其发行的产品，以及养老基金、慈善基金、捐赠基金等中长期机构投资者可在银行间债券市场开展债券现券等经中国人民银行许可的交易。 合格境外机构投资者（包括 QFII 和 RQFII）可在银行间债券市场开展债券现券等经中国人民银行许可的交易。 已进入银行间债券市场的香港人民币业务清算行、香港参加行可开展债券回购交易。 5. 尽管有本条第 2 款的规定，香港投资者在符合中央政府或内地有关部门规定的条件下可参与内地银行间外汇市场从事外汇交易：香港货币当局、官方储备管理机构、国际金融组织、主权财富基金、人民币业务清算行、符合一定条件的人民币购售业务香港参加行。

附表 1 条目 9　　　　　　　　　　所有部门

部门	所有部门
所涉义务	国民待遇（第五条）
描述	1. 香港投资者不得以个人独资企业的形式在内地开展经营活动，也不得成为农民专业合作社成员。 2. 对于本协议附件 2 之附表 1、附表 2 中含有"香港投资者不得投资"、"内地方控股"、"内地方相对控股"和有外资比例要求的行业、领域或业务，香港投资者不得设立外商投资合伙企业。

---

① 为本条目之目的，合格境外机构投资者（包括 QFII 和 RQFII）从事证券、期货等交易时受到如下限制：须获得中国证监会的资格审批和国家外汇管理局的额度，须遵守相关资格审批、额度、持股股比、投资范围、资金汇兑、锁定期和资产比例限制等要求。

附表2（可回退条款负面清单）

注释

1. 根据第九条（不符措施），本附件内地一方的减让表列明了，针对具体部门、分部门或行为，内地可能维持已有的或采取更新的或更具限制性的，与下列条款施加的义务不符的措施：

第五条（国民待遇）；

第六条（最惠待遇）；

第七条（业绩要求）；或者

第八条（高级管理人员、董事会成员与人员入境）。

每个减让条目规定了如下方面：

部门是指由双方商定的该条目所对应的部门；

所涉义务明确了前述第1段中提到的条款。根据第九条（不符措施）第二款，此处提到的条款对于相关条目中列出的部门、分部门或行为的不符之处不适用；以及

描述列出了该条目的部门、分部门或行为的范围。

3. 根据第九条（不符措施）第二款，一个条目中的所涉义务部分所列出的本协议的条款，不适用于该条目描述部分列出的部门、分部门或行为。

4. 为本附件内地一方的减让表之目的，香港投资者应符合本协议附件1的相关规定。

附表2 条目1　　　　　　　　　　　原子能

部门	原子能①
所涉义务	国民待遇（第五条） 业绩要求（第七条） 高级管理人员、董事会成员与人员入境（第八条）
描述	内地保留在乏燃料后处理，核设施退役及放射性废物处置，核进口业务方面采取措施的权利。

---

① 为进一步明确，本条目不适用于香港投资者投资核电站的建设和经营以及同位素、辐射和激光技术。

附表2 条目2　　　　　　　　　　传统工艺美术和中药

部门	传统工艺美术和中药
所涉义务	国民待遇（第五条） 业绩要求（第七条） 高级管理人员、董事会成员与人员入境（第八条）
描述	内地保留采取或维持任何关于宣纸及墨锭生产等传统工艺美术①的措施的权利；内地保留采取或维持任何关于中药饮片的蒸、炒、炙、煅等炮制技术的应用及中成药保密处方产品的生产的措施的权利。

附表2 条目3　　　　　　　　　　土地

部门	土地
所涉义务	国民待遇（第五条） 业绩要求（第七条） 高级管理人员、董事会成员与人员入境（第八条）
描述	内地保留采取或维持任何关于限制香港投资者及其投资使用或承包经营农用地②的措施的权利。

附表2 条目4　　　　　　　　　　所有部门

部门	所有部门
所涉义务	国民待遇（第五条）
描述	1. 内地保留基于外债管理制度对境内企业和个人举借外债采取措施的权利。 2. 尽管有本条第1款的规定，香港投资者可在内地全口径跨境融资宏观审慎管理政策框架下，向内地境内企业提供人民币和外币的融资。

附表2 条目5　　　　　　　　　　所有部门

部门	所有部门
所涉义务	国民待遇（第五条）

---

① 为本条目之目的，传统工艺美术是指历史悠久，技艺精湛，世代相传，有完整的工艺流程，采用天然原材料制作，具有鲜明的民族风格和地方特色，在境内外享有盛誉的手工艺品种和技艺。

② 为本条目之目的，农用地是指直接用于农业生产的土地，包括耕地、林地、草地、农田水利用地、养殖水面等。

部门	所有部门
描述	内地保留采取或维持任何关于内地投资者及其投资获得政策性金融、开发性金融服务①措施的权利。

附表 2 条目 6　　　　　　　　所有部门

部门	所有部门
所涉义务	国民待遇（第五条） 业绩要求（第七条） 高级管理人员、董事会成员与人员入境（第八条）
描述	内地保留采取或维持任何关于政府直接或间接对企业出资所形成的各类权益的评估、转移和处置的措施的权利。 为进一步明确，经交易后不再属于政府直接或间接对企业出资所形成的各类权益的资产评估、转移或处置，不适用本条目。

附表 2 条目 7　　　　　　　　少数民族

部门	少数民族②
所涉义务	国民待遇（第五条） 业绩要求（第七条） 高级管理人员、董事会成员与人员入境（第八条）
描述	内地保留采取或维持给予少数民族聚居区任何权利或优惠措施的权利，以平衡经济发展和维护社会公平。

第二部分　香港减让表③④

附件 3

征收

---

① 为本条目之目的，于本协议生效时，政策性金融服务指由中国进出口银行、中国农业发展银行和中国出口信用保险公司提供的相关金融服务；开发性金融服务指由国家开发银行提供的相关金融服务。

② 为本条目之目的，少数民族是指经中央政府确认的 56 个民族中除汉族以外的，相对汉族人口较少的 55 个民族。

③ 根据本协议的有关规定实施，有关香港保留的不符措施经双方磋商后会列入本附表。

④ 为进一步明确，本部分减让表不适用于《〈安排〉服务贸易协议》所涵盖的部门及任何形式投资的措施。

双方确认如下共同理解：

一、第十一条（征收）第一款描述了两种情形。第一种情形是直接征收，即投资被直接通过所有权的正式转移或完全没收而被直接征收。第二种情形是间接征收，即一方的一项行为或一系列行为虽然不构成所有权正式转移或完全没收，但具有与直接征收同等效果。

二、关于一方的一项行为或一系列行为在具体情况下是否构成间接征收的判定，需要在事实的基础上针对个案进行调查，需要考虑的因素包括但不限于：

（一）一方行为的经济影响，即使一方的一项行为或一系列行为对投资的经济价值有负面影响，这种影响本身并不能证明已经发生间接征收；

（二）该行为或该系列行为在何种程度上干预了作出投资的明显、合理期待；以及

（三）该行为或该系列行为的性质及目标。

三、除了在极少数的情况下，一方为保护正当社会公共福利目标，如公共道德、公共健康、安全和环境而设计并适用的非歧视性监管行为不构成间接征收。

附录3 《内地与香港关于建立更紧密经贸关系的安排》经济技术合作协议*

序言

为促进内地①与香港特别行政区（以下简称"双方"）贸易投资便利化，全面提升双方经济技术交流与合作的水平，双方决定，就加强内地与香港特别行政区（以下简称"香港"）的经济和技术合作签署本协议。

第一章 与《安排》②的关系

第一条 与《安排》的关系

一、双方决定在《安排》及其所有补充协议的基础上签署本协议。本协议是《安排》的经济技术合作协议。

二、《安排》第四章第十三条、第十四条、第十五条、第五章第十六条、第十七条及附件六的有关内容按照本协议执行。本协议条款与《安排》及其所有补充协议条款产生抵触时，以本协议条款为准。

三、双方重申《安排》中已有的合作，以及同意探索新的合作领域。

第二章 合作目标及机制

第二条 合作目标

一、双方同意，以互利共赢为原则，为进一步便利及促进双方之间的贸易投资，提升双方经贸合作水平，按照各自法律法规、政策目标和资源分配，加强经济技术合作。

---

* 资料来源：中华人民共和国商务部（http://www.mofcom.gov.cn/）。
① 内地系指中华人民共和国的全部关税领土。
② 《安排》系《内地与香港关于建立更紧密经贸关系的安排》的简称。

二、鼓励香港参与"一带一路"建设，支持两地加强次区域经贸合作，进一步深化内地与香港在重点领域的合作，推动贸易投资便利化，促进两地共同发展。

第三条　合作机制

一、根据《安排》第六章第十九条，在联合指导委员会的指导和协调下，双方通过已有工作机制或成立新的工作组，建立沟通渠道和协商协调机制，相互通报重要政策信息，支持双方工商界之间的交流，共同推动相关领域合作与发展。

二、应一方的要求，双方可通过协商、增补及修订根据第二条进行合作的领域和具体合作内容。

第三章　深化"一带一路"建设经贸领域的合作

第四条　深化"一带一路"建设经贸领域的合作

双方同意采取以下措施，深化"一带一路"建设经贸领域的合作：

一、建立工作联系机制，加强两地关于"一带一路"建设信息的交流与沟通。

二、鼓励双方政府部门、行业组织和投资促进机构等建立多层次的信息沟通渠道，实现信息共享。

三、搭建交流平台，支持两地的半官方机构、非官方机构和业界在推动共建"一带一路"中发挥作用。

四、发挥香港在金融、专业服务、物流、贸易等方面的优势，支持香港业界参与各类园区的建设。

五、支持两地业界加强合作，联合参与"一带一路"重大项目建设，共同开拓"一带一路"沿线市场。支持香港为"一带一路"建设提供专业服务，包括以市场化的方式为内地企业拓展海外市场和投资项目提供专业的法律、争议解决、会计、税务等服务。支持两地在大型基建项目建设运营一体化方面的合作。

六、加强与"一带一路"建设相关的宣传活动。支持香港举办高层次"一带一路"主题论坛。鼓励香港投资促进机构、行业协会、业界组织开展与"一带一路"相关的研讨、培训等活动。

第四章 重点领域合作

第五条 金融合作

双方同意采取以下措施,进一步加强在银行、证券和保险领域的合作:

一、支持内地银行在审慎经营的前提下,利用香港的国际金融平台发展国际业务。

二、支持内地大型商业银行、股份制银行在商业可持续和风险可控的基础上,结合自身特点和发展实际,坚持自愿原则,审慎将其国际资金外汇交易中心移至香港。

三、支持内地银行在商业可持续和风险可控的基础上,结合自身特点和发展实际,坚持自愿原则,审慎开展在香港地区以收购方式发展网络和业务以及赴香港开设分支机构经营业务等活动。

四、为香港银行在内地中西部、东北地区和广东省开设分行设立绿色通道。

五、鼓励符合条件的香港银行到内地农村设立村镇银行。

六、促进跨境人民币资金双向流通机制及两地更紧密的金融合作,包括积极推动跨境投资业务的发展,扩大香港市场的人民币合格境外投资者(RQFII)投资额度,推动人民币跨境支付系统(CIPS)作为跨境人民币资金结算主渠道,以进一步完善内地与香港跨境人民币结算基建。

七、内地将进一步完善境外上市的相关规定,支持符合香港上市条件的内地企业赴香港上市,为内地企业特别是中小企业到境外市场直接上市融资创造便利条件。

八、研究进一步放宽香港金融机构在内地设立合资证券公司、基金公司、期货公司和证券投资咨询公司的持股比例限制,降低准入门槛;视情逐步增加香港金融机构在内地设立港资控股两地合资证券公司的家数。

九、研究在风险可控的前提下进一步有序扩大两地互联互通标的,设定建立互联互通下的投资者身份识别机制的时间表,相关条件具备后推出实施将交易型开放式基金(ETF)纳入标的范围的方案。积极支持推动包括债券市场在内的两地金融基础设施互联合作。

十、总结评估内地与香港基金互认进展情况，针对互认过程中出现的新情况、新问题，不断调整和优化互认规则和监管政策。

十一、支持符合条件的内地期货公司在香港设立的子公司在港依法开展业务。

十二、积极研究深化内地与香港商品期货市场合作的途径和方式，推动两地建立优势互补、分工合作、共同发展的期货市场体系。

十三、继续鼓励内地企业在香港发行人民币和外币债券，推动实现内地企业在香港发行人民币计价股票，利用香港平台筹集资金，并推动实现H股全流通。

十四、积极推动两地债券市场互联互通，包括积极推动两地交易所债券市场互联互通。支持香港发展针对内地金融市场的离岸风险管理业务，并研究两地债券、场外金融衍生品及大宗商品衍生品市场的互通模式。推动人民币跨境支付系统（CIPS）作为跨境人民币资金结算主渠道，以进一步完善内地与香港跨境人民币结算基建。

十五、内地本着尊重市场规律、提高监管效率的原则，支持符合条件的内地保险企业到香港上市。

十六、支持香港的保险公司设立营业机构或通过参股的方式进入市场，参与和分享内地保险市场的发展。加强双方在保险产品研发、业务经营和运作管理等方面的合作。

十七、积极支持符合资格的香港保险业者参与经营内地交通事故责任强制保险业务。内地将根据有关规定积极考虑，对香港保险业者提出的申请提供便利。

十八、内地在金融改革、重组和发展中支持充分利用和发挥香港金融中介机构的作用。

十九、双方加强金融监管部门的合作和信息共享。

第六条 旅游合作

双方同意采取以下措施，进一步加强在旅游领域的合作：

一、支持内地与香港旅游企业拓宽合作范畴，加强产业互动。推进内地与香港邮轮旅游合作发展，支持区域邮轮母港之间的互惠及协调合作，加强邮轮旅游线路开发、宣传推广和人才培训等合作。推进香港多元旅游平台建设。

二、利用海外旅游展览展会等平台开展联合宣传推广,进一步加强双方驻外旅游办事机构的合作。开展内地与香港旅游交流合作活动。

三、建立健全内地与香港旅游市场监管协调机制,推进市场监管信息交流、加强旅游执法协作,共同打击以不合理低价组织的团队游和其他违法违规行为。规范旅游企业经营行为,维护游客合法权益,共同推动内地与香港旅游市场健康有序发展。

四、深化粤港澳区域旅游合作,支持粤港澳大湾区世界级旅游目的地建设。发挥粤港澳对接广西、福建等内地沿海省份的重要节点作用,丰富"一程多站"旅游精品线路,联合开发海上丝绸之路旅游产品。

第七条 法律和争议解决合作

双方同意采取以下措施,进一步加强在法律和争议解决领域的合作:

一、支持两地法律和争议解决专业机构搭建合作交流平台,加强业务交流和协作。

二、支持香港建设亚太区国际法律及争议解决服务中心。

第八条 会计合作

双方同意采取以下措施,进一步加强在会计领域的合作:

一、完善两地会计准则和审计准则持续等效工作机制,共同在国际会计审计标准制定机构中发挥作用,促进高质量的国际相关准则的制定。

二、支持取得中国注册会计师资格的香港会计专业人士成为内地会计师事务所的合伙人,支持取得香港会计师资格的内地会计专业人士成为香港会计师事务所的合伙人。

三、支持两地会计业界在有关会计审计标准制定、会计行业管理制度建设中发挥作用,聘任香港会计专业人士担任会计咨询专家。

四、完善内地注册会计师考试和香港会计师专业资格考试部分科目互免机制。

五、深化内地与香港审计监管等效,进一步完善相互依赖的监管合作机制。

六、支持内地会计师事务所在香港设立代表处、分支机构，发展成员所。

七、鼓励两地会计师事务所在深化"一带一路"建设、内地企业境外上市审计等业务中加强合作和交流。

第九条　会展业合作

双方同意采取以下措施，进一步加强在会展领域的合作：

一、内地支持和配合香港举办大型国际会议和展览会。

二、为推动香港会展产业的发展，应香港特区政府要求，经国家主管部门同意，内地有关部门将为内地参展人员办理赴香港出入境证件及签注提供便利，以方便内地企业和人员参加在香港举办的会展活动。

三、支持两地会展产业领域相关的半官方机构、非官方机构和业界在促进两地会展产业合作中发挥作用。

第十条　文化合作

双方同意采取以下措施，进一步加强在文化产业领域的合作：

一、支持、加强两地在文化产业方面的交流与沟通，促进两地文化贸易发展。

二、在文化产业的法律法规制定和执行方面交换信息。

三、及时研究解决文化产业交流中出现的问题。

四、加强在考察、交流、展览等方面的合作。

五、共同探讨开拓市场和开展其他方面的合作。

六、支持两地文化产业领域相关的半官方机构、非官方机构和业界在促进两地文化合作中发挥作用。

第十一条　环保合作

双方同意采取以下措施，进一步加强在环保产业领域的合作：

一、加强两地在环保产业合作领域的交流与沟通。

二、在环保产业的法律法规制定和执行方面交换信息。

三、加强在培训、考察等方面的合作。

四、通过展会推介、举办研讨会等多种方式加强两地环保产业领域的合作。

五、探讨进一步促进营商便利化的合作建议，以支持两地环保产业发展。

六、支持和协助半官方机构、非官方机构和业界在促进两地环保合作中发挥作用。

第十二条　创新科技合作

双方同意采取以下措施，进一步加强在创新科技领域的合作：

一、加强两地在创新科技领域（包括技术贸易）的交流与合作，继续举办内地赴港科技展览。支持香港发展包括机器人技术、生物医药、智慧城市、金融科技等领域在内的创新科技产业，培育新兴产业。

二、两地共建平台，通过互补优势，发挥协同效应，积极联系并引进国际上优秀的科研机构和人才，促进内地、香港以及海外的机构和企业在科技研发和成果转化方面的交流和合作。

三、支持香港科研人员和机构参与国家科技计划，稳步推动实施合作研发项目工作，逐步推动香港科研机构和企业纳入国家创新科技体系。

四、依托国家重点实验室香港伙伴实验室、国家工程技术研究中心香港分中心、国家高新技术产业化基地香港伙伴基地等平台，加强两地在科学研究、高新技术研发、科技产业应用的合作；继续支持香港伙伴实验室和香港分中心的工作。

五、支持两地高新园区、众创空间的合作与交流，鼓励香港青年人创新创业，推动创新科技产业化。加强两地青年创业人才沟通交流，推动香港创业青年到内地考察参观，拓展"双创"合作，为青年人才提供发展空间。

六、支持和协助半官方机构、非官方机构和业界在推动两地创新科技合作中发挥作用。

第十三条　教育合作

双方同意采取以下措施，进一步加强在教育领域的合作：

一、加强两地在教育合作领域的交流与沟通。

二、加强教育信息的交流。

三、加强在培训、考察等方面的合作。

四、通过专业交流协作、举办研讨会等多种方式加强教育领域的合作。

五、支持内地教育机构与香港高等院校在内地合作办学，合作建设研究设施，培养本科或以上高层次人才。

第十四条 电子商务合作

双方同意采取以下措施，进一步加强在电子商务领域的合作：

一、在电子商务法规、规则、标准的研究和制定方面进行专项合作，创造良好的电子商务环境，推动并确保其健康发展。

二、在企业应用、推广、培训等方面加强交流与合作。发挥两地政府部门的推动和协调功能，推动相关政府部门和企业间相互交流，并通过建立示范项目，促进企业间开展电子商务。

三、加强在推行电子政务方面的合作，密切双方多层面电子政务发展计划的交流与合作。

四、开展经贸信息交流合作，拓展合作的广度和深度，以粤港澳为核心加强电子商务物流信息对接，支持区域内电子商务快速发展。

五、继续合作推广符合互认策略的电子签名证书，保障跨境电子交易安全可靠。

六、充分利用两地优势，推动重点行业和大宗商品的跨境电子商务发展。

七、加强两地在跨境数据流动方面的交流，组成合作专责小组共同研究可行的政策措施安排。

第十五条 中小企业合作

双方同意采取以下措施，进一步加强两地中小企业的交流与合作：

一、通过考察与交流，共同探讨支持中小企业发展的策略和扶持政策。

二、考察、交流双方为中小企业服务的中介机构的组织形式和运作方式，并推动中介机构的合作。

三、建立为两地中小企业提供信息服务的渠道，定期交换有关出版刊物，逐步实现双方信息网站数据库的对接和信息互换。

四、通过各种形式组织两地中小企业直接交流与沟通，促进企业间的合作。

五、支持和协助半官方机构、非官方机构在促进两地中小企业合作中发挥作用。

第十六条　知识产权合作

双方同意采取以下措施，进一步加强知识产权领域的合作：

一、在知识产权保护的法律法规的制定和执行方面交换信息和交流经验。

二、通过各种形式的交流，包括业务访问、交流活动、举办研讨会、出版有关刊物，向公众、业界及相关各方分享及推广有关知识产权保护、运用和贸易的资料与信息。

三、继续加强内地与香港在人才培养和人员培训领域的合作。

四、推动内地与香港在知识产权实施运用、知识产权中介服务、知识产权贸易，以及通过替代争议解决方式（包括仲裁或调解）处理知识产权纠纷方面的合作。

五、继续支持完善香港专利制度，为香港特区实施专利制度提供实质审查、复审、专利批予后的争议和自动化服务等方面的技术支持和帮助。

六、支持粤港双方在知识产权创造、运用、保护和贸易发展方面的合作，推动粤港两地知识产权宣传教育工作，助力高端知识产权服务业的发展。

第十七条　商标品牌合作

双方同意采取以下措施，进一步加强商标品牌合作：

一、国家工商行政管理总局港澳台办与香港知识产权署成立商标工作协调小组，作为双方固定的联系窗口，进一步加强商标品牌领域的交流与合作。

二、加强内地与香港在商标注册业务、商标保护工作以及有关《商标国际注册马德里协定有关议定书》事宜等方面的交流与合作。

三、双方在品牌保护的法律法规制定和执行方面交换信息；加强在培训、考察、出版刊物等方面的合作；通过网站宣传、展会推介、举办研讨会等多种方式加强两地品牌的推广促进。

第十八条 中医药产业合作

双方同意采取以下措施，进一步加强在中医药产业发展领域的合作：

一、相互通报各自在中药法规建设和中医药管理方面的情况，实现信息共享。

二、就中医药产业发展战略和行业发展导向等方面的信息资料加强沟通。

三、加强在中药注册管理方面的沟通与协调，实现中药规范管理，为两地的中药贸易提供便利。

四、支持两地中医药企业的合作，共同开拓国际市场。

五、加强中医药产业合作和贸易投资促进，大力发展中医药服务贸易。

六、支持和协助半官方和非官方机构在促进两地中医药产业合作中发挥作用。

第五章 次区域经贸合作

第十九条 深化泛珠三角区域经贸合作

一、发挥现有合作平台和联络机制的作用，继续深化泛珠三角区域经贸合作。

二、发挥香港作为国际金融、贸易和航运中心的优势，加强在泛珠三角区域内金融、商贸、科技、旅游等产业的合作，推动扩大相互投资，共同开拓国际市场。

三、推动泛珠三角区域企业利用香港平台，赴"一带一路"沿线国家和地区开展投资合作。

四、支持泛珠三角区域内地九省区发挥各自优势与香港共建各类合作园区。

五、在现有经贸合作基础上，积极推进粤港澳大湾区城市群建设。

第二十条 支持香港参与自由贸易试验区建设

一、利用两地经贸合作机制，加强双方就内地自由贸易试验区建设的政策通报和信息交流。

二、研究《安排》框架下在自由贸易试验区内进一步扩大对香港服务业开放。鼓励香港通过自由贸易试验区，积极参与国家重大发展战略。发挥中国（广东）自由贸易试验区"依托港澳、服务内地、面向世界"的战略定位优势，深入推进粤港服务贸易自由化。

三、鼓励香港中小微企业和青年到自由贸易试验区创业。

四、发挥香港在投资管理、贸易监管、金融创新等方面的优势，与内地自由贸易试验区改革开放相结合，创新发展模式，拓展合作空间。

第二十一条 深化香港与前海、南沙、横琴合作

一、发挥现有合作平台和联络机制的作用，推动深化香港与前海、南沙、横琴的合作。

二、支持前海、南沙、横琴在金融、交通航运、商贸、专业服务、科技等重点领域继续先行先试，进一步扩大对香港开放，探索与香港深化经济合作的新模式。

三、推进粤港人才合作示范区建设，支持香港青年到南沙、前海、横琴发展创业，例如粤港澳青年创业工场、青年梦工厂等。

第六章 贸易投资便利化

第二十二条 贸易投资促进

双方同意采取以下措施，进一步加强在贸易投资促进领域的合作：

一、通报和宣传各自对外贸易、吸收外资的政策法规，实现信息共享。

二、对解决双方贸易投资领域中存在的普遍性问题交换意见，进行协商。

三、在促进相互投资及向海外投资的方面加强沟通与协作。

四、在举办展览会、组织出境或出国参加展览会方面加强合作。

五、对双方共同关注的与贸易投资促进有关的其他问题进行交流。

六、支持和协助半官方和非官方机构在贸易投资促进领域中发挥作用，开展贸易投资促进活动。

第二十三条 质量监督检验检疫

双方同意采取以下措施，进一步加强在质量监督检验检疫领域的

合作：

一、机电产品检验监督

为确保双方消费者的安全，双方通过已建立的联系渠道，加强信息互通与交流，并特别注重有关机电产品的安全信息和情报的交换，共同防范机电产品出现的安全问题。共同促进检验监督人员的培训合作。

双方将致力落实国家质量监督检验检疫总局与香港机电工程署于二〇〇三年二月十二日签署的《机电产品安全合作安排》的有关工作。

二、动植物检验检疫和食品安全

利用双方现有检验检疫协调机制，加强在动植物检验检疫和食品安全方面的合作，以便双方更有效地执行各自有关法规。

双方同意积极推进《国家质检总局与香港商务及经济发展局关于进口葡萄酒经香港中转内地的检验安排谅解备忘录》的磋商进程，积极开展合作，在符合双方相关法律法规并确保安全的前提下，对经香港中转输内地葡萄酒产品采取便利通关等相关措施。

三、卫生检疫监管

双方利用现有渠道，定期通报两地的疫情信息，加强卫生检疫的学术交流与合作研究；探讨往返广东、深圳各口岸小型船舶的卫生监督问题；加强在热带传染病、病媒生物调查和防范，以及在生物医药类特殊物品卫生检疫监管和核生化物品检测、处置方面的合作。

四、双方主管部门利用现有合作渠道，加强认证认可领域制度创新方面的合作，支持认证认可、检验检测机构间开展技术交流与合作。

五、为保障两地消费品安全，加强两地在消费品安全领域的合作与交流，根据两地主管部门签署的制度安排及建立的沟通联系渠道，定期举行工作会议，同时开展消费品安全领域的技术交流与培训等合作。

六、积极推动香港检测实验室与已加入设有国家成员机构的认证检测国际多边互认体系（如 IECEE/CB 体系）的内地认证机构开展合作，成为该互认体系所接受的检测实验室。

七、积极考虑推荐一家符合条件的位于香港的认证机构作为中国国家认证机构（NCB）加入国际电工委员会电工产品合格测试与认证组织（IECEE）。

八、研究符合条件的香港企业在内地开设的认证机构，申请成为中国强制性产品认证（CCC）制度的指定认证机构。

第二十四条　透明度

双方同意采取以下措施，进一步加强在透明度领域的合作：

一、就投资、贸易及其他经贸领域法律、法规、规章的颁布、修订情况交换信息资料。

二、通过报刊、网站等多种媒体及时发布政策、法规信息。

三、举办和支持举办多种形式的经贸政策法规说明会、研讨会。

四、通过内地 WTO 咨询点、中国投资指南网站和中国贸易指南网站等为工商企业提供咨询服务。

第二十五条　专业人员资格的相互承认

一、双方同意在建筑及相关工程、房地产等领域开展专业人员资格的相互承认。

二、双方主管部门或行业机构将启动勘察设计注册电气工程师、勘察设计注册公用设备工程师资格互认的交流工作，开展勘察设计注册土木工程师（岩土）和测绘工作的技术交流。

三、双方成立工作专责小组，研究推进建筑领域专业人员资格互认后的注册和执业工作。

四、双方主管部门或行业机构将在已签署互认协议且条件成熟的领域，继续开展专业人员资格互认工作。

五、研究内地监理工程师与香港建筑测量师资格互认继续开展的相关事宜。双方主管部门或行业机构将启动内地监理工程师与香港建造工程师的专业人员资格（监理）相互承认以及香港建筑师取得内地监理工程师资格认可的交流工作。

六、双方主管部门或行业机构将开展两地风景园林专业的技术交流工作。

七、双方继续内地房地产估价师、造价工程师与香港产业测量师、工料测量师的资格互认工作。

八、继续推动内地房地产经纪人与香港地产代理的专业人员资格相互承认工作。

九、允许 2009 年 3 月 31 日及以前成为香港会计师公会正式会员的香港居民，在参加内地税务师资格考试时，可免试《财务与会计》科目。

十、双方主管部门或行业机构将研究、协商和制订相互承认专业人员资格的具体办法。

第七章 其他条款

第二十六条 生效

本协议自双方代表正式签署之日起生效。

本协议以中文书就，一式两份。

本协议于二〇一七年六月二十八日在香港签署。

  中华人民共和国　　　　　　　　中华人民共和国
  商务部副部长　　　　　　　　　香港特别行政区财政司司长

附录 4　深化服务贸易创新发展试点的 20 个最佳实践案例[*]

案例一：创新"网展贸"服务新模式（杭州市提供）

传统展览模式不同程度存在买卖双方信息不对称、不共享、不信任等特点。杭州市发挥政府引导、市场主体作用，依托米奥兰特国际会展公司打造了跨境贸易服务境外推广平台。平台以杭州市政府在"一带一路"沿线重点国家主办的线下展览为载体，依托互联网，创新办展及参展模式，推出"网展贸"服务新模式，为企业提供"展览＋互联网＋供应链"三位一体的跨境贸易服务。

一　主要做法

（一）"网"即互联网

线上平台及移动 App 分设买家客户端和卖家客户端，利用大数据分析进行买卖双方匹配推荐，支持多语种人工翻译，解决双方语言交流障碍烦恼，提供展前线上邀约见面，展中线下展厅看样体验，展后海外仓物流服务。

（二）"展"即数字展览

展览前，平台精准匹配推荐买卖双方、上传供应商信息和提供小语种翻译软件为买家进行"数字预展"做好准备；进行数字预展的供应商在展中可线上线下邀约到达展会现场的匹配买家，买家在进行"数字参展"过程中可生成二维码名片、启动 App 即时聊天和谈判事项记录功能等，

---

[*] 资料来源：商务部服务贸易和商贸服务业司：《国务院服务贸易发展部际联席会议办公室关于印送服务贸易创新发展试点"最佳实践案例"的函》，2020 年 4 月，参见 http：//www.mofcom.gov.cn/article/jiguanzx/202004/20200402954907.shtml。

帮助展后订单跟进。

（三）"贸"即供应链服务

传统外贸从下单到业务结束耗费的时间周期与资金成本远远高于建立海外仓提供的服务时长与成本。目前，米奥兰特会展公司已在迪拜建立当地海外仓，极大地缩短了业务往来时长和减少了物流成本。

二 实践效果

（一）在"一带一路"重要节点布局

2019 年米奥兰特会展公司分别在墨西哥、巴西、尼日利亚、南非、肯尼亚、埃及、波兰、土耳其、约旦、哈萨克斯坦、印度、阿联酋等 12 个全球商贸中心、区域贸易节点国家布局，积极打造中国在"一带一路"新兴市场规模最大、布局最广的跨境贸易促进平台。

（二）辐射全球市场

平台贸易辐射全球 50 个国家、8 万亿美元市场。经过多年深耕，2019 年全年展览面积超过 20 万平方米，服务 26 个省、直辖市和港澳地区的 4315 家参展企业。其中波兰、土耳其、墨西哥、巴西、南非、约旦、埃及、哈萨克斯坦、印度、阿联酋展获得了国际展览联盟 UFI 认证，年展览面积超过 15 万平方米。

（三）助推中国产品和服务"走出去"

帮助中国品牌企业产品和服务"走出去"，提高中国品牌在"一带一路"沿线国家的知名度。在"一带一路"沿线重要国家建立特色商品展区和销售链条，开辟海外市场，在全球范围内配置资源，提高竞争力。

三 下一步工作思路

（一）办好阿联酋服务贸易展

全力办好中国（阿联酋）服务贸易博览会，努力将其打造成为中国在境外和京交会相呼应的服务贸易展销平台。进一步推进"海外杭州"展览货物贸易与服务贸易联动发展，扩充服务贸易参展领域，增加企业参展数量，实现货物贸易、服务贸易双促进。

（二）增加"全球投资"服务模块

开通全球 57 个国家 68 个城市的在线投资咨询，为杭州企业对外投资提供及时、个性化的投资顾问资讯服务和落地服务，打造针对本地区企业对外投资的服务体系。

（三）推动中国服务"走出去"

联动各相关省市、服务贸易创新发展试点城市、国家级服务出口基地等"抱团出展"，通过展会展现中国服务贸易成果，促进服务贸易企业对外交流和合作。

案例二：打造中小服务贸易企业统保平台（南京市提供）

服务贸易企业在"走出去"过程中经常遇到应收账款风险的防范问题，现有的应收账款保险产品对这类需求的适用性较差，大多针对货物贸易；且现有的一些保险产品门槛较高，投保成本也超出了中小企业的承担能力。南京市推出中小服务贸易企业统保平台，由政府提供保费资助，中信保为中小服务贸易企业开发低费率、适用性保险产品，帮助中小服务贸易企业初步建立风控体系，逐步提升企业竞争力。

一　主要做法

（一）确认受益范围

南京市商务局与中国信保江苏公司依照"政府搭建平台，信保最大优惠，企业自愿参加，风险全面覆盖"原则，签订《南京市服务贸易企业统保平台合作协议》。企业覆盖范围包括工商注册地在南京市、2018年服务贸易出口收汇金额在50万美元至800万美元的企业。被保险企业逐一填写《投保单》予以确认。

（二）明确服务要素

根据财政国库集中支付管理制度预付平台保险费50万元人民币，费率为0.1%。按照"先到先得"原则，预算资金使用完毕即停止接受企业投保。如单一被保险人自愿投保扩展承保方案，保险服务费率另行约定，并由该被保险人自行缴费。此次统保平台服务期限为2019年11月1日至2020年10月31日。保险责任项下损失的赔偿比例为80%，单一被保险人最高赔偿限额为30万美元。

（三）加强企业服务

针对中小服务贸易企业的现状，中信保组建专业团队，设立咨询热线和短信平台，开展分区域集中宣讲培训、定期上门拜访、电话沟通回访等方式对所有平台投保企业进行保单讲解培训和具体业务指导，让相关企业熟悉政策内容，了解保单功能，用活用好信保工具。同时优化理赔流程，简化理赔单证，提高理赔结案速度。

二 实践效果

（一）政策受益面不断扩大

统保平台适用于上年服务贸易结算在50万美元以上，800万美元以下的中小企业。第一年预计企业覆盖面可近20%，超出现有国家、省服务贸易企业投保政策性险种的覆盖面。

（二）提升企业风险保障水平

统保平台有利于中小企业建立健全自身的风控体系，依托政策性保险公司的多方面服务，和政府的积极宣传引导，帮助企业了解海外风险，增强抵御风险的能力，保证企业经营的稳定。

三、下一步工作思路

（一）注重政策宣讲

通过召开政策培训会以及重点企业一对一对接，让更多企业知晓相关政策工具。

（二）加强重点突破

在货代等细分领域做好承保工作，形成示范引领。

（三）开展质押试点

与相关银行开展合作，对参保的中小服务贸易企业开展保单融资试点。

案例三：建设全链条、全生态的知识产权运营服务体系（苏州市提供）

为支撑创新发展和优化营商环境，苏州市以建设知识产权运营服务体系为抓手，以产业促进、服务业发展和公共服务体系建设为重点工作，积极发挥知识产权作为全市深化服务贸易创新发展试点重点行业的引领作用，促进和服务全市服务贸易的发展。

一　主要做法

（一）建设产业知识产权运营中心

全面落实《苏州市重点产业知识产权运营中心建设指导意见》，在昆山光电产业，高新区医疗器械产业，吴江光通信产业，工业园区纳米、人工智能、生物医药产业，吴中智能制造产业等产业集中地区分别设立了产业知识产权运营中心。目前，5个产业运营中心都已分别挂牌运行，配备有专门的机构和人员，搭建了运营平台和交流网络，建立了产业知识产权数据库，开展产业知识产权分析，产业知识产权运营已粗具雏形。

（二）打造知识产权运营交易平台

自2016年10月开始，苏州市重点推动江苏国际知识产权运营交易中心建设，主要开展知识产权展示交易、金融、运营等各类服务。目前，中心系统"一站式全产业链服务云"已上线运行，整合工商、知识产权以及司法涉诉等各类大数据资源，注册会员2000多家。搭建苏州市知识产权金融工作平台，江苏银行、交通银行、中国银行等8家银行入驻平台并发布金融产品，开展线上线下融资对接服务，完成知识产权质押贷款项目备案26笔，贷款金额8279.6万元。积极开展知识产权交易运营服务，协助苏州一家企业完成22件国际专利购买，交易金额达865万美元。推动苏州技术进出口备案业务窗口入驻，搭建服务与需求的对接平台。

（三）增强知识产权运营主体能力

制定实施《苏州市知识产权运营服务体系建设项目管理办法》《姑苏知识产权人才计划实施细则（试行）》等一系列政策，对企业引进知识产权进行转化实施给予资助补贴、对运营机构进行奖励、对来苏工作的高端知识产权人才给予最高250万元的安家补贴等，加强对知识产权运营主体能力的培育和提升。苏州4家企业列入国家专利运营试点，20多家知识产权运营机构分别形成了各自的知识产权运营模式。苏州大学、中科院苏州纳米所等高校院所设立了专门的知识产权运营部门。

二 实践效果

（一）企业知识产权实力进一步提升

组织实施知识产权登峰行动计划、企业知识产权战略推进计划、高价值专利培育计划等省、市各项计划项目，企业知识产权实力显著增强。截至目前，全市累计 44 家企业成为国家知识产权示范企业，107 家企业成为国家知识产权优势企业，通过知识产权贯标第三方认证企业近 1000 家。全市专利质量和效益不断提升，2019 年，苏州 32 项专利获中国专利奖，占全省获奖数的 28%，连续四年位居全省第一；13 项获江苏省第十一届专利奖；20 个项目获苏州市优秀专利奖，5 人获苏州市杰出发明人奖。

（二）知识产权金融服务效果良好

苏州市知识产权运营基金运作良好，已投资 2 只子基金，投资金额 5000 万元，间接投资金额达到 20 亿元，放大财政资金 40 余倍。2019 年，全市知识产权质押贷款额达 23.7 亿元，完成全年目标任务的 131%。

（三）知识产权服务支撑不断强化。

在国家知识产权服务业集聚发展示范区中，服务机构已超过 80 家，品牌服务机构和品牌服务机构培育单位占比超过 40%。全市知识产权服务业已形成知识产权权利化、商用化、产业化全链条的业务形态。成立知识产权服务业商会，搭建知识产权服务超市，实现"知识产权服务+互联网"的模式。与英国普雷塞斯中心合作开展国际注册技术经理人认证（RTTP）系列培训，培养 180 多位专业化、国际化的高端技术经理人。

三 下一步工作思路

第一，重点推进知识产权运营服务体系建设，形成完整生态圈。

第二，增强企业知识产权综合实力，制订实施知识产权重点企业培育工程方案，促进产业发展。

第三，提高知识产权公共服务水平，推进信息利用。

第四，促进知识产权服务业发展，提升服务水平。

案例四：创新服务企业信用评定与融资"粤信融"模式（广州市提供）

中国人民银行广州分行牵头搭建广东省中小微企业信用信息和融资对

接平台（简称"粤信融"），探索运用大数据等技术手段创新中小微企业信用等级评定，为服务贸易企业等各类市场主体融资创造有利条件，在实践中取得明显成效。

一　主要做法

（一）强力推动数据集中

搭建覆盖省、市的数据库，依托广东"数字政府"改革和广东省社会信用体系建设协调机制，推动全省中小微企业税务、市场监管、社保、海关、司法、科技以及水电气等数据集中，有效解决金融机构发放贷款过程中存在的数据来源少、标准不统一、查询不便等问题，为精准评价企业信用等级夯实数据基础。截至2019年年末，"粤信融"累计采集省有关部门、21个地级以上市1100多万家市场主体约3.6亿条数据信息。

（二）构建信用评价机制

"粤信融"运用人工智能、大数据等技术，建立企业信用评价和评分体系，对企业进行"画像"，帮助金融机构精准识别企业经营和信用情况，促进企业依靠良好的"信用记录"获得信贷资金。探索运用区块链等技术建立信息共享、隐私保护等机制。

（三）优化融资对接服务

引导有信用、有资金需求的中小微企业和金融机构在"粤信融"发布融资需求和信贷产品，支持银企双方通过智能匹配手段实现线上交互。企业注册成为用户后，可在"粤信融"互联网界面了解扶持政策，申请合适的信贷产品；金融机构可查询企业信息，在线进行融资审核，大幅缩短审贷时间，最快可缩短至1个工作日。

二　实践效果

（一）快速提升银企融资撮合效率

金融机构在"粤信融"签订授信合同，处理贷款审批，有效缩短审核时间，提升了企业融资撮合效率。截至2019年年末，"粤信融"累计撮合银企融资对接6.02万笔，融资金额1.07万亿元。其中，2019年新增2.64万笔、金额2494.39亿元，分别同比增长78.11%、30.57%。

（二）持续扩大金融服务覆盖面

金融机构在"粤信融"运用完善的信用评价信息判断企业经营状况，推动金融机构金融服务覆盖面迅速扩大。截至 2019 年年末，广东 1.36 万家金融机构网点无成本接入"粤信融"；发布信贷产品 3139 个，较年初增长 177.04%；查询企业信息 159.12 万次。

（三）增加企业融资机会和可得性

企业在"粤信融"互联网统一界面查看和比较不同金融机构发布的信贷产品，竞争机制倒逼金融机构适当降低利率。同时，依托线上信息共享，降低了搜寻企业的成本。低成本促进中小微企业融资机会和可得性大幅提高。

三 下一步工作思路

（一）加强与地方政府有关部门协调，推动关键量化数据采集和集中

加大工作力度，推动金融机构较为关心的纳税明细、用水量、用电量、用气量、公积金、社保缴存等价值密度较高的量化数据采集和集中，以高质量数据建成高质量平台。

（二）加强大数据等创新技术应用，完善企业信用评价体系

运用数字技术对海量企业数据进行深加工，实现对企业更精准"画像"。构建企业异常监控和预警机制，帮助金融机构主动进行贷后管理，防范金融风险。

（三）加强配套制度建设，提升"粤信融"公信力与影响力

推动地方政府部门针对"粤信融"应用情况，研究设立专项基金等综合性配套措施，对应用"粤信融"大量发放信用贷款，支持中小微企业发展而产生损失的金融机构给予相应补贴或其他支持措施。

案例五：创新开展服务贸易中小微企业融资试点"信易贷"（重庆两江新区提供）

重庆两江新区精准聚焦中小微企业特别是服务贸易中小微企业"融资难""融资贵"问题，进一步增强金融服务实体经济的能力，由两江新区管委会联合国家信息中心、工商银行总行和数联铭品科技有限公司合作

在两江新区直管区开展金融科技为核心的数字普惠金融业务，成为全国服务贸易中小微企业融资创新试点。

一　主要做法

（一）精准聚焦试点对象

针对注册、纳税关系在两江新区直管区范围内的中小微企业推出融资产品"信易贷"。此款产品为信用贷，单户贷款金额最高不超过 500 万元，原则执行同期贷款基准利率，两江新区对工商银行以同期基准利率发放的贷款额度予以一定比例利息补贴。

（二）有效整合数据资源

有效整合全国信用信息共享数据、政府部门登记的企业信用和企业市场信用数据，实现企业融资服务领域整合应用；建立企业金融大数据库，国家信息中心指导数联铭品科技开发建设企业融资服务大数据平台，工商银行在平台运行大数据信用贷风控决策模型，实施"信易贷"从客户筛选到贷款发放的全流程业务。

（三）多方共担防控风险

两江新区、工商银行、数联铭品按照 7：2：1 的比例建立贷款本金损失共担机制；两江新区和数联铭品按照 87.5%：12.5% 的比例设立前期 3000 万元的风险补偿基金；建立风险预警机制，当风险补偿金达到累计发放贷款金额的 3% 和 5% 时，分别启动书面风险预警和暂停放贷处理。

（四）协同建设信用体系

通过大数据平台聚焦企业信用行为，积极推进两江新区社会信用体系建设，构建"守信者获得激励，失信者处处受限"的奖惩机制，不断提升两江新区企业信用水平。

二　实践效果

"信易贷"采取"政府主导、企业主体、专业支撑、多方参与、协同创新"的运营模式，利用大数据智能化技术深度融合各主体数据资源；以信用建设和普惠金融服务为核心的新尝试，有效完善了两江新区多层次广覆盖的融资服务体系。目前"信易贷"储备企业 412 家，提交贷款申请的企业 135 家，申请总额 4.9 亿元，平台通过企业 98 家，意向金额 3.7

亿元。

三　下一步工作思路

第一，建立健全联席工作机制，进一步梳理流程，研究资金管理、收益分配、风险预警、风险补偿、债权认定、资金追偿、账户拨付等细化管理办法。

第二，加快完成两江新区中小微企业大数据库、通道式信息共享系统、企业融资服务大数据平台。

案例六：中韩"四港联动"海空港联动多式联运（威海市提供）

为深化服务贸易创新发展试点、中韩自贸区地方经济合作示范区和国家跨境电商综试区建设，威海市充分利用与仁川在区位、交通、政策等方面的优势，依托两地海港、空港开展"四港联动"，开展陆海空多式联运，实现物流一体化协同发展，构建以威海、仁川为节点的东西互联互通国际物流大通道。

一　主要做法

（一）建立联动推进机制

交通运输部先后三次召开专题会，研究工作推进情况；山东省政府将其作为重点督办工作，龚正省长见证"四港联动"合作协议签署；与仁川市签署《威海—仁川打造东北亚物流中心谅解备忘录》。

（二）构建立体交通体系

一是拓展空中通道。威海机场新增大邱、清州两个全新对韩通航城市，每周7个航班，目前威海市对韩航班每周42个，对韩机场覆盖及客运能力进一步提升；开通至仁川机场的货运包机业务，并逐步由通航初期的每周2班加密至每周5班。

二是拓宽海上通道。威海港整体划入青岛港，"中创威海—青岛集装箱航线"和"威海—青岛双向对开集装箱海铁联运班列"相继开通；"威海—潍坊"集装箱航线也正式开通，使威海能够充分运用全省港口资源，加强与全球航运巨头深度合作，做大辐射东北亚的中转网络体系，加快内陆港和海铁联运布局。

三是推进海铁联运。积极探索发展海铁联运，先后开通了威海至德国杜伊斯堡、乌兹别克斯坦塔什干、蒙古乌兰巴托等铁路班列，开通了"威海—重庆"的冷链班列业务。同时，探讨开展中韩整车运输业务，将其作为衔接海铁联运的重要方式，组织开展韩国整车在威海境内从事运输业务模拟测试。

（三）畅通多式联运服务平台

一是推进威海国际多式联运中心建设。威海国际多式联运中心运营企业已完成注册手续。规划建设中的"日韩—威海—欧亚"东西双通道海铁公多式联运项目被评为"第三批山东省多式联运示范工程项目"。

二是推进综合保税区创新发展。综保区封关验收后，不断完善园区基础配套设施，大力发展跨境电商直购出口和保税进口业务，提升产业承载力和吸引力，已引进韵达国际快件一级分拨中心、DHL仓储物流、宝能物流集团等项目，并成功入选山东省服务业特色小镇培育名单。

三是发挥威海港国际集装箱多式联运综合服务中心效用。自项目正式投入使用以来，已实现"一次申报、一次查验、一次放行"的"三个一"通关作业模式，为进出口企业提供"一站式"通关服务，提高验放作业效率和货物的集疏港作业速度，特别是对于韩国进口货物，整体上实现了"当天到港、当天提货"。

四是加快威海国际物流园发展。完善提升园区保税仓储、分拣分拨、展示交易等配套功能，吸引70多家跨境电商产业链企业在园区聚集，平均每月进出口跨境电商货物400TCU以上，货值2.8亿美元，占青岛关区业务量的80%以上。

二 实践效果

（一）连接交通链，强化枢纽优势

"四港联动"的提出重新定义了威海在全国乃至东北亚地区的交通地位，使威海从原本的全国交通支端末梢变为连接国内腹地和日韩、东北亚的重要节点和枢纽城市。

（二）完善供应链，丰富对外贸易渠道

"四港联动"进一步丰富威海市对外贸易渠道和路径，运输模式从海运到海空联运、空空联运、海陆海联运、海铁联运，形式多样、连贯顺畅，为国内货物出口日韩、欧美及日韩货物进入国内或转至欧亚打通了国际物流大通道，有力地促进了对韩贸易的发展尤其是跨境电商的发展。

(三) 增强价值链，提高物流服务水平

"四港联动"构建以威海、仁川为节点的国际物流大通道，使经威海出口至仁川转运至欧美的货物价格、运输能力及货物种类上比南方港口及空运方式具有相对优势，且威海市良好的口岸营商环境和高效的通关效率，都进一步增强威海市物流价值链。

(四) 延伸产业链，促进双向投资

康派斯新能源车辆、德宇冷链等在韩国设立海外仓，搭建以海外仓为支点的集货、配送中心；威海国际物流园开设仁川保税海外仓，提供日本、欧美等在仁川中转的国际跨境电商和海运快件包裹类货物的运输、报关和配送。宝能（威海）智慧供应链产业园、韵达国际快件一级分拨中心等项目正在加快建设。

三　下一步工作思路

(一) 加强软联通，推进口岸营商环境优化

一是积极推进物流制度创新。对接中韩两国相关主管部门，争取在中韩自贸协定框架下，发挥威海—仁川中韩自贸区地方经济合作示范区的"试验田"作用，开展中韩整车运输业务测试，增强威海市口岸物流优势。

二是优化口岸营商环境。推动口岸相关部门进一步简化流程，提高查验通关效率，深化通关一体化改革，争取海关各项改革措施在威海先期探索实施，打造"速度最快、费用最低、服务最好"口岸。

三是深入开展中韩口岸协作。协调两地海关进行业务对接，梳理"四港联动"业务货物监管流程，明确监管方式，简化通关手续。

(二) 完善硬联通，促进物流一体化体系建设

一是加快物流通道建设。适时增加海、空新航班或航线。探讨开通中俄班列，开发欧亚班列回程业务，研究开展欧洲拼箱业务和中欧班列冷藏箱运输等。积极与"一带一路"重要节点省市深度合作，探讨物流资源合作方案，强化陆港深度合作，加快转运效率，进一步畅通物流通道。

二是丰富物流产品。探讨开通威海港至欧洲的卡车航班业务，开辟除海运、空运、铁路运输之外的新运输模式，构建日韩货物经威海到欧洲的陆运新通道。研究威海经韩国至日本的中韩日海陆海联运线路，形成联通中韩日的黄金走廊。

三是建设平台载体。尽快启动威海国际多式联运中心相关配套设施及工程建设，提升专业化物流服务和贸易服务水平，以高效物流吸引产业聚集，以产业支撑物流通道。

案例七："全球云端"零工创客共享服务平台（陕西西咸新区提供）

西咸新区秦汉新城充分发挥"自贸+服务贸易+双创"三试联动优势，由人社、税务、市场监督、出入境等部门牵头搭建"全球云端"零工创客共享服务平台（以下简称"平台"）。该平台有效解决了复转军人、弱势及特殊人群、失地农民等各类国内灵活就业人员和部分持有来华工作许可证外国人就业，提升了外国人来华工作、投资的便利性，满足了企业对于灵活人员就业的需求，彰显了政府保障就业的公益普惠性和服务精准性。

一　主要做法

（一）提供岗位精准匹配

平台主要发布登记注册企业的用工需求，并优先匹配与企业要求相适应的各类就业人员信息。特别是对有聘请外国人需求的企业，平台对已持有来华工作许可证且有意愿就业的外国人实施定向匹配，最大程度实现供需双方的"云端握手"。当双方达成用工意向后，签订三方电子劳务合同，由平台与人社部门、劳动监察部门联动，对合同履行情况同步同频全过程监督，保障各方权益不受损害。

（二）扩展场景应用范围

平台与政府部门联动，通过数据共享、平台共建的模式，持续拓展场景应用。比如，注册的各类企业每月定期将灵活人员工资结转至平台，由平台统一为各类灵活就业人员提供工资结算、个税代缴、社保缴纳、公积金缴存、创业孵化等服务，包括外国人在内的各类已签订三方协议的就业人员可依托平台"一站式"领取工资、办理社保、公积金缴存、代缴个税等业务。无须再通过传统渠道办理，既实现了灵活就业者工资及时的支付，又解决了相对零散税源的收缴，而各类企业则通过平台可在线办理社保账户开设等业务。

（三）提高国际服务外包内涵

平台与外籍人力资源服务机构对接，根据外籍就业者的需求，有针对性地提供国内业务发包方，并为国内灵活就业者提供国际业务。同时，为外籍人员来华工作在线提供就业许可办理、币种结算、签证咨询、翻译、住宿等服务，为来华投资兴业的企业提供咨询服务、法律服务、知识产权、企业开办、税务登记、投资准入等"一站式"服务，提高了外国人来华工作便利度，拓展了区域服务贸易便利化水平和开放度。

（四）创新外国人来华工作与投资服务

突出制度性创新与安排，与出入境管理部门、人社部门联动，简化外国人来华工作许可流程和材料，实施预审制与容缺办理机制，审批时限由原先的 5 个工作日压缩到 2 个工作日以内；与人民银行西安分行、各主要商业银行协作，对于外籍人员首次办理个人人民币一类结算账户时，可同步开通外币账户功能，自由选择工资结算币种，平台将按工资结算发放当日利率实现转换、发放，并扣缴个税、社保等费用；针对平台上的外商投资企业或个体，实施"负面清单＋国民待遇＋正面鼓励＋跨部门联动服务"，并在资质许可、注册登记、产业政策、员工招聘、跨境结算等领域实施创新改革，一对一专项服务，有效提升投资贸易便利化水平。

二 实践效果

（一）提升服务供需双方对接精准度

平台自 2019 年 4 月正式运营以来，累计注册创客人数近千人，注册企业百余家，实现收益的创客九百多名，购买服务的企业近 60 家，交易额超过 3000 万元人民币，纳税额突破 150 万元人民币，有效解决了灵活人员就业需求和企业用工需求，供需双方满意率高达 90% 以上，同时，构建的多重闭环管理模式，实现了合同履行、工资结算、社保缴纳等全过程监督，不仅实现了分散税源、社保等的有效归集与征收，还确保了供需双方劳动权益。

（二）提高了外国人来华就业投资便利性

平台通过多部门协同联动，来华工作许可证办理等可实现一网通办、限时办结，特别是工资、社保、个税等可自由选择币种实时结算、缴纳，减少了外籍就业人员办理业务的时限，极大提高了外籍就业人员的服务保障功能。同时，平台的"一站式"投资服务联动了政府多个部门，为外商投资与贸易提供了极大的便利性。

（三）扩大了服务普惠性与保障性

平台运营以来，开辟大学生创业窗口、复转军人双创窗口、弱势及特殊人群直通车等特定人群服务专栏。比如，为高精尖技能人才，提供人才定向经纪服务；为低收入人群提供技能培训和创收课程；为贫困人口、失地农民、"两劳"人员等弱势及特殊群体，结合国家扶持政策，对接民政、扶贫等相关部门，提供各类法定补助，有效兑现了"兜底"承诺。同时，通过网站、自媒体、服务号和创客服务端、城市分站等端口辐射布局全国，与国内外人力资源机构协作，吸引了更多包含外籍人员在内的就业人员、境内外企业加入，并通过大数据实现精准匹配，有效实现模式输出与灵活就业人员的导入。

三 下一步工作思路

（一）深度打造平台集成服务功能

西咸新区将充分挖掘自贸试验区、服务贸易创新发展试点和双创示范基地的叠加优势，争取更多的改革突破与制度创新，打通平台连接渠道，持续完善和丰富平台功能，在现有社保、个税等在线缴纳的基础上，扩展灵活就业人员的职称评审、档案管理、工作认定、补贴申领、创业扶持等集成性场景应用和"一站式"服务。

（二）加强外籍人员服务能力

制定多语种外国人来华工作、投资手册，开展大批量外籍人员资格认定，并与省、市、新区有关部门联动，出台更具可操作性的外国人来华工作、投资集成性的改革与服务措施，确保外国人在华的合法权益，切实提升外国人来华工作就业、投资贸易便利化水平。

（三）构建闭环监管服务体系

平台将与各部门联动，发挥信息归集和共享的优势，展开制度解构与重构、流程再造等，优化监管和服务模式，重点构建事中事后监管服务体系，形成高效、快捷的闭环管理，确保平台各类主体和灵活人员的合法权益，切实提升平台的普惠服务性。

案例八：创新第三方医学检验检测实验室共享模式（陕西西咸新区提供）

西咸新区秦汉新城按照服务贸易深化改革试点要求，突破现有第三方医学检验资质审批制度，在全国探索开展第三方医学检验检测机构持有人制度，以共建共享实验室为核心，以闭环管理制度为保障，全面落实检验全生命周期责任，有效压缩了医学检验资质获批时限，降低非公立医疗检测机构准入门槛，促进了医疗检测行业快速集聚。

一　主要做法

（一）建设可共持有的标准实验室

借鉴上海药品上市许可持有人制度及医疗器械上市许可持有人制度，在秦汉新城内试行第三方医学检验机构持有人制度。由政府投资建设可共享的标准实验室，配备专业检测设备，开发涵盖取样、运输、送检、结果应用等多功能的检验服务系统。建成经行业主管部门验收达到国家标准后，交由具备资质的机构专业化运营管理。区内其他第三方医学检验机构无须再自建实验室可自由选择标准实验室以持有人身份申请医学检验资质，在获取资质并与实验室签订合同后开展检验业务。

（二）严格闭环管理制度保障

按照国家标准，制定实验室使用与管理闭环制度体系，重点在仪器设备使用、样本取样、送检检测、冷链存储、制剂使用、检测溯源、结果运用、过程监管等关键环节，形成严格的制度体系和标准化的操作流程，确保实验室绝对安全，检测结果可靠。第三方医学检验机构在开展检测业务时，须严格按照规章流程操作，并接受实验室全过程质控。

（三）提升服务功能与内涵

实验室根据检测能力，先期确定可共容的检测单位数量和检测业务并对外公布。第三方医学检验机构将送检标本，通过冷链物流体系送至实验室，开展检测服务，检测完毕后，将检测结果及解读、诊疗建议等内容第一时间上传至平台服务系统，供送检单位下载查看。同时，个人客户也可以在实验室申请基因检测、血型化验等服务，用户可以直接通过微信公众号等方式下单，平台提供采血、取样、送检、报告解读、健康建议等全流程服务。

二　实践效果

（一）医学检验资质申请效率大幅提升

第三方医学检验机构持有人制度试点以来，已投资建成两个面积各达1200平方米的标准共享实验室和办公区，并通过了行业主管部门的验收，目前由具备资质的专业机构开展试运营。区内3家第三方医学检验机构通过共享实验室以持有人身份获批了医学检验资质，申请手续较原先减少了40%以上，获批时限缩短了1.5年，节约成本约50%，有效促进了区域医疗健康产业的快速发展。

（二）有效缓解了医院的检测服务压力

目前，注册在西咸新区秦汉新城的第三方机构12家，已使用实验室的第三方机构3家，实验室可提供两大类超过15项的检测内容，目前服务范围已覆盖全国200多家医院，涵盖各类等级的医院和乡镇（社区）卫生院，日检测量达50项，有效缓解了各类医疗机构的检测压力。

（三）实现了经济效益和社会效益的双丰收

组建以中科院院士为核心的质检专业团队和政企联动的过程监管体系，确保医学检验符合国家标准，结果可靠可信。截至目前，没有出现一例违检、漏检及检验事故，赢得了各类医疗机构的好评。同时，有效加速了第三方检验检测业务集群式发展，入驻的第三方机构2019年营业收入已达到1500万元。2020年度实验室预计新增两大类检测业务，年检测量达到3万份，收益将突破5000万元。

三 下一步工作思路

（一）建设国际一流的共享实验室

以构建标准化检验服务体系为依托，不断提高实验室使用的准入条件，以共享模式降低投资成本，提升设备加快更新升级，力争达到国际一流水准，吸引更多的国内外第三方医学检验机构依托实验室申请检验资质。

（二）丰富检测内容强化结果互认

把握分级诊疗机遇，与省内外三级甲等医院进行联动，根据医院需求，及时增加检测项目，下沉并前置服务内容，逐步承接更多社区医院、乡镇医院等基层医疗机构的检测业务，并依托大数据平台，实现省内医联体之间的结果互认，有效提升诊疗效率。

（三）持续促进医疗检验检测行业高质量发展

与行业主管部门密切联系，进一步优化实验室操作规范和流程，丰富检测大数据系统，强化全过程溯源追踪服务，建立健全第三方医学检验机构的监督机制，完善全过程监管体系，组建专家队伍，确保检测结果可靠、可用。同时，组建医学检验检测行业协会，牵头组建龙头企业，出台政策扶持各类医学检测主体快速发展，切实引导区域内第三方医学检测业务高质量发展。

案例九：建立"保税货物＋租赁贸易"新模式（天津市提供）

《国务院办公厅关于促进金融租赁行业健康发展的指导意见》（国办发〔2015〕69号）中提出了"鼓励通过金融租赁引入国外先进设备，提升国内技术装备水平"的相关精神，天津市发挥融资租赁产业特色，创新推出了进口保税设备租赁业务模式。

一 主要做法

建立"保税货物＋租赁贸易"的新模式。根据相关规定，海关特殊监管区域内企业之间货物自由流转，不征收增值税和消费税，区内企业从境外购买设备享受保税政策。租赁公司在海关特殊监管区域设立租赁特殊目的公司（SPV），以SPV公司为出租人，采购租赁标的物入区保税，以

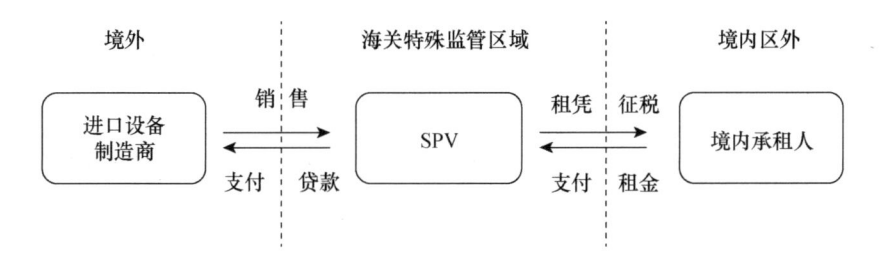

```
境外          海关特殊监管区域         境内区外
进口设备   销售                租凭  征税   境内承租人
制造商    ←——→    SPV    ←——→
         支付 贷款           支付 租金
```

进口保税设备租赁业务模式

租赁贸易方式报关后，交付承租人使用，实现以租金方式分期缴纳关税和进口环节增值税。

二 实践效果

（一）现金流压力缓解

采购租赁标的物入区保税，并以租金方式分期缴纳关税和进口环节增值税，减少对企业资金占压，缓解企业现金流压力。

（二）应用范围广

该业务模式不仅适用于港口设备的进口，同时可应用于成套设备进口中的多个行业。在企业资金不充足的情况下，帮助其及时采购生产工具，抢抓市场发展机遇。

（三）功能发挥全

进口保税设备租赁还可以与链式租赁、厂商租赁等模式相结合，进一步拓展制造产业上下游，进一步发挥融资租赁所兼具的融资与融物相结合的功能。

（四）合作空间大

该模式可以实现跨海关特殊监管区域之间的合作，突破了海关特殊监管区域 SPV 设立的地域限制，可与其他海关特殊监管区域间采取 "1＋N" 的模式进行推广，减少了企业对 SPV 公司管理的难度。

三 下一步工作思路

第一，进一步扩大租赁标的物范围。例如重点支持高新技术、医疗器械等设备。

第二，争取金融租赁公司在海关特殊监管区域内设立 SPV 公司开展进口保税设备租赁业务。

第三，加强新模式推广，了解企业需求，探索更多试验。

案例十：集聚大数据探索服务贸易新业态新模式（贵州贵安新区提供）

2018年6月国务院批准深化服务贸易创新发展试点以来，贵安新区积极利用大数据集聚企业、融合产业、创新业态，探索服务贸易发展新路径，以数据服务为引领的贵安服务贸易创新发展之路越走越宽。

一　主要做法

（一）坚持用大数据集聚服务贸易新产业

试点以来，贵安新区规划建设了以综保区、大学城为核心的服务贸易高端产业集聚区，奋力打造以大数据为引领的电子信息制造、数据中心、软件及信息技术服务三大产业集群。充分利用地质、气候、能源供应等优势规划建设大型数据中心项目11个、服务器360万台，其中国内三大运营商数据中心等一批引领性项目已经建成投运，苹果 iCloud 数据中心、华为全球云数据中心、腾讯七星数据中心、FAST 天文大数据中心等一批示范性项正加快建设，以大数据为主导的上、中、下游产业正加速集聚，服务贸易发展的产业基础不断厚植。

（二）坚持用大数据催生服务贸易新模式

试点以来，贵安新区按"市场引导、企业主导、政府支持"的模式，出台《贵安新区大数据+产业深度融合行动计划》等政策措施支持，大数据与工业、农业、服务业深入融合，促进实体经济向数字化、网络化、智能化转型，用数字产业化推动产业数字化、贸易数字化，服务贸易新业态、新模式层出不穷。

（三）坚持用大数据探索服务贸易新路径

试点以来，贵安新区依托大数据探索适合于贵安新区服务贸易创新发展之路。按照"以服务业为主体，以大数据和服务贸易为两翼"的模式，探索服务贸易国际合作新路径，与苹果公司成功合作 iCloud 项目；支持白山云科技公司在美国设立子公司，在关注行业最新发展动态的同时积极开拓美国数字服务市场。依托数博会、贵洽会、中国—东盟教育周等展会论坛打造服务贸易交流合作平台，促进服务贸易领域投资、技术、人才培训等交流合作。依托亿蜂、鼎韬等打造服务贸易综合服务平台，推动服务贸易各类要素聚合、业务融合、资源整合。按照"政产学研"合作模式，探索大数据、服务贸易人才培养新路径。

二 实践效果

（一）产业集聚有新突破

2019年贵安新区大数据产业招商落地项目21个，总投资340.62亿元；大数据重点项目实施13个，完成投资36.89亿元，尤其是贵阳"贵安国家级互联网骨干直联点"完成建设，以数据中心为引领的信息基础设施投资位居全省第一。国内三大运营商数据中心服务器安装使用6.15万台、承载能力已达26.5万台。先后集聚苹果、华为、微软、IBM、富士康、浪潮等一批标志性的国际大公司落户，云上贵州、白山云、数据宝、贝格等本土大数据企业快速成长。2019年软件和信息技术服务业营业收入完成43.09亿元，同比增长42.54%。

（二）模式创新有新突破

贵安新区数据中心产业由仓储业态加速向全国领先的"云+端"大数据应用业态转型升级，服务贸易数字化等服务贸易新业态、新模式不断涌现。如白山云科技公司自主研发的云链、"数聚蜂巢API"等数字服务模式，为微软、腾讯、搜狐等近300家知名互联网企业和中国70%的互联网用户提供服务，相继入选全球顶级CDN服务商和《中国企业家》发布的"科创企业百强榜"。贝格大数据公司推出的"数据+算法+算力"整合云服务的理念及模式，致力于"零门槛"提供大数据和人工智能应用。白山云科技、瀛弘科技、聚嘉科技等企业积极开拓数字服务出口市场，2019年新签信息技术离岸服务外包合同4570万美元，同比增长168.52%，市场涉及美国、英国、新加坡、中国香港等国家和地区。

（三）发展路径有新突破

贵安新区坚持发展服务贸易、人才先行。依托华为大数据学院、NI-IT、IBM、微软与大学城相关院校合作，推进大学城各高校探索"人才+项目+团队""人才+基地"等人才培养新模式，打造大数据、服务贸易人才梯队，先后引进一批大数据人才和团队到贵安创业就业。利用2019年数博会举办"构建IDC产业生态赋能数字化转型"贵安主论坛，与思爱普、中电四建设、贵州广电等公司签约20个大数据项目。

三 下一步工作思路

（一）进一步集聚产业要素

加快打造贵安综保区、大学城、绿色金融港等服务贸易核心区，加快大数据、数字经济、电子信息、服务外包等产业园区和基地建设，探索数字服务出口基地建设，推动服务贸易向高端集聚发展。

（二）进一步创新业态模式

认真落实国家关于服务业开放相关政策和便利举措，积极推进服务业双向开放，鼓励高端服务企业"引进来""走出去"，学习借鉴和利用国际先进的技术、商业模式发展自己。充分利用大数据产业优势，探索推进服务贸易数字化，运用数字技术提升服务可贸易性，积极为全省乃至全国服务贸易开辟新路径。

（三）进一步探索发展经验

加快整合产、学、研等领域的资源和优势，加强服务贸易数字贸易管理体制、促进机制、监管制度、发展模式等领域的探索研究，深度探索大数据和数字服务贸易新模式、新技术、新经验，力争有成熟的经验向全省甚至全国推广。

案例十一：推进生物医药研发外包实验用生物材料通关便利（上海市提供）

生物医药产业作为我国大力扶持的战略性新兴产业，对实验用生物材料具有较大进口需求，创新监管模式，推进生物医药研发外包实验用生物材料快速通关，能有效助力生物医药等产业的快速发展。上海市在生物医药领域实施的特殊物品通关便利化等创新举措，对未来在更大范围的生物医药研发外包实验用生物材料通关便利化推广积累了经验。

一 主要做法

（一）建立风险评估体系

为加快推进生物医药研发监管模式与国际接轨，上海市商务、海关、药品监督管理部门就跨境研发所涉及的关键环节和问题进行梳理，以生物医药研发用特殊物品的风险评估为突破点，建立"研发单位分类管理＋产品风险分级"的检疫监管体系，对低风险产品实行"一次审批、多次核销"，对高风险物品建立生物医药跨境研发用特殊物品的入境通道。建设生物医药特殊物品风险评估信息平台，建立海关特殊物品风险评估流程和技术要点标准，实现评估无纸化、流程可视化、结果可预期。

（二）优化关企服务模式。

考虑生物医药企业"科研生态"需求，针对其研发用品种类多、数量少、批次频、贮存要求高、查检条件特殊、通关时效强等特点优化管理流程。生物医药研发企业登录"科创e家"信息化平台，可享在线申请、单证电子传输、办理预审核、通关实时查询和提示、政策信息发布及实时互动等"一站式"海关服务。依托上海海关跨境贸易大数据平台，对符合一定条件的生物医药科研机构，减少事中干预，对特殊情况需要查检的进口用品优先实施查验、抽样、检测等作业。

二 实践效果

（一）特殊物品风险评估时效大幅度提升

将风险评估由原先9个环节减少为5个，评估时长压缩四分之一，进一步提升企业体验度和获得感。

（二）服务企业更为便捷

依托"科创e家"信息化平台，实现"让科研机构少跑腿，让数据多跑路"。同时，借助张江跨境科创监管服务平台的口岸分拨直通优势，对研发机构的空运进口货物，做到即到即查，当天货当天清，让进口的特殊物品更快到达上海的实验室。

三 下一步工作思路

一是完善通关便利制度。推广北京中关村生物医药国检试验区、广州华南生物材料出入境公共服务平台等成熟经验，完善检疫监管体系，进一步压缩通关时间；推动延长卫生检疫审批单有效期；建立跨境生物材料入境"绿色通道"；简化风险判定流程，缩短风险评估时间。

二是搭建公共服务平台。依托自贸试验区、服务贸易创新发展试点、服务业扩大开放综合试点等平台，发挥综合保税区优势，在生物研发企业集中的地区，建设一批生物材料出入境公共服务平台，安排海关、药监、环境、卫生等有审批事权的部门入驻，为企业提供报关报审、专岗查验、快速通关、保税监管、业务咨询等"一站式"服务。

三是加强事中事后监管。建设全国生物材料全流程监管服务信息系统，完善跨境生物医药研发业务管理模式，加强对生物材料进口、使用、销毁全流程的数据管理，探索对生物企业实行诚信分级管理，不断强化事中事后监管，营造良好制度环境。

案例十二：搭建生物医药集中监管和公共服务平台（南京市提供）

南京江北新区紧密结合建设自主创新先导区战略定位，积极复制借鉴"出入境生物材料制品风险管理""动植物及其产品检疫审批负面清单制度"等改革试点经验，搭建生物医药集中监管和服务平台，进一步创新检验检疫监管模式，提升公共服务效能。

一 主要做法

（一）简化审批流程

依托生物医药公共服务平台，建立完善基于"企业诚信管理、产品风险评估和企业生物安全管理"的特殊物品生物安全控制体系，实现特殊物品生物安全风险全流程管理。简化审批手续，在企业分类管理基础上，对经过专家组评估为生物安全风险等级"三级""四级"的低风险生物制品，审批方式由原来的逐批审批调整为年度一次审批、分批核销。

（二）实行集中监管

搭建出入境生物医药集中监管平台，新区海关检验检疫部门依托集中查验监管系统实行集中监管，减少物流环节、提高通关效率。同时，积极探索入境特殊物品检验检疫无纸化，优化监管流程，企业不需要到窗口递交纸质单据、办理检验检疫业务，只要将原先需要提供纸质的单证通过电子文件形式上传平台，就能实现足不出户办理入境特殊物品检验检疫业务。

（三）优化公共服务

依托江北新区生物医药公共服务平台，采用"门户+服务"运行模式，优化整合新区生命健康领域服务资源，为生物医药研发企业提供医药研发检测、基因测序、企业孵化、高端试剂配送等专业、高效、便利的"一站式"配套服务。

二　实践效果

（一）大大提升了生物制品通关效率

生物医药集中监管和公共服务平台运行后，对单克隆抗体、蛋白质药物、小分子药物、血液及其制品等生物制品，在进口环节审批由原有的20—30个工作日缩减为1—3个工作日。拿到《入境特殊物品卫生检疫审批单》，再通过无纸化报检，在电子信息齐全正确的情况下，1天之内即可顺利通关放行，大大降低了过长的通关周期造成的生物制品活性受损。

（二）有效促进了生物医药产业集聚

南京生物医药谷获评为南京市"服务贸易发展集聚示范区"。打造健康医疗大数据中心公共测序平台，引进全球领先的超高通量人类全基因检测设备，吸引美国帝基生物、诺禾致源、安诺优达、世和基因等业界一流企业入驻。在医疗器械及诊断试剂产业链，吸引了微创、双威、宁创、宁健、世帝、美宁康诚、天纵易康、巨鲨医疗等一批核心企业入驻。

三　下一步工作思路

第一，进一步学习借鉴上海、浙江等先进地区在推动生物医药产业研发创新等方面的做法经验，积极争取更大的政策支持力度。

第二，进一步完善生物医药监管和公共服务平台运行机制，提升专业化服务能力。

第三，进一步简政放权，创新优化监管服务模式，为推动生物医药产业创新发展提供更多优质的公共服务。

案例十三：实行进口研发（测试）用未注册医疗器械分级管理（苏州市提供）

苏州市针对研发用未注册医疗器械产品及零部件的进口实行分级管理，即由准入企业履行进口报备手续、制订自主管理方案，由职能部门加强事中事后监管,海关部门根据苏州工业园区(以下简称园区)经济发展委员会、科技信息化局和市场监管局出具的情况说明函,按照相关规定执行通关手续,从而提升进口通关效率和便利化程度。

一　主要做法

(一)制定进口研发(测试)用未注册医疗器械分级管理办法

分级管理办法明确了备案产品范围和分级标准,规定了申请企业的具体准入条件,并明确在业务流程上设立单一服务窗口,由园区特殊生物制品物流平台做好企业的前期辅导和资料一窗受理,后续也由平台负责向园区市场监管局、经济发展委员会和科技信息化局递交企业申请资料,为企业提供了清晰的指引。

(二)强化申请企业的主体责任

企业要切实履行主体责任,建立起一整套覆盖进口研发(测试)用未注册医疗器械全生命周期的质量管理制度,明确高层管理人员和专管员,建立登记、领用台账并严格逐笔记录,确保产品合规用途,主动接受和配合监管部门的监管。

(三)加强事中事后监管

相关部门各司其职,定期会商,协调配合,加强事中事后管理,确保管理安全可控。园区经济发展委员会负责制定备案企业准入标准和企业清单,科技信息化局负责认定企业研发能力、判断研发能力与进口产品和数量之间是否匹配,市场监管局协助判断进口未注册医疗器械或零部件的分类等级和后续监管,海关给予企业进口未注册医疗器械或零部件的通关便利。

二　实践效果

(一)帮助企业解决实际需求

进口研发(测试)用未注册医疗器械分级管理办法实施以来,已为强生医疗、贝朗医疗、百特医疗等企业通过备案进口了几十批研发用未注册医疗器械。

(二)激发企业创新积极性

截至 2019 年 9 月底,园区已有 6 家申请单位提交了 25 批进口研发

（测试）用未注册医疗器械或零部件产品的进口备案申请，通过备案后，相关企业的研发产品将得以顺利通关，尽快投入研发，加快医疗器械产品的开发与上市速度。如贝朗医疗进口 A/V 血路管、透析液过滤器用于研发透析机项目，目前该项目已进入了 R/A 注册阶段，预计 2020 年第一季度开始量产，产量可达 1000 台/年，预计将实现销售额 7000 万元。分级管理办法的试行，将进一步激发园区医疗器械创新研发要素集聚的优势，促进生物医药产业高质量发展。

三 下一步工作思路

第一，加强对通过该分级管理方法备案进口产品的跟踪检查，特别是分类中未注册医疗器械产品，确保这些产品真正用于研发。

第二，对申请备案的医疗器械企业做好指导，加快备案顺利开展。

第三，及时做好进口研发（测试）用医疗器械分级管理办法试点的成果和经验总结，为分级管理办法进一步推广至全国提供借鉴。

第四，继续积极向上反馈，建议海关和药监部门加强沟通，优化医疗器械商品 HS 编码分类，从源头上解决企业困难，优化营商环境。

案例十四：推行跨境电商进口 B2C 包裹退货新模式（杭州市提供）

2019 年年初，天猫国际、网易考拉等大型电商平台反映其平台存在大量"退货难"情况。针对上述问题，杭州市改革创新，打通政策、程序等方面的阻塞节点，在全国率先推出跨境电商零售进口包裹退货新模式，解决了货物超期积压的问题，为企业和消费者破解难题。

一 背景情况

电商平台反映的"退货难"问题主要包括以下几点。

第一，"非整单或非良品"无法退运和二次售卖。据了解，因非整单或非良品无法退单的比例，天猫国际与网易考拉分别占总退单比为 45% 和 50%。

第二，物流链条较长导致部分退单商品难以在海关放行 30 日内运抵综保区内，影响消费者额度返还。经统计，因该原因导致商品无法在 30 日内完成退货的比例约占整个退货商品的 40%。

第三，30 日以外的退货商品无处置路径，导致这部分退货商品积压在区外，给企业造成极大的成本负担与资金压力。

二　主要做法

（一）拓展退货形态

在前期"整单良品类"试点退货模式基础上，允许"非整单""非良品"类包裹退货入区，提升消费者体验。

（二）精简退货流程

制定出台《跨境电商零售进口网购保税退货业务监管方案》，在综保区内设置保税区退货专用仓替代企业原设于区外的退货专用仓，开辟非申报通道渠道允许国内快递车辆直接入区。

（三）探索超期退货监管机制

对于保税进口商品超期退货的历史遗留难点，研究提出可行性解决方案，于2019年8月在全国范围内率先被海关总署赋权探索超过30日退货商品退回综保区内重新上架销售的监管模式，一揽子解决跨境电商网购保税零售进口商品历史积压退货处理问题。

三　实施成效

（一）有效降低企业经营成本

自2019年5月退货新模式实施以来，共有10余家企业享受到新模式带来的红利，极大减少了企业运营成本。据网易考拉统计，企业共节省仓储费用50余万元，盘活积压的退货商品资金700余万元。截至2019年10月底，退货申请共有14.1万单，占企业总退单数的90%以上，整体退货量较新政实施前环比增长42%，迎来退货量较新，实现"应退尽退"。

（二）有效缩短企业退货时间

通过区内设立公共退货中心仓、允许退货包裹直接退货入区等方式，减少退货商品在区外的滞留，提高了企业整体退货效率，有效缩短退货时间5天左右，为更多退货商品30日内入区提供保障。

（三）先行先试，推动制度创新

截至2019年10月底，天猫国际、网易考拉等已有1000票超期积压退货商品退运杭州综保区，准备做二次销售处理。杭州海关作为首个实际解决超30日商品无法退货的关区，为全国复制推广超30日退货商品的处理提供了经验。

四 下一步工作思路

(一) 围绕数字经济,探索跨境电商发展新模式

立足于通过深化创新引领数字贸易发展,在全面提升制度建设创新、政府管理创新、服务集成创新、产业协同创新上做好文章,实现跨境电商业务进一步发展。

(二) 打造"全球中心仓",实现仓储功能最大化

在现有跨境保税仓库基础上打造全球中心仓,构建一区多功能,一仓多形态,实现出口贸易与进口贸易同仓调拨、小额交易与大宗贸易同仓交割、外贸与内贸同仓一体等,逐步形成全球跨境电商分拨中心,促进物流服务高效发展。

案例十五:创新知识产权质押融资模式(北京市、上海市、武汉市提供)

知识产权质押融资对缓解企业融资难具有重要意义。其作为一种新型的融资方式,区别于传统的以不动产作为抵押物向金融机构申请贷款的方式,企业或个人以合法拥有的专利权、商标权、著作权中的财产权,经评估后作为质押物,向银行申请融资。为构建完善的知识产权金融服务体系,开展服务贸易创新发展试点以来,北京市、上海市、武汉市等试点地区通过整合银行、企业、政府部门、担保公司等相关方面,探索创新知识产权质押融资运作模式,着力解决服务贸易领域中小微企业融资难、融资贵等问题。

一 主要做法

(一) 北京市中关村知识产权金融服务模式

一是搭建平台,努力实现企业融资需求与知识产权金融服务精准对接。成立中关村知识产权投融资服务联盟,已吸纳包括银行、创投、保险、担保、评估和知识产权运营等各类机构40余家。举办联盟沙龙,召开质押融资对接会,探索构建"贷前有辅导,贷时有选择,贷中有监测,贷后有补贴"的全链条、"一站式"知识产权金融服务平台。

二是加强研究,不断深化知识产权融资担保服务。开展高精尖产业知

识产权现状及融资担保贷款需求课题研究,深入了解人工智能、医药健康等高精尖产业核心专利技术发展状况。推动北京首创融资担保有限公司与北京知识产权运营管理有限公司、北京中小企业信用再担保有限公司形成深度合作,推出基于"知识产权运营+投保贷联动"模式的"智融保"产品。

三是主动上门,积极打破政企"信息不对称"瓶颈。2018年以来,走访梦之墨科技、握奇数据等数十家中关村企业和金融机构,深度沟通知识产权质押融资工作。制作发放《企业知识产权质押融资政策辑要》。

四是贴息资助,帮助降低企业融资成本。为10家中关村企业提供了100万元知识产权质押贷款贴息支持。自2007年中关村国家知识产权制度示范园区知识产权质押贷款贴息专项资金正式实施以来,累计向100家中关村企业发放知识产权质押贷款贴息专项资金共1110万元,支持贷款金额12.09亿元。

五是风险共担,构建知识产权质押融资保险"中关村模式"。北京市知识产权局正式推出适合中关村的知识产权质押融资保险产品,并推动北京知识产权运营管理有限公司与人保财险签订知识产权质押融资保险合同,为45个未到期的存量专利质押贷款项目购买保险,保费共计249.23万元,涉及贷款金额2.063亿元。

(二)上海市多样化的专利权质押模式

一是加大支持政策力度。在2018年修订的《上海市专利资助办法》中,对开展质押融资业务涉及的专利进行一定的资助,引导企业利用知识产权质押贷款。指导各区出台专项政策支持中小企业专利质押贷款,对开展专利质押融资的企业进行贷款贴息。奉贤区设立400万元的政府补偿基金,建立贷款、保险、财政风险补偿捆绑的专利权质押融资模式。

二是推出各具特色的融资产品。工商银行推出"评估机构+银行+处置平台"三方合作的产品模式。通过引入第三方服务机构对企业专利进行价值度评估,分为"优、良、一般、差、不可"五级,以把控专利自身风险。银行通过信用体系把控企业运营风险,依托国际运营(上海)平台对坏账进行处置。浦发银行在原"银行+评估机构+担保机构"风险共担的产品机制下对产品进行改良优化。上海银行引入担保机构,对担保机构进行间接授信,其中以安信农保公司作为担保公司的授信在350万元以下的、徐汇担保公司作为担保公司授信在1000万元以下的可快速放款,融资速度较快。

(三) 武汉市"银行+保证保险+第三方评估+风险补偿+财政贴息"模式

一是引入评估机构,对企业已获授权的专利进行评估,出具正式价值评估报告,为保险公司和银行提供参考。确定5家评估机构为武汉市知识产权质押贷款的评估机构,畅通知识产权质押贷款的流通渠道,为商业银行开展知识产权质押评估提供便利。

二是引入保险公司,根据专利权价值评估报告等资料,组织下户调查,出具承保意向书,最终开具保证保险保单。

三是银行对企业专利权价值评估报告组织下户调查、评审,出具贷款通知书,见到保险机构保险保单后发放贷款。

四是政府启动相关配套机制,实行保险公司、财政、银行5∶3∶2的风险共担机制,同时为企业提供利息补贴及保费补贴。对通过专利质押获得贷款并按期还本付息的企业,保费享受保险补贴60%,对专利权质押贷款利息总额的50%给予贴息。

二 实践效果

(一) 更好满足轻资产企业融资需求

2019年,上海市受理登记的专利质押融资达到13.58亿元,同比增长91.3%。截至2019年第三季度,武汉市通过专利权、著作权以及注册商标专用权等各类知识产权质押贷款累计为600余家中小微企业提供融资76.44亿元。

(二) 进一步降低融资成本

在融资过程中,企业不仅承担贷款利息、保险费、信用评级等少数费用,还可享受科技保险补贴、利息补贴等政府补助政策,大大降低融资成本。

(三) 提高企业授信额度

引入保险和政府风险分担方式对企业贷款进行增信，企业无须再提供固定资产等抵押物，也无担保公司提供担保，减小专利权质押融资贷款风险系数，扩大轻资产企业授信额度，推动实现企业专利权价值转化。

（四）解决专利权定价难题

通过引入第三方评估机构，可以客观地确定企业知识产权市场评估价值，为开展融资作为评估参考。

三 下一步工作思路

（一）完善知识产权质押融资相关政策

对知识产权质押融资相关政策进一步补充完善，持续优化营商环境。进一步扩大财政专项资金的风险补偿范围，优化风险补偿模式，为银行营造"敢贷、愿贷、能贷"提供制度保障。

（二）加大知识产权质押融资宣传力度

以多形式、多渠道向相关企业宣传知识产权质押贷款风险补偿和财政补贴政策，鼓励有条件的企业积极参与知识产权质押融资活动，实现知识产权质押融资业务的"扩面增量"。

（三）构建知识产权质押融资的有效机制

实现全过程服务，多产品组合，多元素参与，为企业提供高效便捷的全链条、"一站式"融资服务，真正实现风险共担、风险补偿。

案例十六：云税贷"以税获贷"助力小微企业发展（武汉市提供）

在深化服务贸易创新发展试点中，武汉市以破解中小企业融资难、融资贵为重点，创新金融服务，拓宽企业融资渠道，不断丰富小微企业金融服务方式和内容。其中，"云税贷"是武汉市联动中国建设银行基于小微企业涉税信息运用大数据技术进行分析评价，采用线上自助贷款流程，针对诚信纳税优质小微企业发放的用于短期生产经营周转的可循环的人民币信用贷款业务，在实践中产生了积极的社会效益和经济效益。

一 主要做法

（一）联动税务部门，实现银税直连

建立以征信互认、信息共享为基础的银税合作机制，税务部门主动共享企业真实可靠纳税信息,银行根据纳税记录对企业经营能力及信用水平进行判断。只要满足一定的纳税条件,无须抵押担保,银行可为小微企业提供"纳税信用贷",实现以税换贷。

(二)贷款额度灵活化

"云税贷"以小微企业纳税情况为基数,将企业纳税额转化为信用资产,额度是在企业上年度纳税的基础上放大5—7倍,纳税信用等级越高、缴税越多,贷款额度越高,最高为200万元,贷款期限一年,随借随还,在贷款额度和期限内可循环使用,更好地适应小微企业的融资需求。

(三)"互联网+税务大数据"模式

通过建设银行电子渠道实行全流程网络系统化操作,实现在线申请、实时审批、签约、支用和还款的快捷自助贷款业务;打破时间空间限制,实现7×24小时自助全流程线上操作,最快3分钟即可到账,第一时间满足客户"小、频、急"融资需求。

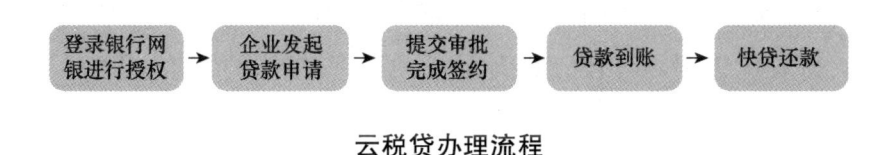

登录银行网银进行授权 → 企业发起贷款申请 → 提交审批完成签约 → 贷款到账 → 快贷还款

云税贷办理流程

二 实践效果

(一)创新企业融资渠道

"云税贷"运用税务信息,弥补小微企业财务信息不充分、不准确的缺陷,根据纳税记录对企业的经营能力及信用水平进行判断,为按时足额、诚信纳税的小微企业群体提供信用贷款,无须抵质押担保,实现以税换贷。截至2019年年底,云税贷授信客户数13595户,授信金额83.7亿元,贷款客户数12349户,贷款余额72亿元。

(二)降低企业融资成本

"云税贷"按缴纳的增值税、企业所得税纳税额放大7倍至9倍,10万元纳税额最高可获得90万元贷款,额度可循环使用,随借随还;且"云税贷"实行按日计息,在申请额度下用款才计息,不用款不计息,极大地降低了企业实际资金成本。

（三）优化社会信用环境

"云税贷"的推出实现了纳税服务产品的迭代升级，深度挖掘了纳税信用评价体系在社会商业活动中的潜在价值，形成了企业税法遵从与企业信用价值相互促进的良性循环，真正实现了"以税授信、以税促信、增信增值"。

三 下一步工作思路

第一，进一步加强与税务部门合作，充分发挥各方宣传阵地和载体作用，加大"云税贷"业务的推广力度，扩大业务覆盖范围，进一步激发小微企业发展活力。

第二，进一步加强信用数据共享工作，优化完善信用平台，扩大政府部门互联互通范围，加强信用信息归集共享，建立数据长效更新机制，提升信用信息数据质量，做好信用信息的应用服务，实现了银税互动扩面提速。

第三，进一步健全守信激励机制和失信惩戒联动机制，建立健全"事中密切跟踪＋事后分析问效"的纳税信用管理机制，促进市场主体诚信自律，持续优化市场环境，提升银税互动和纳税信用的影响力。

案例十七：设立"国际生物医药保险超市"（成都市提供）

为了提升生物医药产业功能区发展能级，加快构建生物产业生态圈体系，完善生物医药产业链，2019年8月，在成都市高新区诞生了全国首家"国际生物医药保险超市"，由太平洋财险四川分公司投资建设运营，以金融链构建为突破口，具备集成境内外生物产业全链条保险产品、形成境内外生物产业保险衔接机制和提供"一站式"保险服务三大功能，为生物企业提供集成匹配生物医药的全链条、全周期保险产品。

一 主要做法

（一）搭建"一站式"服务通道

保险超市为生物企业开通"一站式"个性化绿色服务通道，提供事前风险预防、事中风险控制、事后理赔服务，指定专人全流程对接。

（二）探索"政府＋保险＋企业"产业培育新模式

不断增强政府对生物医药产业发展的培育力度，强化保险对产业的服务保障能力，降低生物企业临床试验、生产、上市流通全生命周期风险，免除企业的后顾之忧。

（三）形成"政府+企业+高校+基金"新药成果落地转化机制

政府通过参与基金介入项目，实现封闭交易，缓解新药转化的资金压力和不确定风险。在院校科研成果产业化过程中，政府给予资金、载体和产业环境保障，全周期赋能，加速成果转化进程。

二、实践效果

（一）增强企业抗风险能力

创新性地引入金融手段，与国际生物医药产业相互衔接，构建"生物医药+金融"的合作方式，为本地生物医药企业打开了"金融保护口"。通过提供完善便捷的国际保险产品服务，企业可以在当地购买用于境外开展临床试验、境外实施物流运输所需要的保险产品，降低企业研发风险和压力。

（二）完善产业保护机制

以全链条和全周期方式为生物医药企业"保驾护航"，完善企业经营范围以外的保护机制，补齐产业流程中的保护链。

三 下一步工作思路

持续开展针对生物医药产业和大健康领域专业保险产品的创新研发，引入国外先进保险产品。未来三年将继续深化"政府+企业+高校+基金"的新药成果落地转化机制，预计20个项目可取得临床批件，20个项目可获得生产批件。

案例十八：建设跨境金融区块链服务平台（天津市、重庆两江新区提供）

天津、重庆作为国家外汇管理局跨境金融区块链服务平台试点城市，全面开展跨境金融区域块链服务平台（以下简称平台）建设，着力降低银行融资业务风险，提升银行融资业务办理意愿和效率。

一 主要做法

第一，利用区块链分布式账本的不可篡改和数字签名等技术，建立银企间信息交换和有效核验、银行间贸易融资信息实时互动等机制，把企业提交融资申请、融资受理、融资审核、放款登记到还款登记的整个业务流程，放在平台上进行管理，实现对传统融资业务流程的优化再造。

第二，将出口贸易融资中的核心单据"出口报关单"信息通过区块链平台进行查验，验证该单据的真实性，自动计算对应报关单的可融资余额，防止重复融资和超额融资，同时融资效率大大提高，一笔传统进出口融资时间由1—2天缩短至15分钟内完成。

二　实践效果

（一）有效缓解中小企业跨境融资难、融资贵问题

传统模式下，往往由于中小企业经营规模小、资产资金少、管理不规范、信用信息匮乏等，造成银行对中小企业跨境融资非常谨慎。跨境区块链平台的应用，大大缩短了融资申请周期，有效降低了企业财务成本。截至2019年11月底，天津通过平台完成应收账款融资18笔，放款金额近600万美元，服务企业8家，全部为中小企业融资。重庆两江新区2019年便利28亿美元贸易融资，较传统模式节省核验时间超过90%。

（二）解决融资"痛点"

传统模式下，银行缺少核查质押物真实性的有效、便捷渠道。由于信息不对称、数据缺乏共享等原因，银行难以掌握企业在同业融资的具体情况。平台提供的质押物信息真实可信，银行间融资信息实时互动与有效核验，有助于及时遏制重复融资风险，解决了银行虚假融资和重复融资"痛点"。

（三）助力外汇事中事后监管

传统模式下，监管部门需花很大精力进行非现场监测分析、现场核查、检查虚假欺骗性融资交易。通过在平台嵌入业务和监管规则，实现资金收付、质押物凭证、融资申请、放款等在内的多种信息共享。外汇部门能够看到银行、企业办理融资业务各环节的真实信息，及时发现交易过程中的异常，既达成跨境金融服务目标，又满足了真实性监管要求，真正体现寓监管于服务。

三　下一步工作思路

第一，深入探索打破区块链技术数据"孤岛"，实现数据共享、数据

确权和数据交易，进而发掘数据价值，提高跨境交易融资的安全和效率。

第二，引导企业大量进入区块链服务平台，创建具有信用的数据生态体系，后期企业相关的数据也可实现数据交易。

第三，深化拓展试点范围，推动现有业务快速发展，加快区块链技术脱虚向实，更好服务实体经济。

案例十九：开展技术进出口"不见面"备案（苏州市提供）

为惠企便民，打造更便捷的服务流程，提高技术进出口合同备案登记事项服务质量和效率，苏州市依托江苏国际知识产权运营交易中心（简称"苏知中心"），探索开展技术进出口"不见面"备案服务，树立对企服务良好形象。

一　主要做法

（一）试点先行，积累经验

2019年5月，苏州市在高新区先行先试，试点将区技术进出口备案综合服务窗口入驻苏知中心，探索开展技术进出口"不见面"备案。截至2019年12月底，共受理239笔技术进出口合同登记申请，合同金额29504万美元。

（二）制订方案，明确规范

在实地调研和可行性分析的基础上，制订《苏州市技术进出口备案业务进驻江苏国际知识产权运营交易中心工作方案》，拟将全市（工业园区除外）的技术进出口备案工作迁移到苏知中心。方案对新窗口的工作职责、业务办理流程、窗口迁移工作步骤等做了详细规定，并明确了费用、用章、人员安排等具体事项。

（三）扩大范围，优化流程

2020年1月初，苏州大市范围内（工业园区除外）技术进出口备案综合服务窗口正式入驻苏知中心。中心安排专门人员，建立专用渠道，负责苏州大市范围内（工业园区除外）除禁止和限制类技术的技术进出口合同的审核、登记和证书发放工作，实现企业技术进出口备案工作"不见面"。

新冠肺炎疫情暴发后，苏州市按照商务部《关于疫情防控期间进一步便利技术进出口有关工作的通知》文件精神，进一步探索全面推进技术进出口合同登记无纸化流程，最大限度推行"不见面"服务。目前企业通过商务部业务系统统一平台在线提交申请资料，待线上审核通过后，苏知中心统一经 EMS 寄送合同登记证书至企业，整个办理流程无须企业前往窗口，实现全流程"不见面"办理，真正做到"流程网上走、登记不见面、企业不跑腿"。

二 实践效果

（一）提高服务企业效率

通过网上咨询、初步审核，寄送材料等"不见面"流程操作，技术进出口备案工作效率进一步提升，减轻企业负担，为企业办证取证节省了时间和运营成本。

（二）强化数据统计分析

苏知中心通过汇集企业数据，可对全市技术进出口情况进行专业分析。2020 年 1—2 月，苏知中心共登记技术进出口合同 61 份，合同总金额 41821.93 万美元。经分析，专利技术与专有技术进口占技术进口总额的 91.67%，技术进口来源地集中在日本、美国和中国台湾，通信设备、计算机及其他电子设备制造业是技术引进的重点行业。

三 下一步工作思路

（一）打造综合服务平台，便利企业线上申报

开发企业服务系统，为企业业务办理与查询提供信息服务，解决因线上办理产生的其他问题。目前该系统正处于开发过程中，预计第一季度将完成审核进度查询、证书办结通知及邮寄物流信息查询等功能模块。

（二）实现数据可视化，探索事中事后监管新路径

打造数据综合分析系统，通过对技术进出口的各项关键数据，包括但不限于知识产权分类、技术进口来源地与技术出口目的地分布、技术进出口所属行业等信息的统计分析，形成阶段性报告。下一步，系统还计划打通与科技、知识产权等相关业务部门的对接渠道，逐步完善技术进出口数据分析的维度，为政府部门精准招商、政策完善等工作提供参考依据，并

探索加强技术进出口事中事后监管的新路径。

案例二十：将服务贸易管理事项纳入国际贸易"单一窗口"
（上海市、天津市、海南省提供）

国际贸易"单一窗口"以"一个平台、一次提交、结果反馈、数据共享"为原则，企业可以通过"单一窗口"一个平台一次性递交即可满足贸易监管所需的所有材料，监管部门也可以通过一个平台将结果反馈给企业，实现企业与监管部门之间、监管部门相互之间的数据共享和国际贸易相关手续的"一网通办"，有效地压缩环节、提高效率、降低成本。

一　主要做法

上海市在全国率先将服务贸易管理事项纳入国际贸易"单一窗口"。在技术贸易和服务外包管理事项纳入国际贸易"单一窗口"的基础上，推动技术贸易出口退税及收付汇业务纳入国际贸易"单一窗口"，推进技术贸易无纸化改革试点，探索在"单一窗口"内设立服务贸易专区。

天津市将"天津市国际货代行业管理（明码标价公示）平台"纳入天津国际贸易"单一窗口"，拓展"单一窗口"服务贸易功能。"单一窗口"还与市税务局系统实现对接，实现国际贸易"单一窗口"集成出口退税综合服务平台，实现企业可在"单一窗口"进入出口退税综合服务平台办理退税业务。海南省将境外游艇、金融服务、跨境电商等服务贸易管理试行纳入国际贸易"单一窗口"。在8个开放水域，通过陆基雷达、海上浮台、Ais（游艇的船识别号）、光电、北斗对境外游艇的轨迹实施监控，满足了放得开、管得住的任务要求。

二　实践效果

（一）提高了办事效率

目前，上海国际贸易"单一窗口"已集成技术贸易和服务外包管理事项，如针对技术贸易可以集中办理合同备案、出口退税和收付汇等业务。2019年11月技术贸易出口退税无纸化试行以来，共办理30笔，大大提升了企业办事的便利度。通过拓展"单一窗口"，推动了商务、税务、外汇等部门数据共享和交流，逐步形成跨部门的数据共享合作机制。

（二）降低了企业成本

国际贸易"单一窗口"实行免费政务申报，每年可为企业节省大笔费用，企业在市场竞争中的底气和信心会更足。

（三）规范了行业管理

天津通过国际贸易"单一窗口"项下的货代平台对货代企业统一管理，使货代行业管理逐渐走向规范化、信息化。目前已有2800家货代企业纳入平台规范管理，占正常开展经营货代业务企业的96%以上。

三 下一步工作思路

第一，结合服务贸易企业特点，探索扩大将更多服务贸易领域纳入国际贸易"单一窗口"。

第二，在现有的"单一窗口"内设置服务贸易专区。

第三，进一步优化技术贸易和服务外包办事流程，提升服务效率。

第四，继续推广技术贸易无纸化改革。

附录 5　粤港澳服务贸易自由化相关法律法规：银行业、会计业、养老业

1. 银行业：中国银行保险监督管理委员会令（2019 年第 10 号）

《中国银保监会外资银行行政许可事项实施办法》已经中国银保监会 2019 年第 11 次委务会议通过。现予公布，自公布之日起施行。

主席　郭树清
2019 年 12 月 26 日

中国银保监会外资银行行政许可事项实施办法

第一章　总则

第一条　为规范银保监会及其派出机构实施外资银行行政许可行为，明确行政许可事项、条件、程序和期限，保护申请人合法权益，根据《中华人民共和国银行业监督管理法》《中华人民共和国商业银行法》《中华人民共和国行政许可法》和《中华人民共和国外资银行管理条例》等法律、行政法规及国务院有关决定，制定本办法。

第二条　本办法所称外资银行包括：外商独资银行、中外合资银行、外国银行分行和外国银行代表处。外商独资银行、中外合资银行、外国银行分行统称外资银行营业性机构。外国银行代表处是指受银保监会监管的银行类代表处。

第三条　银保监会及其派出机构依照本办法和银保监会有关行政许可实施程序的规定，对外资银行实施行政许可。

第四条　外资银行下列事项应当经银保监会及其派出机构行政许可：机构设立、机构变更、机构终止、业务范围、董事和高级管理人员任职资

格，以及法律、行政法规规定和国务院决定的其他行政许可事项。

第五条 本办法所称审慎性条件，至少包括下列内容：

（一）具有良好的行业声誉和社会形象；

（二）具有良好的持续经营业绩，资产质量良好；

（三）管理层具有良好的专业素质和管理能力；

（四）具有健全的风险管理体系，能够有效控制各类风险；

（五）具有健全的内部控制制度和有效的管理信息系统；

（六）按照审慎会计原则编制财务会计报告，且会计师事务所对财务会计报告持无保留意见；

（七）无重大违法违规记录和因内部管理问题导致的重大案件；

（八）具有有效的人力资源管理制度，拥有高素质的专业人才；

（九）具有对中国境内机构活动进行管理、支持的经验和能力；

（十）具备有效的资本约束与资本补充机制；

（十一）具有健全的公司治理结构；

（十二）法律、行政法规和银保监会规定的其他审慎性条件。

本条第（九）项、第（十）项、第（十一）项仅适用于外商独资银行及其股东、中外合资银行及其股东以及外国银行。

第六条 外资银行名称应当包括中文名称和外文名称。外国银行分行和外国银行代表处的中文名称应当标明该外国银行的国籍及责任形式。国籍以外国银行注册地为准，如外国银行名称已体现国籍，可不重复。如外国银行的责任形式为无限责任，可在中文名称中省略责任形式部分。香港特别行政区、澳门特别行政区、台湾地区的银行在内地（大陆）设立的分支机构的中文名称只须标明责任形式。

第七条 本办法要求提交的资料，除年报外，凡用外文书写的，应当附有中文译本。以中文和英文以外文字印制的年报应当附有中文或者英文译本。

本办法所称年报应当经审计，并附申请人所在国家或者地区认可的会计师事务所出具的审计意见书。

第八条 本办法要求提交的资料，如要求由授权签字人签署，应当一并提交该授权签字人的授权书。

本办法要求提交的营业执照复印件、经营金融业务许可文件复印件、授权书、外国银行对其在中国境内分行承担税务和债务责任的保证书，应当经所在国家或者地区认可的机构公证，并且经中国驻该国使馆、领馆认证，法律法规另有规定的，依照其规定。中国境内公证机构出具的公证材料无须认证。

银保监会视情况需要，可以要求申请人报送的其他申请资料经所在国家或者地区认可的机构公证，并且经中国驻该国使馆、领馆认证。

第二章　机构设立

第一节　外商独资银行、中外合资银行设立

第九条　拟设立的外商独资银行、中外合资银行应当具备下列条件：

（一）具有符合《中华人民共和国公司法》《中华人民共和国商业银行法》和《中华人民共和国外资银行管理条例》规定的章程；

（二）注册资本应当为实缴资本，最低限额为10亿元人民币或者等值的自由兑换货币，资金来源合法；

（三）具有符合任职资格条件的董事、高级管理人员和熟悉银行业务的合格从业人员；

（四）具有健全的组织机构和管理制度；

（五）具有有效的反洗钱和反恐怖融资内部控制制度；

（六）具有与业务经营相适应的营业场所、安全防范措施和其他设施；

（七）具有与业务经营相适应的信息科技架构，具有支撑业务经营的必要、安全且合规的信息科技系统，具备保障信息科技系统有效安全运行的技术与措施。

第十条　拟设外商独资银行、中外合资银行的股东，应当具备下列条件：

（一）具有持续盈利能力，信誉良好，无重大违法违规记录；

（二）具备有效的反洗钱制度，但中方非金融机构股东除外；

（三）外方股东具有从事国际金融活动的经验，受到所在国家或者地

区金融监管机构的有效监管,并且其申请经所在国家或者地区金融监管机构同意;

(四)本办法第五条规定的审慎性条件。

拟设外商独资银行的股东、中外合资银行的外方股东所在国家或者地区应当经济状况良好,具有完善的金融监督管理制度,并且其金融监管机构已经与银保监会建立良好的监督管理合作机制。

第十一条 拟设外商独资银行的股东应当为金融机构,除应当具备本办法第十条规定的条件外,其中唯一或者控股股东还应当具备下列条件:

(一)为商业银行;

(二)资本充足率符合所在国家或者地区金融监管机构以及银保监会的规定。

第十二条 拟设中外合资银行的股东除应当具备本办法第十条规定的条件外,外方股东应当为金融机构,且外方唯一或者主要股东还应当具备下列条件:

(一)为商业银行;

(二)资本充足率符合所在国家或者地区金融监管机构以及银保监会的规定。

第十三条 本办法第十二条所称外方唯一或者主要股东,是指持有中外合资银行资本总额或者股份总额50%以上的商业银行,或者不持有资本总额或者股份总额50%以上,但依据拟设中外合资银行章程,符合下列情形的商业银行:

(一)持有拟设中外合资银行半数以上的表决权;

(二)有权控制拟设中外合资银行的财务和经营政策;

(三)有权任免拟设中外合资银行董事会或者类似权力机构的多数成员;

(四)在拟设中外合资银行董事会或者类似权力机构有半数以上投票权。

中外合资银行应当由其主要股东纳入并表范围。

第十四条 拟设中外合资银行的中方股东为金融机构的,除应当具备

本办法第十条规定的条件外,还应当具备下列条件:

(一) 主要审慎监管指标符合监管要求;

(二) 公司治理良好,内部控制健全有效;

(三) 最近3个会计年度连续盈利;

(四) 社会声誉良好,无重大违法违规记录和因内部管理问题导致的重大案件,或者相关违法违规及内部管理问题已整改到位并经金融监管机构认可;

(五) 受到金融监管机构的有效监管,并且其申请经相关金融监管机构同意;

(六) 银保监会规章规定的其他审慎性条件。

第十五条 拟设中外合资银行的中方股东为非金融机构的,除应当具备本办法第十条规定的条件外,还应当具备下列条件:

(一) 具有良好的公司治理结构;

(二) 具有良好的社会声誉、诚信记录和纳税记录,能按期足额偿还金融机构的债务本金和利息;

(三) 具有较强的经营管理能力和资金实力;

(四) 财务状况良好,最近3个会计年度连续盈利;

(五) 年终分配后,净资产达到全部资产的30%(合并会计报表口径);

(六) 权益性投资余额不超过本企业净资产的50%(合并会计报表口径),银保监会认可的投资公司和控股公司等除外;

(七) 入股资金为自有资金,不得以委托资金、债务资金等非自有资金入股,法律法规另有规定的除外;

(八) 银保监会规章规定的其他审慎性条件。

第十六条 单一中方非金融机构在中外合资银行的持股比例应当符合银保监会的规定。股东及其关联方、一致行动人在中外合资银行的持股比例合并计算。

第十七条 有下列情形之一的,不得作为外商独资银行、中外合资银行的股东:

（一）公司治理结构与机制存在明显缺陷；

（二）股权关系复杂或者透明度低；

（三）关联企业众多，关联交易频繁或者异常；

（四）核心业务不突出或者经营范围涉及行业过多；

（五）现金流量波动受经济环境影响较大；

（六）资产负债率、财务杠杆率高于行业平均水平；

（七）以不符合法律、行政法规及监管规定的资金入股；

（八）代他人持有外商独资银行、中外合资银行股权；

（九）其他对拟设银行产生重大不利影响的情形。

第十八条　设立外商独资银行、中外合资银行分为筹建和开业两个阶段。

第十九条　筹建外商独资银行、中外合资银行的申请，由拟设机构所在地银保监局受理和初审，银保监会审查和决定。

申请筹建外商独资银行、中外合资银行，申请人应当向拟设机构所在地银保监局提交申请资料，同时抄送拟设机构所在地银保监分局。

拟设机构所在地银保监局应当自受理之日起20日内将申请资料连同审核意见报送银保监会。银保监会应当自银保监局受理之日起6个月内，作出批准或者不批准筹建的决定，并书面通知申请人。决定不批准的，应当说明理由。特殊情况下，银保监会可以适当延长审查期限，并书面通知申请人，但延长期限不得超过3个月。

第二十条　申请筹建外商独资银行、中外合资银行，申请人应当向拟设机构所在地银保监局提交下列申请资料（一式两份），同时抄送拟设机构所在地银保监分局（一份）：

（一）各股东董事长或者行长（首席执行官、总经理）联合签署的筹建申请书，内容包括拟设机构的名称、所在地、注册资本、申请经营的业务种类、各股东名称和出资比例等；

（二）可行性研究报告及筹建计划书，内容至少包括申请人的基本情况、对拟设机构的市场前景分析、业务发展规划、组织管理结构、开业后3年的资产负债规模和盈亏预测，与业务经营相关的信息系统、数据中心及网络建设初步规划，以及筹建期内完成各项筹建工作的安排。

申请人在中国境内已设立外国银行分行的，应当确保拟设外商独资银行或者中外合资银行与已设外国银行分行在机构名称、营业地址、业务系统、人员配备等方面有所区分，并在筹建计划书中说明；

（三）拟设机构的章程草案；

（四）拟设机构各股东签署的合资经营合同，但单一股东的外商独资银行除外；

（五）拟设机构各股东的章程；

（六）拟设机构各股东及其所在集团的组织结构图，主要股东及其控股股东、实际控制人、最终受益人名单及其无故意或者重大过失犯罪记录的声明，海外分支机构和关联企业名单；

（七）拟设机构各股东最近3年的年报；

（八）拟设机构各股东的反洗钱制度，中方股东为非金融机构的，可不提供反洗钱制度；

（九）拟设机构各股东签署的在中国境内长期持续经营并对拟设机构实施有效管理的承诺函；

（十）拟设机构外方股东所在国家或者地区金融监管机构核发的营业执照或者经营金融业务许可文件的复印件及对其申请的意见书；拟设机构中方股东为金融机构的，应当提交相关金融监管机构对其申请的意见书；

（十一）初次设立外商独资银行、中外合资银行的，应当报送外方股东所在国家或者地区金融体系情况和有关金融监管法规的摘要；

（十二）银保监会要求的其他资料。

第二十一条　申请人应当自收到筹建批准文件之日起15日内到拟设机构所在地银保监局领取开业申请表，开始筹建工作。筹建期为自获准筹建之日起6个月。

申请人未在6个月内完成筹建工作，应当在筹建期届满前1个月向拟设机构所在地银保监局报告。筹建延期的最长期限为3个月。

申请人应当在前款规定的期限届满前提交开业申请，逾期未提交的，筹建批准文件失效。

第二十二条　拟设外商独资银行、中外合资银行完成筹建工作后，应当向拟设机构所在地银保监局申请验收。经验收合格的，可以申请开业。外商独资银行、中外合资银行开业的申请，由拟设机构所在地银保监局受理、审查和决定。

拟设外商独资银行、中外合资银行申请开业，应当向拟设机构所在地银保监局提交申请资料，同时抄送拟设机构所在地银保监分局。拟设机构所在地银保监局应当自受理之日起2个月内，作出批准或者不批准开业的决定，并书面通知申请人，同时抄报银保监会。决定不批准的，应当说明理由。

第二十三条　拟设外商独资银行、中外合资银行申请开业，应当将下列申请资料报送拟设机构所在地银保监局（一式两份），同时抄送拟设机构所在地银保监分局（一份）：

（一）筹备组负责人签署的开业申请书，内容包括拟设机构的名称、住所、注册资本、业务范围、各股东及其持股比例、拟任董事长和行长（首席执行官）的姓名等；与拟设外商独资银行、中外合资银行在同一城市设有代表处的，应当同时申请关闭代表处；

（二）开业申请表；

（三）拟任董事长、行长（首席执行官）任职资格核准所需的相关资料；

（四）开业前审计报告和法定验资机构出具的验资证明；

（五）拟设机构组织结构图、各岗位职责描述、内部授权和汇报路线；

（六）拟在开业时经营人民币业务的，还应当提交人民币业务筹备情况的说明，包括内部控制制度和操作规程等；

（七）拟设机构人员名单、简历和培训记录；

（八）拟设机构的章程草案以及在中国境内依法设立的律师事务所出具的对章程草案的法律意见书；

（九）营业场所安全、消防设施合格情况的说明；

（十）营业场所的所有权证明、使用权证明或者租赁合同的复印件；

（十一）拟设机构反洗钱和反恐怖融资相关材料，包括出资资金来源情况说明和出资资金来源合法的声明，反洗钱和反恐怖融资内部控制制度材料，反洗钱和反恐怖融资管理部门设置情况报告，反洗钱和反恐怖融资专业人员配备情况及接受培训情况报告，信息系统反洗钱和反恐怖融资功能报告等；

（十二）银保监会要求的其他资料。

第二十四条　外商独资银行、中外合资银行应当在收到开业批准文件并领取金融许可证后，到市场监督管理部门办理登记，领取营业执照。

外商独资银行、中外合资银行应当自领取营业执照之日起6个月内开业。未能按期开业的，应当在开业期限届满前1个月向外商独资银行或者中外合资银行所在地银保监局报告。开业延期的最长期限为3个月。

外商独资银行、中外合资银行未在前款规定期限内开业的，开业批准文件失效，由开业决定机关注销开业许可，收回其金融许可证，并予以公告。

第二节　外国银行分行改制为外商独资银行

第二十五条　外国银行申请将其在中国境内分行改制为由其单独出资的外商独资银行，应当符合本办法有关设立外商独资银行的条件，承诺在中国境内长期持续经营并且具备对拟设外商独资银行实施有效管理的能力。

第二十六条　外国银行将其在中国境内分行改制为由其单独出资的外商独资银行，分为改制筹建和开业两个阶段。

第二十七条　外国银行将其在中国境内分行改制为由其单独出资的外商独资银行的申请，由拟设机构所在地银保监局受理和初审，银保监会审查和决定。

申请改制筹建外商独资银行，申请人应当向拟设机构所在地银保监局提交改制筹建申请资料，同时抄送该外国银行在中国境内所有分行所在地银保监局。

拟设机构所在地银保监局应当自受理之日起20日内将申请资料连同审核意见报送银保监会。银保监会应当自银保监局受理之日起6个月内，作出批准或者不批准改制筹建的决定，并书面通知申请人。决定不批准的，应当说明理由。特殊情况下，银保监会可以适当延长审查期限，并书面通知申请人，但延长期限不得超过 3 个月。

第二十八条　申请改制筹建外商独资银行，申请人应当向拟设机构所在地银保监局提交下列改制筹建申请资料（一式两份），同时抄送该外国银行在中国境内所有分行所在地银保监局（各一份）：

（一）申请人董事长或者行长（首席执行官、总经理）签署的申请书，内容包括拟设外商独资银行及其分支机构的名称、所在地、注册资本或者营运资金、申请经营的业务种类等；如同时申请增加注册资本，应当标明拟增加的注册资本金额及币种；

（二）可行性研究报告及筹建计划书，内容至少包括申请人的基本情况、对拟设机构的市场前景分析、业务发展规划、组织管理结构、开业后 3 年的资产负债规模和盈亏预测，与业务经营相关的信息系统、数据中心及网络建设初步规划，以及筹建期内完成各项筹建工作的安排；

（三）拟设机构的章程草案；

（四）申请人关于将中国境内分行改制为由其单独出资的外商独资银行的董事会决议；

（五）申请人董事长或者行长（首席执行官、总经理）签署的同意由拟设外商独资银行承继中国境内分行债权、债务及税务的意见函以及对改制前中国境内分行的债权、债务及税务承担连带责任的承诺函；

（六）申请人董事长或者行长（首席执行官、总经理）签署的在中国境内长期持续经营并对拟设外商独资银行实施有效管理的承诺函，内容包括允许拟设外商独资银行使用其商誉、对拟设外商独资银行提供资本、管理和技术支持等；

（七）申请人提出申请前 2 年在中国境内所有分行经审计的合并财务会计报告；

（八）申请人所在国家或者地区金融监管机构对其中国境内分行改制的意见书；

（九）申请人最近 3 年年报；

（十）银保监会要求的其他资料。

第二十九条　申请人应当自收到改制筹建批准文件之日起 15 日内到拟设外商独资银行所在地银保监局领取开业申请表，开始筹建工作。筹建期为自获准改制筹建之日起 6 个月。

申请人未在 6 个月内完成改制筹建工作，应当在筹建期届满前 1 个月向拟设外商独资银行所在地银保监局报告，并抄送该外国银行在中国境内所有分行所在地银保监局。筹建延期的最长期限为 3 个月。

申请人应当在前款规定的期限届满前提交开业申请，逾期未提交的，改制筹建批准文件失效。

第三十条　拟设外商独资银行完成筹建工作后，应当向拟设机构所在地银保监局申请验收。经验收合格的，可以申请开业。开业申请由拟设机构所在地银保监局受理和初审，银保监会审查和决定。

由外国银行在中国境内分行改制的外商独资银行申请开业，应当向拟设机构所在地银保监局提交申请资料，同时抄送该外国银行在中国境内所有分行所在地银保监局。

拟设机构所在地银保监局应当自受理之日起 20 日内将申请资料连同审核意见报送银保监会。银保监会应当自银保监局受理之日起 2 个月内，作出批准或者不批准开业的决定，并书面通知申请人。决定不批准的，应当说明理由。

第三十一条　由外国银行在中国境内分行改制的外商独资银行申请开业，应当将下列申请资料报送拟设机构所在地银保监局（一式两份），同时抄送该外国银行在中国境内所有分行所在地银保监局（各一份）：

（一）筹备组负责人签署的开业申请书，内容包括拟设外商独资银行及其分支机构的名称、住所或者营业地址、注册资本及营运资金、申请经营的业务种类、拟任董事长、行长（首席执行官）及分支行行长的姓名等；

（二）拟转入拟设外商独资银行的资产、负债和所有者权益的清单，拟设外商独资银行的模拟资产负债表、损益表、贷款质量五级分类情况表、贷款损失准备数额；

（三）改制完成情况的说明；

（四）律师事务所出具的关于合同转让法律意见书，对于不具备转让条件的合同，应当对银行制定的紧急预案提出法律意见；

（五）开业前审计报告和法定验资机构出具的验资证明；

（六）拟设外商独资银行的章程草案以及在中国境内依法设立的律师事务所出具的对章程草案的法律意见书；

（七）拟设外商独资银行组织结构图、各岗位职责描述、内部授权和汇报路线；

（八）拟设外商独资银行人员名单、简历和培训记录；

（九）拟任外商独资银行董事长、行长（首席执行官）以及外商独资银行分行行长任职资格核准所需的相关资料；

（十）改制后新增营业场所的所有权证明、使用权证明或者租赁合同的复印件和营业场所安全、消防设施合格情况的说明；

（十一）拟设机构反洗钱和反恐怖融资相关材料，包括出资资金来源情况说明和出资资金来源合法的声明，反洗钱和反恐怖融资内部控制制度材料，反洗钱和反恐怖融资管理部门设置情况报告，反洗钱和反恐怖融资专业人员配备情况及接受培训情况报告，信息系统反洗钱和反恐怖融资功能报告等；

（十二）银保监会要求的其他资料。

第三十二条　外国银行将其在中国境内分行改制为由其单独出资的外商独资银行，应当在收到开业批准文件后交回原外国银行分行的金融许可证，领取新的金融许可证，到市场监督管理部门办理登记，领取营业执照。原外国银行分行应当依法向市场监督管理部门办理注销登记。

第三十三条　由外国银行分行改制的外商独资银行应当自领取营业执照之日起6个月内开业。未能按期开业的，应当在开业期限届满前1个月向外商独资银行所在地银保监局报告。开业延期的最长期限为3个月。

外商独资银行未在前款规定期限内开业的，开业批准文件失效，由开业决定机关注销开业许可，收回其金融许可证，并予以公告。

第三节 外国银行分行设立

第三十四条 设立外国银行分行，申请人应当具备下列条件：

（一）具有持续盈利能力，信誉良好，无重大违法违规记录；

（二）具有从事国际金融活动的经验；

（三）具有有效的反洗钱制度；

（四）受到所在国家或者地区金融监管机构的有效监管，并且其申请经所在国家或者地区金融监管机构同意；

（五）资本充足率符合所在国家或者地区金融监管机构以及银保监会的规定；

（六）本办法第五条规定的审慎性条件。

设立外国银行分行，申请人应当无偿拨给或者授权境内已设分行无偿拨给拟设分行不少于2亿元人民币或者等值自由兑换货币的营运资金。

拟设分行的外国银行所在国家或者地区应当经济状况良好，具有完善的金融监督管理制度，并且其金融监管机构已经与银保监会建立良好的监督管理合作机制。

第三十五条 外国银行在中国境内增设分行，除应当具备本办法第三十四条规定的条件外，其在中国境内已设分行应当经营状况良好，主要监管指标达到监管要求，并符合银保监会规章规定的审慎性条件。

第三十六条 设立外国银行分行分为筹建和开业两个阶段。

第三十七条 筹建外国银行分行的申请，由拟设机构所在地银保监局受理和初审，银保监会审查和决定。

申请筹建外国银行分行，申请人应当向拟设机构所在地银保监局提交申请资料，同时抄送拟设机构所在地银保监分局。

拟设机构所在地银保监局应当自受理之日起20日内将申请资料连同审核意见报送银保监会。银保监会应当自银保监局受理之日起6个月内，作出批准或者不批准筹建的决定，并书面通知申请人。决定不批准的，应当说明理由。特殊情况下，银保监会可以适当延长审查期限，并书面通知申请人，但延长期限不得超过3个月。

第三十八条 申请筹建外国银行分行，申请人应当向拟设机构所在地银保监局报送下列申请资料（一式两份），同时抄送拟设机构所在地银保监分局（一份）：

（一）申请人董事长或者行长（首席执行官、总经理）签署的筹建申请书，内容包括拟设机构的名称、所在地、营运资金、申请经营的业务种类等；

（二）可行性研究报告及筹建计划书，内容包括申请人的基本情况、对拟设机构的市场前景分析、业务发展规划、开业后3年的资产负债规模和盈亏预测、组织管理结构、信息科技系统部署及管理情况等，以及筹建期内完成各项筹建工作的安排。

申请人在中国境内已设立外商独资银行或者中外合资银行的，应当确保拟设外国银行分行与已设外商独资银行或者中外合资银行在机构名称、营业地址、业务系统、人员配备等方面有所区分，并在筹建计划书中说明；

（三）申请人章程；

（四）申请人及其所在集团的组织结构图，主要股东及其控股股东、实际控制人、最终受益人名单及其无故意或者重大过失犯罪记录的声明，海外分支机构和关联企业名单；

（五）申请人最近3年年报；

（六）申请人的反洗钱和反恐怖融资相关材料，包括反洗钱和反恐怖融资内部控制制度材料，信息系统反洗钱和反恐怖融资功能报告；

（七）申请人所在国家或者地区金融监管机构核发的营业执照或者经营金融业务许可文件的复印件及对其申请的意见书；

（八）初次设立外国银行分行的，申请人应当报送所在国家或者地区金融体系情况和有关金融监管法规的摘要；

（九）银保监会要求的其他资料。

第三十九条　申请人应当自收到筹建批准文件之日起15日内到拟设机构所在地银保监局领取开业申请表，开始筹建工作。筹建期为自获准筹建之日起6个月。

申请人未在6个月内完成筹建工作，应当在筹建期届满前1个月向拟设机构所在地银保监局报告。筹建延期的最长期限为3个月。

申请人应当在前款规定的期限届满前提交开业申请。逾期未提交的，筹建批准文件失效。

第四十条　拟设外国银行分行完成筹建工作后，应当向拟设机构所在地银保监局或者经授权的银保监分局申请验收。经验收合格的，可以申请开业。外国银行分行的开业申请，由拟设机构所在地银保监局受理、审查和决定。

拟设外国银行分行申请开业，应当向拟设机构所在地银保监局提交申请资料，同时抄送拟设机构所在地银保监分局。拟设机构所在地银保监局应当自受理之日起2个月内，作出批准或者不批准开业的决定，并书面通知申请人，同时抄报银保监会。决定不批准的，应当说明理由。

第四十一条　拟设外国银行分行申请开业，应当将下列申请资料报送拟设机构所在地银保监局（一式两份），同时抄送拟设机构所在地银保监分局（一份）：

（一）筹备组负责人签署的开业申请书，内容包括拟设机构的名称、营业地址、营运资金、业务范围、拟任分行行长姓名等；在拟设分行同一城市设有代表处的，应当同时申请关闭代表处；

（二）开业申请表；

（三）拟任外国银行分行行长任职资格核准所需的相关资料；

（四）开业前审计报告和法定验资机构出具的验资证明；出资资金来源情况说明和出资资金合法的声明；

（五）外国银行对拟设分行承担税务、债务责任的保证书；

（六）拟设分行组织结构图、各岗位职责描述、内部授权和汇报路线；

（七）拟在开业时经营人民币业务的，还应当提交人民币业务筹备情况的说明，包括内部控制制度和操作规程等；

（八）拟设分行人员名单、简历和培训记录以及反洗钱和反恐怖融资管理部门设置情况报告、专业人员配备情况及接受培训情况报告；

（九）营业场所安全、消防设施合格情况的说明；

（十）营业场所的所有权证明、使用权证明或者租赁合同的复印件；

（十一）银保监会要求的其他资料。

第四十二条　外国银行分行应当在收到开业批准文件并领取金融许可证后，到市场监督管理部门办理登记，领取营业执照。外国银行分行应当自领取营业执照之日起6个月内开业。未能按期开业的，应当在开业期限届满前1个月向所在地银保监局报告。开业延期的最长期限为3个月。

外国银行分行未在前款规定期限内开业的，开业批准文件失效，由开业决定机关注销开业许可，收回其金融许可证，并予以公告。

第四节　外商独资银行、中外合资银行的下设分行及分行级专营机构设立

第四十三条　外商独资银行、中外合资银行设立分行及信用卡中心、小企业信贷中心、私人银行部、票据中心、资金营运中心、贵金属业务部等分行级专营机构的，申请人应当具备下列条件：

（一）具有拨付营运资金的能力，拨给各分行及分行级专营机构营运资金的总和，不得超过总行资本金总额的60%；

（二）主要监管指标达到监管要求；

（三）银保监会规章规定的审慎性条件。

第四十四条　外商独资银行、中外合资银行设立分行级专营机构的，申请人除应当具备本办法第四十三条规定的条件外，还应当具备以下条件：

（一）专营机构符合该项业务的发展方向，符合银行的总体战略和发展规划，有利于提高银行整体竞争能力；

（二）开办专营业务2年以上，有经营专营业务的管理团队和专业技术人员；

（三）专营业务资产质量、服务水平、成本控制能力及盈利性良好；

（四）银保监会规章规定的其他审慎性条件。

第四十五条　外商独资银行、中外合资银行设立分行或者分行级专营机构，分为筹建和开业两个阶段。

第四十六条　银保监会直接监管的外商独资银行、中外合资银行申请

筹建一级分行或者分行级专营机构，由银保监会受理、审查和决定。银保监会直接监管的外商独资银行、中外合资银行申请筹建二级分行，其他外商独资银行、中外合资银行申请筹建分行或者分行级专营机构，由拟设机构所在地银保监局受理、审查和决定。

申请筹建外商独资银行、中外合资银行的分行或者分行级专营机构，申请人应当向银保监会或者拟设机构所在地银保监局提交申请资料，同时抄送拟设机构所在地银保监分局。

银保监会或者拟设机构所在地银保监局应当自受理之日起6个月内，作出批准或者不批准筹建的决定，并书面通知申请人。决定不批准的，应当说明理由。特殊情况下，银保监会或者拟设机构所在地银保监局可以适当延长审查期限，并书面通知申请人，但延长期限不得超过3个月。

第四十七条　外商独资银行、中外合资银行申请筹建分行或者分行级专营机构，申请人应当向银保监会或者拟设机构所在地银保监局报送下列申请资料（一式两份），同时抄送拟设机构所在地银保监分局（一份）：

（一）申请人董事长或者行长（首席执行官）签署的筹建申请书，内容包括拟设机构的名称、所在地、营运资金、申请经营的业务种类等；

（二）可行性研究报告及筹建计划书，内容包括申请人的基本情况、对拟设机构的市场前景分析、业务发展规划、组织管理结构、开业后3年的资产负债规模和盈亏预测等，以及筹建期内完成各项筹建工作的安排；

（三）申请人章程；

（四）申请人年报；

（五）申请人反洗钱和反恐怖融资相关材料，包括反洗钱和反恐怖融资内部控制制度材料，信息系统反洗钱和反恐怖融资功能报告；

（六）申请人关于同意设立分行或者分行级专营机构的董事会决议；

（七）银保监会要求的其他资料。

第四十八条　申请人应当自收到筹建批准文件之日起15日内到拟设机构所在地银保监局领取开业申请表，开始筹建工作。筹建期为自获准筹建之日起6个月。

申请人未在6个月内完成筹建工作，应当在筹建期届满前1个月向拟设机构所在地银保监局报告。筹建延期的最长期限为 3 个月。

申请人应当在前款规定的期限届满前提交开业申请,逾期未提交的,筹建批准文件失效。

第四十九条 拟设外商独资银行、中外合资银行的分行或者分行级专营机构完成筹建工作后,应当向拟设机构所在地银保监局或者经授权的银保监分局申请验收。经验收合格的,可以申请开业。外商独资银行、中外合资银行的分行或者分行级专营机构的开业申请,由拟设机构所在地银保监局受理、审查和决定。

拟设外商独资银行、中外合资银行的分行或者分行级专营机构申请开业,应当向拟设机构所在地银保监局提交申请资料,同时抄送拟设机构所在地银保监分局。

拟设机构所在地银保监局应当自受理之日起 2 个月内,作出批准或者不批准开业的决定,并书面通知申请人,同时抄报银保监会。决定不批准的,应当说明理由。

第五十条 拟设外商独资银行、中外合资银行的分行或者分行级专营机构申请开业,应当将下列申请资料报送拟设机构所在地银保监局(一式两份),同时抄送拟设机构所在地银保监分局(一份):

(一)筹备组负责人签署的开业申请书,内容包括拟设机构的名称、营业地址、营运资金、业务范围、拟任分行行长或者分行级专营机构总经理姓名等;

(二)开业申请表;

(三)拟任分行行长或者分行级专营机构总经理任职资格核准所需的相关资料;

(四)开业前审计报告和法定验资机构出具的验资证明;

(五)营业场所安全、消防设施合格情况的说明;

(六)拟设机构组织结构图、各岗位职责描述、内部授权和汇报路线;

(七)拟设机构人员名单、简历和培训记录以及反洗钱和反恐怖融资管理部门设置情况报告、专业人员配备情况及接受培训情况报告;

（八）营业场所的所有权证明、使用权证明或者租赁合同的复印件；

（九）银保监会要求的其他资料。

第五十一条 外商独资银行、中外合资银行的支行升格为分行的，应当符合本办法关于外商独资银行、中外合资银行下设分行的条件，申请人应当在筹建开始前3日内向所在地银保监局提交筹建报告，领取开业申请表。拟升格的支行应当在提交筹建报告之日起6个月内完成筹建工作，特殊情况下可延长3个月。申请人在完成筹建工作后，按照外商独资银行、中外合资银行下设分行开业的条件和程序，向所在地银保监局提交支行升格分行的申请。

第五十二条 外商独资银行、中外合资银行的分行或者分行级专营机构应当在收到开业批准文件并领取金融许可证后，到市场监督管理部门办理登记，领取营业执照。

外商独资银行、中外合资银行的分行或者分行级专营机构应当自领取营业执照之日起6个月内开业。未能按期开业的，应当在开业期限届满前1个月向所在地银保监局报告。开业延期的最长期限为3个月。

外商独资银行、中外合资银行的分行或者分行级专营机构未在前款规定期限内开业的，开业批准文件失效，由开业决定机关注销开业许可，收回金融许可证，并予以公告。

第五节 支行设立

第五十三条 设立支行，申请人应当在拟设支行所在城市同一行政区划内设有分行或者分行以上机构。所在城市同一行政区划是指所在城市及以下行政区划。

香港特别行政区、澳门特别行政区的银行在广东省内设立的分行可以申请在广东省内设立异地支行。香港特别行政区、澳门特别行政区的银行在内地设立的外商独资银行在广东省内设立的分行，可以申请在广东省内设立异地支行。

第五十四条 设立支行，申请人应当具备下列条件：

（一）正式营业1年以上，资产质量良好；香港特别行政区、澳门特别行政区的银行在广东省内分行或者香港特别行政区、澳门特别行政区的银行在内地设立的外商独资银行在广东省内分行正式营业1年以上，资产质量良好；

（二）具有较强的内部控制能力，最近1年无重大违法违规行为和因内部管理问题导致的重大案件；香港特别行政区、澳门特别行政区的银行在广东省内分行或者香港特别行政区、澳门特别行政区的银行在内地设立的外商独资银行在广东省内分行具有较强的内部控制能力，最近1年无重大违法违规行为和因内部管理问题导致的重大案件；

（三）具有拨付营运资金的能力；

（四）已建立对高级管理人员考核、监督、授权和调整的制度和机制，并有足够的专业经营管理人才；

（五）银保监会规定的其他审慎性条件。

第五十五条 拟设立支行的申请人应在支行筹建3日前向拟设地银保监局或者经授权的银保监分局提交筹建报告并领取开业申请表，开始筹建工作。

第五十六条 拟设立支行的申请人应在提交筹建报告之日起9个月内完成筹建工作。拟设支行完成筹建工作后，应当向拟设机构所在地银保监局或者经授权的银保监分局申请验收。经验收合格的，可以申请开业。

支行开业申请，由拟设机构所在地银保监局或者经授权的银保监分局受理、审查和决定。

拟设支行申请开业，应当向拟设机构所在地银保监局或者经授权的银保监分局提交申请资料。拟设机构所在地银保监局或者经授权的银保监分局应当自受理之日起30日内，作出批准或者不批准开业的决定，并书面通知申请人。同时抄送银保监会和拟设机构所在地银保监局或者银保监分局。决定不批准的，应当说明理由。

申请人逾期未提交开业申请的，应及时向拟设地银保监局或者经授权的银保监分局报告。

第五十七条 拟设支行申请开业，应当将下列申请资料报送拟设机构所在地银保监局或者经授权的银保监分局（一式两份）：

（一）筹备组负责人签署的开业申请书，内容包括拟设机构的名称、营业地址、营运资金、业务范围、拟任支行行长的姓名等；

（二）开业申请表；

（三）与业务规模相适应的营运资金已拨付到位，法定验资机构出具的验资证明；

（四）拟任支行行长简历、商业银行从业及相关管理经验、履职计划等详细说明；

（五）拟设支行的组织结构图、各岗位职责描述、内部授权和汇报路线；

（六）拟设支行人员名单、简历、培训记录以及反洗钱和反恐怖融资管理部门设置情况报告、专业人员配备情况及接受培训情况报告；

（七）营业场所的所有权证明、使用权证明或者租赁合同的复印件；

（八）营业场所的安全、消防设施合格情况的说明；

（九）银保监会要求的其他资料。

支行应当在收到开业批准文件并领取金融许可证后，到市场监督管理部门办理登记，领取营业执照。

第五十八条　支行应当自领取营业执照之日起6个月内开业。未能按期开业的，应当在开业期限届满前1个月向所在地银保监局或者银保监分局报告。开业延期的最长期限为3个月。

支行未在前款规定期限内开业的，开业批准文件失效，由开业决定机关注销开业许可，收回其金融许可证，并予以公告。

第六节　外国银行代表处设立

第五十九条　设立外国银行代表处，申请人应当具备下列条件：

（一）具有持续盈利能力，信誉良好，无重大违法违规记录；

（二）具有从事国际金融活动的经验；

（三）具有有效的反洗钱制度；

（四）受到所在国家或者地区金融监管机构的有效监管，并且其申请经所在国家或者地区金融监管机构同意；

（五）本办法第五条规定的审慎性条件。

拟设代表处的外国银行所在国家或者地区应当经济状况良好，具有完善的金融监督管理制度，并且其金融监管机构已经与银保监会建立良好的监督管理合作机制。

第六十条　外国银行在中国境内已设立营业性机构的，除已设立的代表处外，不得增设代表处，但拟设代表处所在地为符合国家区域经济发展战略及相关政策的地区除外。

外国银行在中国境内增设代表处，除应当具备本办法第五十九条规定的条件外，其在中国境内已设机构应当无重大违法违规记录。

外国银行在同一城市不得同时设有营业性机构和代表处。

第六十一条　外国银行设立代表处的申请，由拟设机构所在地银保监局受理、审查和决定。

外国银行申请设立代表处，应当向拟设机构所在地银保监局提交申请资料，同时抄送拟设机构所在地银保监分局。拟设机构所在地银保监局应当自受理之日起6个月内作出批准或者不批准设立的决定，并书面通知申请人，同时抄报银保监会。决定不批准的，应当说明理由。

第六十二条　申请设立外国银行代表处，申请人应当向拟设机构所在地银保监局提交下列申请资料（一式两份），同时抄送拟设机构所在地银保监分局（一份）：

（一）申请人董事长或者行长（首席执行官、总经理）签署的申请书，内容包括拟设代表处的名称、所在地、拟任首席代表姓名等；

（二）代表处设立申请表；

（三）可行性研究报告，内容包括申请人的基本情况、拟设代表处的目的和计划等；

（四）申请人章程；

（五）申请人及其所在集团的组织结构图，主要股东及其控股股东、实际控制人、最终受益人名单及其无故意或者重大过失犯罪记录的声明，海外分支机构和关联企业名单；

（六）申请人最近3年年报；

（七）申请人反洗钱制度；

（八）申请人所在国家或者地区金融监管机构核发的营业执照或者经

营金融业务许可文件的复印件及对其申请的意见书;

（九）拟任首席代表任职资格核准所需的相关资料;

（十）初次设立代表处的，申请人应当报送由在中国境内注册的银行业金融机构出具的与该外国银行已经建立代理行关系的证明，以及申请人所在国家或者地区金融体系情况和有关金融监管法规的摘要;

（十一）银保监会要求的其他资料。

第六十三条 经批准设立的外国银行代表处，应当凭批准文件到市场监督管理部门办理登记。

外国银行代表处应当自拟设机构所在地银保监局批准设立之日起6个月内迁入固定的办公场所。迁入固定办公场所后5日内应当向所在地银保监局或者银保监分局报送相关资料。

外国银行代表处未在前款规定期限内迁入办公场所的，代表处设立批准文件失效。

第七节 投资设立、入股境内银行业金融机构

第六十四条 外商独资银行、中外合资银行申请投资设立、入股境内银行业金融机构的，应当具备下列条件:

（一）具有良好的公司治理结构;

（二）风险管理和内部控制健全有效;

（三）具有良好的并表管理能力;

（四）主要审慎监管指标符合监管要求;

（五）权益性投资余额原则上不超过其净资产的50%（合并会计报表口径）;

（六）具有完善、合规的信息科技系统和信息安全体系，具有标准化的数据管理体系，具备保障业务连续有效安全运行的技术与措施;

（七）最近2年无严重违法违规行为和因内部管理问题导致的重大案件，或者相关违法违规及内部管理问题已整改到位并经银保监会或者其派出机构认可;

（八）最近3个会计年度连续盈利;

（九）监管评级良好;

（十）银保监会规章规定的其他审慎性条件。

第六十五条　外商独资银行、中外合资银行申请投资设立、入股境内银行业金融机构由银保监会受理、审查并决定。银保监会自受理之日起6个月内作出批准或者不批准的书面决定。

前款所指投资设立、入股境内银行业金融机构事项，如需另经银保监会或者银保监局批准设立，或者需银保监会或者银保监局进行股东资格审核等，则相关许可事项由银保监会或者银保监局在批准设立或者进行股东资格审核等事项时对外商独资银行、中外合资银行设立、入股行为进行合并审查并作出决定。

第六十六条　申请投资设立、入股境内银行业金融机构，申请人应当向银保监会提交下列对外投资申请资料（一式两份）：

（一）申请书，内容至少包括：被投资方的基本情况、投资方进行股权投资的必要性和可行性、股权投资及后续整合方案、发展计划、存在的风险及应对措施等；

（二）申请人股东同意投资境内银行业金融机构的决议；

（三）被投资方股东（大）会同意吸收商业银行投资的决议；

（四）股权投资协议；

（五）可行性研究报告，内容至少包括：被投资方基本情况，投资方进行股权投资的必要性和可行性以及股权投资前后资本充足率、流动性、盈利性等经营状况的分析和对比，交易结构和后续安排，整合方案，发展计划，存在的风险及应对措施等；

（六）申请人最近3年经审计的财务报告和业务发展情况报告；

（七）被投资方最近3年经审计的财务报告和业务发展情况报告；

（八）合作股东的基本情况；

（九）申请人与被投资的境内银行业金融机构关于风险隔离制度、并表管理制度及关联交易实施细则等情况；

（十）申请人投资境内银行业金融机构战略及执行情况；

（十一）申请人最近2年存在严重违法违规行为和因内部管理问题导致重大案件的，应提交整改情况的说明；

（十二）银保监会要求的其他资料。

本条第（三）项、第（七）项不适用申请人发起设立机构的情形。

第六十七条　外商独资银行、中外合资银行作为发起人或者战略投资者投资设立、入股境内银行业金融机构，参照关于境外金融机构作为发起人或者战略投资者投资设立、入股境内银行业金融机构的相关规定。

本节所称银行业金融机构，是指在中国境内设立的商业银行、农村合作银行、农村信用合作社等吸收公众存款的金融机构以及政策性银行。

在中国境内设立的金融资产管理公司、信托公司、企业集团财务公司、金融租赁公司、汽车金融公司、货币经纪公司、消费金融公司等，适用本节对银行业金融机构的规定。

第三章　机构变更
第一节　变更注册资本或者营运资金

第六十八条　外商独资银行、中外合资银行申请变更注册资本、外国银行分行申请变更营运资金，应当具备下列条件：

（一）外商独资银行及其股东、中外合资银行及其股东以及外国银行的董事会已决议通过变更事项；

（二）外商独资银行股东、中外合资银行股东、外国银行所在国家或者地区金融监管机构同意其申请，但外国银行分行营运资金总额不变仅变更币种的除外。

第六十九条　银保监会直接监管的外商独资银行、中外合资银行变更注册资本由银保监会受理、审查和决定。其他外商独资银行、中外合资银行变更注册资本、外国银行分行变更营运资金的申请，由所在地银保监局受理、审查和决定。

外商独资银行、中外合资银行申请变更注册资本、外国银行分行申请变更营运资金，应当向银保监会或者所在地银保监局提交申请资料，同时抄送所在地银保监分局。

银保监会或者所在地银保监局应当自受理之日起3个月内，作出批准或者不批准变更的决定，并书面通知申请人。决定不批准的，应当说明理由。

第七十条　外商独资银行、中外合资银行申请变更注册资本、外国银行分行申请变更营运资金，应当向银保监会或者所在地银保监局提交下列申请资料（一式两份），同时抄送所在地银保监分局（一份）：

（一）申请人董事长或者行长（首席执行官）签署的申请书；

（二）可行性研究报告，内容包括变更注册资本或者营运资金后的业务发展规划、资金用途、对主要监管指标的影响；

（三）增加注册资本或者营运资金的，应提交出资资金来源情况说明和出资资金来源合法的声明；

（四）申请人及其股东关于变更注册资本的董事会决议，外国银行关于变更分行营运资金的董事会决议；

（五）申请人股东及外国银行应当提交所在国家或者地区金融监管机构关于变更事项的意见书，中外合资银行中方股东为非金融机构的无须提交；

（六）银保监会要求的其他资料。

第七十一条　外商独资银行、中外合资银行获准变更注册资本、外国银行分行获准变更营运资金，应当自银保监会或者所在地银保监局作出批准决定之日起30日内，向银保监会或者所在地银保监局报送法定验资机构出具的验资证明，同时抄送所在地银保监分局。

第二节　变更股东

第七十二条　银保监会直接监管的外商独资银行、中外合资银行变更股东或者调整股东持股比例的申请，由银保监会受理、审查和决定。其他外商独资银行、中外合资银行变更股东或者调整股东持股比例的申请，由所在地银保监局受理和初审，银保监会审查和决定。本条所称变更股东包括股东转让股权、股东因重组或被收购等发生变更以及银保监会认定的其他股东变更情形。外商独资银行、中外合资银行的股东仅因商号、责任形式等变更引起更名，而股东主体未变更的，无须申请变更股东，但应在变更事项完成后1年内，就变更事项申请修改章程。

外商独资银行、中外合资银行变更股东，拟受让方或者承继方应当符合本办法第十条至第十七条规定的条件。

外商独资银行、中外合资银行申请变更股东或者调整股东持股比例，应当向银保监会或者所在地银保监局提交申请资料，同时抄送所在地银保监分局。由所在地银保监局受理和初审的，所在地银保监局应当自受理之日起20日内将申请资料连同审核意见报送银保监会。银保监会应当自申请受理之日起3个月内，作出批准或者不批准变更的决定，并书面通知申请人。决定不批准的，应当说明理由。

第七十三条 外商独资银行、中外合资银行申请变更股东或者调整股东持股比例，应当向银保监会或者所在地银保监局提交下列申请资料（一式两份），同时抄送所在地银保监分局（一份）：

（一）申请人董事长或者行长（首席执行官）签署的申请书；

（二）申请人关于变更事项的董事会决议；

（三）申请人股东、拟受让方或者承继方关于变更事项的董事会决议；

（四）申请人股东、拟受让方或者承继方是金融机构的，应当提交所在国家或者地区金融监管机构关于变更事项的意见书；

（五）申请人股权转让方与拟受让方或者承继方签署的转让（变更）协议；

（六）各股东与拟受让方或者承继方签署的合资经营合同，但单一股东的外商独资银行除外；

（七）拟受让方或者承继方的章程、组织结构图、主要股东名单、海外分支机构和关联企业名单、最近3年年报、所在国家或者地区金融监管机构核发的营业执照或者经营金融业务许可文件的复印件；

（八）拟受让方或者承继方反洗钱反恐怖融资材料，包括出资资金来源情况说明和出资资金来源合法的声明，股东及其控股股东、实际控制人、最终受益人名单及其无故意或者重大过失犯罪记录的声明、反洗钱制度等。中外合资银行拟受让中方股东为非金融机构的，无须提交反洗钱制度；

（九）拟受让方或者承继方为外方股东的，应当提交所在国家或者地区金融体系情况和有关金融监管法规的摘要；

（十）银保监会要求的其他资料。

第七十四条　外商独资银行、中外合资银行获准变更股东或者调整股东持股比例，应当自银保监会作出批准决定之日起 30 日内，向银保监会或者所在地银保监局报送法定验资机构出具的验资证明以及相关交易的证明文件，同时抄报所在地银保监分局。

第七十五条　外商独资银行、中外合资银行变更组织形式、合并、分立应当符合《中华人民共和国公司法》《中华人民共和国商业银行法》以及其他法律、行政法规和规章的规定，并具备下列条件：

（一）外商独资银行及其股东、中外合资银行及其股东的董事会已决议通过变更事项；

（二）变更事项的申请已经股东所在国家或者地区金融监管机构同意；

（三）外商独资银行、中外合资银行已就变更事项制定具体方案。

外商独资银行、中外合资银行因股东发生合并、分立等变更事项的，该外商独资银行、中外合资银行应当根据银保监会的要求进行相关调整。

第七十六条　外商独资银行、中外合资银行变更组织形式、合并、分立的申请，由银保监会受理、审查和决定。

外商独资银行、中外合资银行申请变更组织形式、合并、分立，应当向银保监会提交申请资料。

银保监会应当自受理之日起 3 个月内，作出批准或者不批准变更的决定，并书面通知申请人。决定不批准的，应当说明理由。

第七十七条　外商独资银行、中外合资银行合并分为吸收合并和新设合并。合并须经合并筹备和合并开业两个阶段。

吸收合并的，吸收合并方应当按照变更的条件和材料要求向银保监会提交合并筹备和合并开业的申请；被吸收方自行终止的，应当按照终止的条件和材料要求向银保监会提交申请；被吸收方变更为分支机构的，应当按照设立的条件和材料要求向银保监会提交申请。

新设合并的，新设方应当按照设立的条件和材料要求向银保监会提交合并筹备和合并开业的申请；原外商独资银行、中外合资银行应当按照终止的条件和材料要求向银保监会提交申请。

第七十八条 外商独资银行、中外合资银行分立分为存续分立和新设分立。分立须经分立筹备和分立开业两个阶段。

存续分立的，存续方应当按照变更的条件和材料要求向银保监会提交分立筹备和分立开业的申请；新设方应当按照设立的条件和材料要求向银保监会提交申请。

新设分立的，新设方应当按照设立的条件和材料要求向银保监会提交分立筹备和分立开业的申请；原外商独资银行、中外合资银行应当按照解散的条件和材料要求向银保监会提交申请。

第七十九条 外商独资银行、中外合资银行申请变更组织形式、合并、分立，除应当按照本办法第七十七条、第七十八条的规定提交申请资料外，还应当向银保监会提交下列申请资料（一式两份）：

（一）申请人董事长或者行长（首席执行官）签署的申请书；

（二）关于变更组织形式、合并、分立的方案；

（三）申请人各方股东关于变更事项的董事会决议；

（四）申请人各方股东应当提交所在国家或者地区金融监管机构关于变更事项的意见书，中外合资银行中方股东为非金融机构的无须提交；

（五）申请人各方股东签署的合并、分立协议；申请人各方股东签署的合资经营合同，但单一股东的外商独资银行除外；申请人各方股东的章程、组织结构图、董事会及主要股东名单、最近1年年报；

（六）申请人各方股东反洗钱反恐怖融资材料，包括出资资金来源情况说明和出资资金来源合法的声明、股东及其控股股东、实际控制人、最终受益人名单及其无故意或者重大过失犯罪记录的声明、反洗钱制度等。中外合资银行中方股东为非金融机构的，无须提交反洗钱制度；

（七）变更组织形式、合并、分立后银行的章程草案以及在中国境内依法设立的律师事务所出具的对章程草案的法律意见书；

（八）银保监会要求的其他资料。

申请人应当将申请书和关于变更组织形式、合并、分立的方案抄送申请人及其分支机构所在地银保监局（各一份）。

第三节 修改章程

第八十条 外商独资银行、中外合资银行应当在其章程所列内容发生变动后1年内提出修改章程的申请。

外商独资银行、中外合资银行修改章程仅涉及名称、住所、股权、注册资本、业务范围且变更事项已经银保监会或者所在地银保监局批准的，不需进行修改章程的申请，但应当在银保监会或者所在地银保监局作出上述变更事项批准决定之日起6个月内将修改后的章程报送银保监会或者所在地银保监局。

第八十一条 外商独资银行、中外合资银行申请修改章程，应当具备下列条件：

（一）外商独资银行、中外合资银行的董事会已决议通过修订章程；

（二）外商独资银行、中外合资银行股东的董事会已决议通过或者经股东有权部门履行法定程序同意修改章程；

（三）章程的修改符合中国相关法律法规要求。

第八十二条 银保监会直接监管的外商独资银行、中外合资银行修改章程的申请，由银保监会受理、审查和决定。其他外商独资银行、中外合资银行修改章程的申请，由所在地银保监局受理、审查和决定。

外商独资银行、中外合资银行申请修改章程，应当向银保监会或者所在地银保监局提交申请资料，同时抄送所在地银保监分局。

银保监会或者所在地银保监局应当自受理之日起3个月内，作出批准或者不批准修改章程的决定，并书面通知申请人。决定不批准的，应当说明理由。

第八十三条 外商独资银行、中外合资银行申请修改章程，应当向银保监会或者所在地银保监局提交下列申请资料（一式两份），同时抄送所在地银保监分局（一份）：

（一）申请人董事长或者行长（首席执行官）签署的申请书；

（二）申请人关于修改章程的董事会决议；

（三）申请人股东授权签字人签署的关于修改章程的意见书；

（四）申请人的原章程和新章程草案；

（五）原章程与新章程草案变动对照表；

（六）在中国境内依法设立的律师事务所或者申请人法律部门出具的对新章程草案的法律合规意见函；

（七）银保监会要求的其他资料。

第四节　变更名称

第八十四条　申请变更外资银行在中国境内机构名称，应当具备下列条件：

（一）变更事项已获得申请人所在国家或者地区金融监管机构的批准；

（二）申请人已获得所在国家或者地区金融监管机构核发的新营业执照或者经营金融业务的许可文件；

（三）申请人已承诺承担其在中国境内分行的税务和债务责任。

本条第（一）项、第（二）项不适用外资银行名称未变更、仅申请变更其在中国境内机构名称的情形。

外国银行单独出资设立的外商独资银行申请变更名称的，拟变更的名称应当反映股东的商誉。

第八十五条　外商独资银行、中外合资银行、外国银行分行变更名称的申请，由银保监会受理、审查和决定。外国银行代表处变更名称的申请，由所在地银保监局受理、审查和决定。

申请变更外资银行名称，应当向银保监会或者所在地银保监局提交申请资料，同时抄送外资银行在中国境内机构所在地银保监分局。银保监会或者所在地银保监局应当自受理之日起 3 个月内，作出批准或者不批准变更的决定，并书面通知申请人。决定不批准的，应当说明理由。

第八十六条　外商独资银行股东、中外合资银行股东、外国银行因合并、分立、重组等原因申请变更其在中国境内机构名称，应当在合并、分立、重组等变更事项发生 5 日内，向银保监会或者所在地银保监局、银保监分局报告，并于 30 日内将下列申请资料报送银保监会或者所在地银保监局（一式两份），同时抄送所在地银保监局或者银保监分局（一份）：

（一）申请人董事长或者行长（首席执行官）签署的申请书；

（二）变更名称申请表；

（三）外商独资银行股东、中外合资银行股东、外国银行的章程；

（四）外商独资银行股东、中外合资银行股东、外国银行的组织结构图、董事会以及主要股东名单；

（五）外国银行董事长或者行长（首席执行官、总经理）签署的对其在中国境内分行承担税务、债务责任的保证书；

（六）外商独资银行股东、中外合资银行股东、外国银行的合并财务会计报告；

（七）外商独资银行股东、中外合资银行股东及外国银行的反洗钱反恐怖融资材料，包括股东及其控股股东、实际控制人、最终受益人名单及其无故意或者重大过失犯罪记录的声明、反洗钱制度等。中外合资银行中方股东为非金融机构的，无须提交反洗钱制度；

（八）外商独资银行股东、中外合资银行股东、外国银行所在国家或者地区金融监管机构对变更事项的批准书或者意见书；

（九）外商独资银行股东、中外合资银行股东、外国银行更名后，所在国家或者地区金融监管机构核发的营业执照或者经营金融业务许可文件的复印件；

（十）银保监会要求的其他资料。

第八十七条　外商独资银行股东、中外合资银行股东、外国银行因其他原因申请变更在中国境内机构名称的，应当在变更事项发生5日内，向银保监会或者所在地银保监局、银保监分局报告，并于30日内将下列申请资料报送银保监会或者所在地银保监局（一式两份），同时抄送外资银行在中国境内机构所在地银保监局或者银保监分局（一份）：

（一）申请人董事长或者行长（首席执行官）签署的申请书；

（二）外商独资银行股东、中外合资银行股东、外国银行更名后所在国家或者地区金融监管机构核发的营业执照复印件或者经营金融业务许可文件复印件；

（三）外商独资银行股东、中外合资银行股东、外国银行所在国家或者地区金融监管机构对变更事项的批准书以及对其申请的意见书；

（四）银保监会要求的其他资料。

本条第（二）项、第（三）项不适用外资银行名称未变更、仅变更在中国境内机构名称的情形。

外资银行支行因营业场所变更等自身原因拟变更名称的，不需进行更名的申请，但应当于变更后15日内向开业决定机关换领金融许可证。

第五节　在同城内变更住所或者办公场所

第八十八条　银保监会直接监管的外商独资银行、中外合资银行在同城内变更住所由银保监会受理、审查和决定。其他外商独资银行、中外合资银行在同城内变更住所、外国银行代表处在同城内变更办公场所的申请，由所在地银保监局受理、审查和决定。

外商独资银行、中外合资银行申请在同城内变更住所、外国银行代表处申请在同城内变更办公场所，应当向银保监会或者所在地银保监局提交申请资料。

银保监会或者所在地银保监局应当自受理之日起3个月内，作出批准或者不批准变更的决定，并书面通知申请人。决定不批准的，应当说明理由。

第八十九条　外商独资银行、中外合资银行在同城内变更住所、外国银行代表处在同城内变更办公场所，应当向银保监会或者所在地银保监局提交下列申请资料（一式两份）：

（一）申请人授权签字人签署的申请书；

（二）拟迁入住所或者办公场所的所有权证明、使用权证明或者租赁合同的复印件；

（三）拟迁入住所的安全、消防设施合格情况的说明；

（四）银保监会要求的其他资料。

第九十条　外商独资银行、中外合资银行、外国银行代表处因行政区划调整等原因导致的行政区划、街道、门牌号等发生变化而实际位置未变化的，以及外资银行分支机构在所在城市的行政区划内变更营业场所的，不需进行变更住所或者办公场所的申请，但外资银行营业性机构应当于变更后15日内向开业决定机关换领金融许可证。

第四章　机构终止

第一节　外商独资银行、中外合资银行解散

第九十一条　外商独资银行、中外合资银行有下列情形之一的，经银保监会批准后解散：

（一）章程规定的营业期限届满或者出现章程规定的其他解散事由；

（二）股东会决议解散；

（三）因合并或者分立需要解散。

第九十二条　外商独资银行、中外合资银行申请解散，应当具备下列条件：

（一）外商独资银行及其股东、中外合资银行及其股东的董事会已决议通过解散；

（二）外商独资银行股东、中外合资银行股东所在国家或者地区金融监管机构已同意其申请；

（三）具有有效的资产处置、债务清偿、人员安置、客户身份资料和业务档案存放的方案。

第九十三条　银保监会直接监管的外商独资银行、中外合资银行解散的申请，由银保监会受理、审查和决定。其他外商独资银行、中外合资银行解散的申请，由所在地银保监局受理和初审，银保监会审查和决定。

外商独资银行、中外合资银行申请解散，应当向银保监会或者所在地银保监局提交申请资料，同时抄送所在地银保监分局。

所在地银保监局应当自受理之日起 20 日内将申请资料连同审核意见报送银保监会。银保监会应当自银保监局受理之日起 3 个月内，作出批准或者不批准解散的决定，并书面通知申请人。决定不批准的，应当说明理由。

第九十四条　外商独资银行、中外合资银行申请解散，应当向银保监会或者所在地银保监局提交下列申请资料（一式两份），同时抄送所在地银保监分局（一份）：

（一）申请人董事长或者行长（首席执行官）签署的申请书；

（二）申请人关于解散的董事会决议；

（三）申请人各股东关于外商独资银行、中外合资银行解散的董事会决议；

（四）外商独资银行股东、中外合资银行股东所在国家或者地区金融监管机构关于该机构解散的意见书；

（五）关于外商独资银行、中外合资银行解散后资产处置、债务清偿、人员安置的计划和负责后续事项的人员名单及联系方式；客户身份资料和业务档案移交在中国境内依法设立的档案保管机构的相关说明；

（六）银保监会要求的其他资料。

第二节 破产

第九十五条 外商独资银行、中外合资银行因解散而清算，清算组发现该机构财产不足以清偿债务的，或者因不能支付到期债务，自愿或者应其债权人要求申请破产的，在向法院申请破产前，应当向银保监会提出申请。

第九十六条 银保监会直接监管的外商独资银行、中外合资银行破产的申请，由银保监会受理、审查和决定。其他外商独资银行、中外合资银行破产的申请，由所在地银保监局受理和初审，银保监会审查和决定。

外商独资银行、中外合资银行申请破产，应当向银保监会或者所在地银保监局提交申请资料，同时抄送所在地银保监分局。所在地银保监局应当自受理之日起20日内将申请资料连同审核意见报送银保监会。银保监会应当自所在地银保监局受理之日起3个月内，作出批准或者不批准破产的决定，并书面通知申请人。决定不批准的，应当说明理由。

第九十七条 外商独资银行、中外合资银行申请破产，应当向银保监会或者所在地银保监局提交下列申请资料（一式两份），同时抄送所在地银保监分局（一份）：

（一）申请人董事长、行长（首席执行官）或者清算组组长签署的申请书；

（二）申请人关于破产的董事会决议；

（三）各股东关于外商独资银行、中外合资银行破产的董事会决议；

（四）客户身份资料和业务档案移交在中国境内依法设立的档案保管

机构的相关说明；

（五）银保监会要求的其他资料。

本条第（二）项、第（三）项不适用由清算组提出破产申请的情形。

第三节 分行及分行级专营机构关闭

第九十八条 外商独资银行、中外合资银行申请关闭分行或者分行级专营机构，外国银行申请关闭分行，应当具备下列条件：

（一）申请人董事会已决议通过关闭分行或者分行级专营机构；

（二）外国银行关闭分行已经所在国家或者地区金融监管机构同意；

（三）具有有效的资产处置、债务清偿、人员安置及客户身份资料和业务档案在中国境内保存的方案。

第九十九条 银保监会直接监管的外商独资银行、中外合资银行申请关闭一级分行或者分行级专营机构，由拟关闭机构所在地银保监局受理和初审，银保监会审查和决定。银保监会直接监管的外商独资银行、中外合资银行申请关闭二级分行，其他外商独资银行、中外合资银行申请关闭分行或者分行级专营机构，由拟关闭机构所在地银保监局受理、审查和决定。外国银行分行的关闭申请，由拟关闭机构所在地银保监局受理和初审，银保监会审查和决定。

外商独资银行、中外合资银行申请关闭分行或者分行级专营机构，外国银行申请关闭分行，应当向银保监会或者拟关闭机构所在地银保监局提交申请资料，同时抄送拟关闭机构所在地银保监分局。

由拟关闭机构所在地银保监局受理和初审的，拟关闭机构所在地银保监局应当自受理之日起 20 日内将申请资料连同审核意见报送银保监会。银保监会或者拟关闭机构所在地银保监局应当自申请受理之日起 3 个月内，作出批准或者不批准关闭的决定，并书面通知申请人。决定不批准的，应当说明理由。

第一百条 外商独资银行、中外合资银行申请关闭分行或者分行级专营机构，外国银行申请关闭分行，应当向银保监会或者拟关闭机构所在地银保监局提交下列申请资料（一式两份），同时抄送拟关闭机构所在地银保监分局（一份）：

（一）申请人董事长或者行长（首席执行官）签署的申请书；

（二）申请人关于关闭分行或者分行级专营机构的董事会决议；

（三）外国银行所在国家或者地区金融监管机构对其申请的意见书；

（四）拟关闭机构的资产处置、债务清偿、人员安置的计划，客户身份资料和业务档案在中国境内保存方案和负责后续事项的人员名单及联系方式；

（五）银保监会要求的其他资料。

第四节　分行关闭并在同一城市设立代表处

第一百零一条　外国银行关闭中国境内分行并在同一城市设立代表处的申请，由拟关闭机构所在地银保监局受理和初审，银保监会对拟关闭分行的申请进行审查和决定；在经银保监会批准外国银行关闭中国境内分行后，所在地银保监局对该外国银行在同一城市设立代表处的申请进行审查和决定。

外国银行关闭中国境内分行并申请在同一城市设立代表处，应当向拟关闭机构所在地银保监局提交申请资料，同时抄送拟关闭机构所在地银保监分局。所在地银保监局应当自受理之日起 20 日内将申请材料连同关于外国银行关闭中国境内分行的初审意见报送银保监会。

银保监会及拟关闭机构所在地银保监局应当自受理之日起 3 个月内，作出批准或者不批准的决定，并书面通知申请人。决定不批准的，应当说明理由。

第一百零二条　外国银行申请关闭在中国境内分行并在同一城市设立代表处的，应当具备本办法第五十九条、第九十八条规定的条件，并应当在终止业务活动前将下列申请资料报送拟关闭机构所在地银保监局（一式两份），同时抄送拟关闭机构所在地银保监分局（一份）：

（一）申请人董事长或者行长（首席执行官、总经理）签署的申请书；

（二）申请人关于关闭分行并在同一城市设立代表处的董事会决议；

（三）外国银行所在国家或者地区金融监管机构对其申请的意见书；

（四）拟关闭分行资产处置、债务清偿、人员安置的计划，客户身份资料和业务档案在中国境内保存方案和负责后续事项的人员名单及联系方式；

（五）拟任首席代表任职资格核准所需的相关资料；

（六）银保监会要求的其他资料。

<h3 style="text-align:center">第五节　支行关闭</h3>

第一百零三条　外商独资银行、中外合资银行、外国银行申请关闭支行，应当具备下列条件：

（一）外商独资银行、中外合资银行、外国银行的董事会或者有权部门已决议通过关闭支行；

（二）具有有效的资产处置、债务清偿、人员安置的方案。

第一百零四条　外商独资银行、中外合资银行、外国银行关闭支行的申请，由拟关闭机构所在地银保监局或者经授权的银保监分局受理、审查和决定。

外商独资银行、中外合资银行、外国银行申请关闭支行，应当向拟关闭机构所在地银保监局或者经授权的银保监分局提交申请资料，同时抄送拟关闭机构所在地银保监分局。拟关闭机构所在地银保监局或者经授权的银保监分局应当自受理之日起 3 个月内，作出批准或者不批准关闭的决定，并书面通知申请人。决定不批准的，应当说明理由。

第一百零五条　外商独资银行、中外合资银行、外国银行申请关闭支行，应当在终止业务活动前将下列申请资料报送拟关闭机构所在地银保监局或者经授权的银保监分局（一式两份）：

（一）申请人授权签字人签署的申请书；

（二）申请人关于关闭支行的董事会决议或者内部有权部门的决定；

（三）拟关闭支行资产处置、债务清偿、人员安置的计划和负责后续事项的人员名单及联系方式；

（四）银保监会要求的其他资料。

<h3 style="text-align:center">第六节　外国银行代表处关闭</h3>

第一百零六条　外国银行申请关闭代表处，应当具备下列条件：

（一）申请人董事会已决议通过关闭代表处；

（二）申请人所在国家或者地区金融监管机构已同意其申请；

（三）具有有效的关闭方案及人员安置计划。

第一百零七条 外国银行关闭代表处的申请，由拟关闭机构所在地银保监局受理、审查和决定。

外国银行申请关闭代表处，应当向拟关闭机构所在地银保监局提交申请资料，并同时抄送拟关闭机构所在地银保监分局。拟关闭机构所在地银保监局应当自受理之日起3个月内，作出批准或者不批准关闭的决定，并书面通知申请人。决定不批准的，应当说明理由。

第一百零八条 外国银行申请关闭代表处，应当将下列申请资料报送拟关闭机构所在地银保监局（一式两份），同时抄送拟关闭机构所在地银保监分局（一份）：

（一）申请人董事长或者行长（首席执行官、总经理）签署的申请书，特殊情况下，该申请书可以由授权签字人签署；

（二）申请人关于关闭代表处的董事会决议；

（三）所在国家或者地区金融监管机构对其申请的意见书；

（四）代表处关闭方案、人员安置计划和负责后续事项的人员名单及联系方式；

（五）银保监会要求的其他资料。

第五章 业务范围
第一节 发行债务、资本补充工具

第一百零九条 外商独资银行、中外合资银行申请在境内外发行须经银保监会许可的债务、资本补充工具，应当具备下列条件：

（一）具有良好的公司治理结构；

（二）主要审慎监管指标符合监管要求；

（三）贷款风险分类结果真实准确；

（四）贷款损失准备计提充足；

（五）银保监会规章规定的其他审慎性条件。

第一百一十条 银保监会直接监管的外商独资银行、中外合资银行发行须经银保监会许可的债务、资本补充工具的申请，由银保监会受理、审查和决定，其他外商独资银行、中外合资银行发行须经银保监会许可的债务、资本补充工具的申请，由所在地银保监局受理和初审，银保监会审查和决定。

外商独资银行、中外合资银行申请发行须经银保监会许可的债务、资本补充工具，申请人应当向银保监会或者所在地银保监局提交申请资料。

所在地银保监局应当自受理之日起 20 日内将申请资料连同审核意见报送银保监会。银保监会应当自申请受理之日起 3 个月内，作出批准或者不批准发行债务、资本补充工具的决定，并书面通知申请人。决定不批准的，应当说明理由。

第一百一十一条　外商独资银行、中外合资银行申请发行须经银保监会许可的债务、资本补充工具，应当向银保监会或者所在地银保监局提交下列申请资料（一式两份）：

（一）申请人董事长或者行长（首席执行官）签署的申请书；

（二）可行性研究报告及洗钱和恐怖融资风险评估报告；

（三）债务、资本补充工具发行登记表；

（四）申请人关于发行债务、资本补充工具的董事会决议；

（五）申请人股东关于发行债务、资本补充工具的董事会决议；

（六）申请人最近 3 年经审计的财务会计报告；

（七）募集说明书；

（八）发行公告或者发行章程；

（九）申请人关于本期债券偿债计划及保障措施的专项报告；

（十）信用评级机构出具的金融债券信用评级报告及有关持续跟踪评级安排的说明，但申请人赴境外发行债务、资本补充工具的除外；

（十一）银保监会要求的其他资料。

第二节　开办衍生产品交易业务

第一百一十二条　外资银行营业性机构开办衍生产品交易业务的资格分为下列两类：

（一）基础类资格：只能从事套期保值类衍生产品交易；

（二）普通类资格：除基础类资格可以从事的衍生产品交易之外，还可以从事非套期保值类衍生产品交易。

第一百一十三条 外资银行营业性机构申请开办基础类衍生产品交易业务，应当具备下列条件：

（一）具有健全的衍生产品交易风险管理制度和内部控制制度；

（二）具有接受相关衍生产品交易技能专门培训半年以上且从事衍生产品或者相关交易2年以上的交易人员至少2名，相关风险管理人员至少1名，风险模型研究人员或者风险分析人员至少1名，熟悉套期会计操作程序和制度规范的人员至少1名，以上人员应当专岗专人，相互不得兼任，且无不良记录；

（三）有适当的交易场所和设备；

（四）具有处理法律事务和负责内控合规检查的专业部门及相关专业人员；

（五）主要审慎监管指标符合监管要求；

（六）银保监会规章规定的其他审慎性条件。

第一百一十四条 外资银行营业性机构申请开办普通类衍生产品交易业务，除具备本办法第一百一十三条规定的条件外，还应当具备下列条件：

（一）具有完善的衍生产品交易前台、中台、后台自动联接的业务处理系统和实时风险管理系统；

（二）衍生产品交易业务主管人员应当具备5年以上直接参与衍生产品交易活动或者风险管理的资历，且无不良记录；

（三）具有严格的业务分离制度，确保套期保值类业务与非套期保值类业务的市场信息、风险管理、损益核算有效隔离；

（四）具有完善的市场风险、操作风险、信用风险等风险管理框架；

（五）银保监会规章规定的其他审慎性条件。

第一百一十五条 外国银行分行申请开办衍生产品交易业务，应当获得其总行（地区总部）的正式授权，其母国应当具备对衍生产品交易业务进行监管的法律框架，其母国监管机构应当具备相应的监管能力。

外国银行分行申请开办衍生产品交易业务，若不具备本办法第一百一十三条或者第一百一十四条规定的条件，其总行（地区总部）应当具备上述条件。同时该分行还应当具备下列条件：

（一）其总行（地区总部）对该分行从事衍生产品交易等方面的正式授权应当对交易品种和限额作出明确规定；

（二）除总行另有明确规定外，该分行的全部衍生产品交易统一通过对其授权的总行（地区总部）系统进行实时平盘，并由其总行（地区总部）统一进行平盘、敞口管理和风险控制。

第一百一十六条　银保监会直接监管的外商独资银行、中外合资银行开办衍生产品交易业务的申请，由银保监会受理、审查和决定。其他外资银行营业性机构开办衍生产品交易业务的申请，由所在地银保监局受理、审查和决定。

外资银行营业性机构申请开办衍生产品交易业务，应当向银保监会或者所在地银保监局提交申请资料。银保监会或者所在地银保监局应当自受理之日起3个月内，作出批准或者不批准开办衍生产品交易业务的决定，并书面通知申请人。决定不批准的，应当说明理由。

第一百一十七条　外资银行营业性机构申请开办衍生产品交易业务，应当向银保监会或者所在地银保监局报送下列申请资料（一式两份）：

（一）申请人授权签字人签署的申请书；

（二）可行性研究报告及业务计划书或者展业计划及洗钱和恐怖融资风险评估报告；

（三）衍生产品交易业务内部管理规章制度，内容包括：

1. 衍生产品交易业务的指导原则、操作规程（操作规程应当体现交易前台、中台、后台分离的原则）和针对突发事件的应急计划；

2. 新业务、新产品审批制度及流程；

3. 交易品种及其风险控制制度；

4. 衍生产品交易的风险模型指标及量化管理指标；

5. 风险管理制度和内部审计制度；

6. 衍生产品交易业务研究与开发的管理制度及后评价制度；

7. 交易员守则；

8. 交易主管人员岗位职责制度，对各级主管人员与交易员的问责制度和激励约束机制；

9. 对前台、中台、后台主管人员及工作人员的培训计划；

（四）衍生产品交易会计制度；

（五）主管人员和主要交易人员名单、履历；

（六）衍生产品交易风险管理制度，包括但不限于：风险敞口量化规则或者风险限额授权管理制度；

（七）第三方独立出具的交易场所、设备和系统的安全性和稳定性测试报告；

（八）银保监会要求的其他资料。

外国银行分行申请开办衍生产品交易业务，若不具备本办法第一百一十三条或者第一百一十四条所列条件，除报送其总行（地区总部）的上述文件和资料外，同时还应当报送下列申请资料：

（一）外国银行总行（地区总部）对该分行从事衍生产品交易品种和限额等方面的正式书面授权文件；

（二）除外国银行总行另有明确规定外，外国银行总行（地区总部）出具的确保该分行全部衍生产品交易通过总行（地区总部）交易系统进行实时平盘，并由其总行（地区总部）负责进行平盘、敞口管理和风险控制的承诺函。

第一百一十八条　外国银行在中国境内设立多家分行的，如管理行已获准开办衍生产品交易业务，该管理行可以履行管理职责，在评估并确保中国境内其他拟开办衍生产品交易业务的分行满足条件的前提下，授权其开办衍生产品交易业务。

经管理行授权开办衍生产品交易业务的分行应满足银行业金融机构开办衍生产品交易业务的相关规定，向所在地银保监局报告，提交管理行出具的授权书以及开办衍生产品交易业务所需的材料后方可开办衍生产品交易业务。

第三节　开办信用卡业务

第一百一十九条　外商独资银行、中外合资银行申请开办信用卡业务分为申请开办发卡业务和申请开办收单业务。申请人应当具备下列条件：

（一）公司治理良好，主要审慎监管指标符合银保监会有关规定，具备与业务发展相适应的组织机构和规章制度，内部控制、风险管理和问责机制健全有效；

（二）信誉良好，具有完善、有效的内控机制和案件防控体系，最近3年内无重大违法违规行为和重大恶性案件；

（三）具备符合任职资格条件的董事、高级管理人员和合格从业人员。高级管理人员中应当有具备信用卡业务专业知识和管理经验的人员至少1名，具备开展信用卡业务必需的技术人员和管理人员，并全面实施分级授权管理；

（四）具备与业务经营相适应的营业场所、相关设施和必备的信息技术资源；

（五）已在中国境内建立符合法律法规和业务管理要求的业务系统，具有保障相关业务系统信息安全和运行质量的技术能力；

（六）开办外币信用卡业务的，应当具有结汇、售汇业务资格；

（七）银保监会规章规定的其他审慎性条件。

第一百二十条　外商独资银行、中外合资银行申请开办信用卡发卡业务，除应当具备本办法第一百一十九条规定的条件外，还应当具备下列条件：

（一）具备办理零售业务的良好基础。最近3年个人存贷款业务规模和业务结构稳定，个人存贷款业务客户规模和客户结构良好，银行卡业务运行情况良好，身份证件验证系统和征信系统的连接和使用情况良好；

（二）具备办理信用卡业务的专业系统。在中国境内建有发卡业务主机、信用卡业务申请管理系统、信用评估管理系统、信用卡账户管理系统、信用卡交易授权系统、信用卡交易监测和伪冒交易预警系统、信用卡客户服务中心系统、催收业务管理系统等专业化运营基础设施，相关设施通过了必要的安全检测和业务测试，能够保障客户资料和业务数据的完整性和安全性；

（三）符合外商独资银行、中外合资银行业务经营总体战略和发展规划，有利于提高总体业务竞争能力。能够根据业务发展实际情况持续开展业务成本计量、业务规模监测和基本盈亏平衡测算等工作。

第一百二十一条 外商独资银行、中外合资银行申请开办信用卡收单业务，除应当具备本办法第一百一十九条规定的条件外，还应当具备下列条件：

（一）具备开办收单业务的良好基础。最近3年企业贷款业务规模和业务结构稳定，企业贷款业务客户规模和客户结构较为稳定，身份证件验证系统和征信系统连接和使用情况良好；

（二）具备办理收单业务的专业系统。在中国境内建有收单业务主机、特约商户申请管理系统、特约商户信用评估管理系统、特约商户结算账户管理系统、账务管理系统、收单交易监测和伪冒交易预警系统、交易授权系统等专业化运营基础设施，相关设施通过了必要的安全检测和业务测试，能够保障客户资料和业务数据的完整性和安全性；

（三）符合外商独资银行、中外合资银行业务经营总体战略和发展规划，有利于提高业务竞争能力。能够根据业务发展实际情况持续开展业务成本计量、业务规模监测和基本盈亏平衡测算等工作。

第一百二十二条 银保监会直接监管的外商独资银行、中外合资银行开办信用卡业务的申请，由银保监会受理、审查和决定。其他外商独资银行、中外合资银行开办信用卡业务的申请，由所在地银保监局受理、审查和决定。

外商独资银行、中外合资银行申请开办信用卡业务，应当向银保监会或者所在地银保监局提交申请资料，同时抄送所在地银保监分局。银保监会或者所在地银保监局应当自受理之日起3个月内，作出批准或者不批准开办信用卡业务的决定，并书面通知申请人。决定不批准的，应当说明理由。

第一百二十三条 外商独资银行、中外合资银行申请开办信用卡业务，应当向银保监会或者所在地银保监局提交下列申请资料（一式两份），同时抄送所在地银保监分局（一份）：

（一）申请人董事长或者行长（首席执行官）签署的申请书；

（二）可行性研究报告及洗钱和恐怖融资风险评估报告；

（三）信用卡业务发展规划；

（四）信用卡业务管理制度；

（五）信用卡章程，内容至少包括信用卡的名称、种类、功能、用途、发行对象、申领条件、申领手续、使用范围（包括使用方面的限制）及使用方法、信用卡账户适用的利率、面向持卡人的收费项目和收费水平，发卡银行、持卡人及其他有关当事人的权利、义务；

（六）信用卡卡样设计草案或者可受理信用卡种类；

（七）信用卡业务运营设施、业务系统和灾备系统介绍；

（八）相关身份证件验证系统和征信系统连接情况和使用情况介绍；

（九）信用卡业务系统和灾备系统的测试报告和安全评估报告；

（十）信用卡业务运行应急方案和业务连续性计划；

（十一）信用卡业务风险管理体系建设和相应的规章制度；

（十二）信用卡业务的管理部门、职责分工、主要负责人介绍；

（十三）申请机构联系人、联系电话、联系地址、传真、电子邮箱等联系方式；

（十四）银保监会要求的其他资料。

第四节 开办其他业务

第一百二十四条　外资银行营业性机构申请开办其他业务，是指申请开办《中华人民共和国外资银行管理条例》第二十九条第（十四）项或者第三十一条第（十三）项所指的业务。

第一百二十五条　外资银行营业性机构申请开办其他业务，应当具备下列条件：

（一）具有与业务发展相适应的组织结构和规章制度，内控制度、风险管理和问责机制健全有效；

（二）与现行法律法规不相冲突；

（三）主要审慎监管指标达到监管要求；

（四）符合外资银行战略发展定位与方向；

（五）经内部决策程序通过；

（六）具备开展业务必需的技术人员和管理人员，并全面实施分级授权管理；

（七）具备与业务经营相适应的营业场所和相关设施；

（八）具备开展该项业务的必要、安全且合规的信息科技系统，具备保障信息科技系统有效安全运行的技术与措施；

（九）无重大违法违规记录和因内部管理问题导致的重大案件；

（十）银保监会规章规定的其他审慎性条件。

第一百二十六条　银保监会直接监管的外商独资银行、中外合资银行开办其他业务的申请，由银保监会受理、审查和决定。其他外资银行营业性机构开办其他业务的申请，由所在地银保监局受理、审查和决定。

外资银行营业性机构申请开办其他业务，应当向银保监会或者所在地银保监局提交申请资料，同时抄送所在地银保监分局。银保监会或者所在地银保监局应当自受理之日起3个月内，作出批准或者不批准开办拟经营业务的决定，并书面通知申请人。决定不批准的，应当说明理由。

第一百二十七条　外资银行营业性机构申请开办其他业务，应当向银保监会或者所在地银保监局报送下列申请资料（一式两份），同时抄送所在地银保监分局（一份）：

（一）申请人授权签字人签署的申请书；

（二）拟经营业务的详细介绍和可行性研究报告及洗钱和恐怖融资风险评估报告；

（三）拟经营业务的内部控制制度和操作规程；

（四）拟经营业务的人员配备情况及业务系统的介绍；

（五）银保监会要求的其他资料。

第六章　董事和高级管理人员任职资格核准

第一百二十八条　申请担任外资银行董事、高级管理人员和首席代表，拟任人应当是具有完全民事行为能力的自然人，并具备下列基本条件：

（一）熟悉并遵守中国法律、行政法规和规章；

（二）具有良好的职业道德、操守、品行和声誉，有良好的守法合规记录，无不良记录；

（三）具备大学本科以上（包括大学本科）学历，且具有与担任职务相适应的专业知识、工作经验和组织管理能力；不具备大学本科以上学历的，应当相应增加6年以上从事金融或者8年以上从事相关经济工作经历（其中从事金融工作4年以上）；

（四）具有履职所需的独立性。

外资银行董事、高级管理人员和首席代表在银保监会或者所在地银保监局核准其任职资格前不得履职。

第一百二十九条 拟任人有下列情形之一的，不得担任外资银行的董事、高级管理人员和首席代表：

（一）有故意或者重大过失犯罪记录的；

（二）有违反社会公德的不良行为，造成恶劣影响的；

（三）对曾任职机构违法违规经营活动或者重大损失负有个人责任或者直接领导责任，情节严重的；

（四）担任或者曾任被接管、撤销、宣告破产或者吊销营业执照的机构的董事或者高级管理人员的，但能够证明本人对曾任职机构被接管、撤销、宣告破产或者吊销营业执照不负有个人责任的除外；

（五）因违反职业道德、操守或者工作严重失职，造成重大损失或者恶劣影响的；

（六）指使、参与所任职机构不配合依法监管或者案件查处的；

（七）被取消终身的董事和高级管理人员任职资格，或者受到监管机构或者其他金融管理部门处罚累计达到两次以上的；

（八）本人或者其配偶负有数额较大的债务且到期未偿还的，包括但不限于在该外资银行的逾期贷款；

（九）存在其他所任职务与拟任职务有明显利益冲突，或者明显分散其履职时间和精力的情形；

（十）不具备本办法规定的任职资格条件，采取不正当手段以获得任职资格核准的；

（十一）法律、行政法规、部门规章规定的不得担任金融机构董事、高级管理人员或者首席代表的；

（十二）银保监会认定的其他情形。

第一百三十条 外国银行在中国境内设立的外商独资银行或者中外合资银行的董事长、高级管理人员和该外国银行在中国境内设立的分行的高级管理人员不得相互兼职。

第一百三十一条 外资银行董事长、行长（首席执行官）、分行行长、分行级专营机构总经理、支行行长、外国银行代表处首席代表缺位时，外资银行应当指定符合任职资格条件的人员代为履职，并自指定之日起3日内向银保监会或者任职机构所在地银保监局或者银保监分局报告代为履职人员的简历、商业银行从业及相关管理经验、履职计划等详细说明。

代为履职的人员不符合任职资格条件的，监管机构可以责令外资银行限期调整代为履职的人员。代为履职的时间不得超过6个月。外资银行应当在6个月内选聘符合任职资格条件的人员正式任职。

第一百三十二条 具有高级管理人员任职资格且未连续中断任职1年以上的拟任人在同质同类外资银行间平级调动职务（平级兼任）或者改任（兼任）较低职务的，无需重新申请核准任职资格。

拟任人应当在任职后5日内向银保监会或者任职机构所在地银保监局或者银保监分局报告。

第一百三十三条 担任下列职务的外资银行董事、高级管理人员和首席代表除应当具备本办法第一百二十八条所列条件外，还应当分别具备下列条件：

（一）担任外商独资银行、中外合资银行董事长，应当具有8年以上金融工作或者12年以上相关经济工作经历（其中从事金融工作5年以上）；

（二）担任外商独资银行、中外合资银行副董事长，应当具有5年以上金融工作或者10年以上相关经济工作经历（其中从事金融工作3年以上）；

（三）担任外商独资银行、中外合资银行行长（首席执行官），应当具有8年以上金融工作或者12年以上相关经济工作经历（其中从事金融工作4年以上）；

（四）担任外商独资银行、中外合资银行董事会秘书、副行长、行长助理、首席运营官、首席风险控制官、首席财务官（财务总监、财务负责人）、首席技术官（首席信息官），外商独资银行分行行长、中外合资银行分行行长、分行级专营机构总经理、外国银行分行行长，应当具有5年以上金融工作或者10年以上相关经济工作经历（其中从事金融工作3年以上）；

（五）担任外商独资银行、中外合资银行董事，应当具有5年以上与经济、金融、法律、财务有关的工作经历，能够运用财务报表和统计报表判断银行的经营、管理和风险状况，理解银行的公司治理结构、公司章程、董事会职责以及董事的权利和义务；

（六）担任外商独资银行分行、中外合资银行分行、外国银行分行副行长，分行级专营机构副总经理，应当具有4年以上金融工作或者6年以上相关经济工作经历（其中从事金融工作2年以上）；

（七）担任外商独资银行、中外合资银行内审负责人和合规负责人，应当具有4年以上金融工作经历；

（八）担任外商独资银行分行、中外合资银行分行、分行级专营机构、外国银行分行合规负责人，应当具有3年以上金融工作经历；

（九）担任外国银行代表处首席代表，应当具有3年以上金融工作或者6年以上相关经济工作经历（其中从事金融工作1年以上）。

第一百三十四条 外资银行下列人员的任职资格核准的申请，由银保监会受理、审查和决定：银保监会直接监管的外商独资银行、中外合资银行董事长、行长（首席执行官）、董事、副董事长、董事会秘书、副行长、行长助理、首席运营官、首席风险控制官、首席财务官（财务总监、财务负责人）、首席技术官（首席信息官）、内审负责人、合规负责人，以及其他对经营管理具有决策权或者对风险控制起重要作用的人员。

外资银行下列人员的任职资格核准的申请，由拟任职机构所在地银保监局受理、审查和决定：其他外商独资银行、中外合资银行董事长、行长

（首席执行官）、董事、副董事长、董事会秘书、副行长、行长助理、首席运营官、首席风险控制官、首席财务官（财务总监、财务负责人）、首席技术官（首席信息官）、内审负责人、合规负责人，以及其他对经营管理具有决策权或者对风险控制起重要作用的人员。

外资银行下列人员的任职资格核准的申请，由拟任职机构所在地银保监局或者经授权的银保监分局受理、审查和决定：外商独资银行分行、中外合资银行分行、外国银行分行的行长、副行长、合规负责人；分行级专营机构总经理、副总经理、合规负责人；外国银行代表处首席代表；以及其他对经营管理具有决策权或者对风险控制起重要作用的人员。

第一百三十五条 银保监会或者所在地银保监局或者经授权的银保监分局应当自受理之日起 30 日内，作出核准或者不核准的决定，并书面通知申请人。决定不核准的，应当说明理由。

随机构设立初次任命的董事长、行长（首席执行官）、分行行长、分行级专营机构总经理任职资格核准的申请，由开业决定机构自受理之日起 2 个月内，随机构开业批复作出核准或者不核准的决定；随代表处设立初次任命的首席代表任职资格核准的申请，由拟任职机构所在地银保监局自受理之日起 6 个月内，随代表处设立批复作出核准或者不核准的决定，并书面通知申请人。决定不核准的，应当说明理由。

第一百三十六条 申请核准外资银行董事、高级管理人员和首席代表任职资格，申请人应当将下列申请资料报送银保监会或者拟任职机构所在地银保监局或者经授权的银保监分局（一式两份），同时抄送拟任职机构所在地银保监分局（一份）：

（一）申请人授权签字人签署的申请书，申请书中应当说明拟任人拟任的职务、职责、权限，及该职务在本机构组织结构中的位置；

（二）申请人授权签字人签署的对拟任人的授权书及该签字人的授权书；

（三）经授权签字人签字的拟任人简历、身份证明和学历证明复印件；

（四）拟任人商业银行从业及相关管理经验、履职计划的详细说明；

（五）拟任人签署的无不良记录陈述书以及任职后将守法尽责的承诺书；

（六）拟任人接受反洗钱和反恐怖融资培训情况报告及本人签字的履行反洗钱和反恐怖融资义务的承诺书；

（七）外商独资银行、中外合资银行章程规定应当召开股东会或者董事会会议的，还应当报送相应的会议决议；

（八）拟任人离任审计报告（经济责任审计报告）或者原任职机构出具的履职评价；

（九）拟任人在银行、银行集团及其关联企业中担任、兼任其他职务的情况说明；

（十）银保监会要求的其他资料。

第七章 附则

第一百三十七条 本办法中的"日"指工作日。

第一百三十八条 本办法中"以上"均含本数或者本级。

第一百三十九条 本办法中银保监会直接监管的外资银行是指在15个以上省（区、市）设立一级分支机构的外资法人银行。

第一百四十条 香港特别行政区、澳门特别行政区和台湾地区的金融机构在内地（大陆）设立的银行机构，比照适用本办法。国务院另有规定的，依照其规定。

第一百四十一条 国务院在自由贸易试验区等特定区域对行政许可事项另有规定的，依照其规定。

第一百四十二条 银保监会负责其直接监管的外资法人银行金融许可证的颁发与管理；所在地银保监局或者经授权的银保监分局负责其他外资银行营业性机构金融许可证的颁发与管理。

第一百四十三条 银保监会根据法律法规和市场准入工作实际，有权对行政许可事项的受理、审查和决定机关进行动态调整。

第一百四十四条 本办法由银保监会负责解释。

第一百四十五条 本办法自公布之日起施行，《中国银监会外资银行行政许可事项实施办法》（中国银监会令2018年第3号）同时废止。

2. 会计业：关于大力支持香港澳门特别行政区会计专业人士担任内地会计师事务所合伙人有关问题的通知

财会〔2016〕9 号

各省、自治区、直辖市财政厅（局），深圳市财政委员会：

2015 年 11 月，内地分别与香港、澳门特别行政区签署了《内地与香港〈关于建立更紧密经贸关系的安排〉服务贸易协议》和《内地与澳门〈关于建立更紧密经贸关系的安排〉服务贸易协议》（以下统称《服务贸易协议》），自 2016 年 6 月 1 日起实施。为认真落实《服务贸易协议》，支持和规范取得中国注册会计师资格的港澳永久性居民（以下简称港澳会计专业人士）担任内地合伙制会计师事务所合伙人，促进港澳会计专业人士在内地发展兴业，现就有关问题通知如下：

一　认真学习、准确把握《服务贸易协议》规定

《服务贸易协议》涉及港澳会计专业人士担任合伙制会计师事务所合伙人的内容有 3 项：一是港澳会计专业人士可在内地担任合伙制会计师事务所合伙人，会计师事务所的控制权须由内地居民持有，具体要求按照内地财政主管部门的规定执行；二是担任合伙人的港澳会计专业人士在内地有固定住所，其中每年在内地居留不少于 6 个月；三是港澳会计专业人士申请成为内地会计师事务所合伙人时，已在港澳取得的审计工作经验等同于相等时间的内地审计工作经验。

前款所称合伙制会计师事务所，包括普通合伙会计师事务所和特殊普通合伙会计师事务所。

各省级财政部门应当认真学习、准确把握上述规定，严格按照《注册会计师法》、会计师事务所执业许可管理有关规章制度（以下简称有关规章制度）和《服务贸易协议》规定办理审批工作，确保审批工作依法、规范、高效、便捷进行。

二　明确审批条件，简化审批要求

港澳会计专业人士在内地申请合伙制会计师事务所执业许可并担任合伙人的，应当向拟设立会计师事务所工商登记地所属的省级财政部门提出会计师事务所执业许可申请并经其批准；港澳会计专业人士申请加入内地

已经取得执业许可的合伙制会计师事务所并担任合伙人的,应当由该会计师事务所向工商登记地所属的省级财政部门备案。省级财政部门应当根据《注册会计师法》和有关规章制度,及时办理审批或者备案。

(一)申请条件

港澳会计专业人士申请担任内地合伙制会计师事务所合伙人,应当符合《注册会计师法》和有关规章制度对合伙人资格条件的规定,包括具有中国注册会计师资格、满足审计工作经验年限要求和未受行政处罚要求等,并符合下列要求:

1. 会计师事务所首席合伙人(或者履行最高管理职责的其他职务)须为内地居民或者具有中国国籍的港澳永久性居民;

2. 在合伙协议中对会计师事务所经营管理决策相关事项作出约定,其中具有中国内地居民身份的合伙人在经营管理决策中的表决权不得低于51%;

3. 港澳会计专业人士在内地有固定住所,其中每年在内地居留不少于6个月。

(二)申请材料

港澳会计专业人士申请担任内地合伙制会计师事务所的合伙人,应当按照《注册会计师法》和有关规章制度的规定向省级财政部门提交申请材料。各省级财政部门应当结合法规制度、申请条件和审批流程明确申请材料清单,并一次性告知申请人。省级财政部门在审查申请材料过程中,应当重点审核下列事项:

1. 中国注册会计师资格证书复印件;

2. 港澳永久性居民身份证明材料复印件;拟担任首席合伙人的,还应当提交经本人签字确认的不具有其他国家国籍的声明书;

3. 由港澳会计师事务所出具的在港澳的审计工作经验证明材料;

4. 载有经营管理决策表决权比例的书面合伙协议复印件;

5. 在内地有固定住所的产权证明复印件或者租赁协议等使用权证明复印件(附出租方产权证明复印件)。

申请人对所提交的申请材料的真实性、准确性、完整性负责。

省级财政部门有权要求申请人出示有关证明材料的原件，确保复印件与原件相符。经审核无误的，应当将无需留存的相关原件当场退还申请人，并对申请人材料中受港澳法律保护的个人敏感信息严格保密。

港澳会计专业人士申请担任内地合伙制会计师事务所合伙人时涉及办理工商登记或者变更手续的，按照内地工商行政管理部门的规定执行。

三　有关要求

（一）各省级财政部门应当深刻认识内地与港澳签署《服务贸易协议》的重要意义，高度重视港澳会计专业人士申请担任内地合伙制会计师事务所合伙人相关工作，本着依法、便民、高效的原则开展审批或者备案，既严格依法行政，又切实优化服务，保障港澳会计专业人士在内地发展兴业的合法权益。同时，应当大力加强事中事后监管，保障市场竞争公平有序。

（二）港澳会计专业人士应当严格按照《注册会计师法》、有关规章制度和执业准则、规则的要求执行注册会计师业务；应当按照《合伙企业法》和合伙协议妥善处理与内地合伙人的关系，共同建设和维护良好的合伙文化；应当自觉接受省级以上财政部门对其执业活动的监管，勤勉尽责执业；应当依法履行纳税义务，及时足额纳税。

内地法律法规和规章制度对境外人员接触涉密单位、场所和资料有限制性规定的，从其规定。

财政部或者各省（区、市）人民政府（含其财政部门）此前发布的涉及港澳会计专业人士来内地担任合伙制会计师事务所合伙人相关试点政策的规范性文件与本通知规定不一致的，以本通知为准。

港澳会计专业人士担任普华永道中天会计师事务所（特殊普通合伙）、德勤华永会计师事务所（特殊普通合伙）、安永华明会计师事务所（特殊普通合伙）和毕马威华振会计师事务所（特殊普通合伙）合伙人，按本土化转制有关规定执行，不适用本通知规定。

本通知自2016年6月1日起施行。

财政部

2016年5月16日

3. 会计业：关于印发《会计师事务所从事中国内地企业境外上市审计业务暂行规定》的通知

财会〔2015〕9号

各省、自治区、直辖市财政厅（局），深圳市财政委员会：

为规范会计师事务所从事中国内地企业境外上市审计行为，促进境内外会计师事务所依法开展业务合作，维护投资者利益和资本市场秩序，根据《中华人民共和国注册会计师法》和其他有关法律法规，财政部制定了《会计师事务所从事中国内地企业境外上市审计业务暂行规定》，现予印发，自2015年7月1日起施行。

附件：会计师事务所从事中国内地企业境外上市审计业务暂行规定

财政部

2015年5月26日

会计师事务所从事中国内地企业境外上市审计业务暂行规定

第一条 为规范会计师事务所从事中国内地企业境外上市审计行为，促进境内外会计师事务所依法开展业务合作，维护投资者利益和资本市场秩序，根据《中华人民共和国注册会计师法》和其他有关法律法规，制定本暂行规定。

第二条 本暂行规定所称的境外上市审计业务，是指会计师事务所提供的与中国内地企业直接或间接在境外发行股票、债券或其他证券并上市（含拟上市，下同）相关的财务报告审计以及上市后年度财务报告审计等服务。

中国内地企业直接或间接在境外发行股票、债券或其他证券并上市的相关审计业务不属于临时执业范畴，境外会计师事务所不得通过临时执业方式入境执行相关业务。

在中国内地依法设立且由香港特别行政区、澳门特别行政区和台湾地区投资者直接或间接持有百分之五十以上股份、股权、财产份额、表决权或其他类似权益的企业,其境外上市审计不适用本暂行规定。

第三条　中国内地企业依法自主选择符合上市地法规制度和监管要求的中国内地会计师事务所或境外会计师事务所为其提供境外上市审计服务。

第四条　经境外监管机构认可,获准为中国内地企业境外上市提供审计服务的中国内地会计师事务所,应当按照法律法规和执业准则执行相关审计业务。

第五条　中国内地企业依法委托境外会计师事务所审计的,该受托境外会计师事务所应当与中国内地会计师事务所开展业务合作。双方应当签订业务合作书面协议,自主协商约定业务分工以及双方的权利和义务,其中在境内形成的审计工作底稿应由中国内地会计师事务所存放在境内。

第六条　外国会计师事务所受托开展中国内地企业境外上市审计业务的,应当优先与中国内地依法设立、具有首次公开发行财务报告审计或上市后年度财务报告审计经验、执业质量和职业道德良好且最近3年内未因执业行为受到暂停执业6个月以上行政处罚的合伙制(含特殊的普通合伙)会计师事务所开展业务合作。

受托的外国会计师事务所依法承担审计责任。

第七条　中国香港特别行政区、澳门特别行政区和台湾地区会计师事务所受托开展中国内地企业境外上市审计业务的,应当优先与中国内地依法设立、拥有25名以上中国注册会计师、执业质量和职业道德良好且最近3年内未因执业行为受到暂停执业6个月以上行政处罚的会计师事务所开展业务合作。

受托的香港特别行政区、澳门特别行政区和台湾地区会计师事务所依法承担审计责任,同时在业务合作中享有业务分派、利益分配等主导权利。

第八条　境外会计师事务所从事中国内地企业境外上市审计业务的,应当在入境执行审计业务前至少提前7日向中国内地企业所在地省级财政部门报备(具体格式见附1),并抄送财政部。同时,应提供与委托企业签订的审计业务约定书复印件以及与中国内地会计师事务所签订的业务合作书面协议复印件。

境外会计师事务所未及时报备或报备信息（含审计业务约定书和业务合作书面协议）不真实、不完整的，由省级以上财政部门予以通报，责令限期改正并转送其所在国家（地区）有关监管机构处理；情节严重的，予以公告，自公告日起 5 年内不得从事中国内地企业境外上市审计业务。

境外会计师事务所未按照规定与中国内地会计师事务所合作开展审计业务或保存审计工作底稿的，由省级以上财政部门责令限期改正；限期未改正并违规执业的，由省级以上财政部门予以公告，自公告日起 5 年内不得从事中国内地企业境外上市审计业务。

第九条 境外会计师事务所从事中国内地企业境外上市审计业务的，应当在业务报告日后 60 日内向中国内地企业所在地省级财政部门书面报告与中国内地会计师事务所开展业务合作的情况（具体格式见附2），并抄送财政部。

境外会计师事务所逾期不报告或报告信息不真实、不完整的，由省级以上财政部门予以通报，责令限期改正并转送其所在国家（地区）有关监管机构处理；情节严重的，予以公告，自公告日起 5 年内不得从事中国内地企业境外上市审计业务。

第十条 中国内地会计师事务所从事中国内地企业境外上市审计业务的，每年应当按照《会计师事务所审批和监督暂行办法》（财政部令第24号）的规定报备上一年度执行中国内地企业境外上市审计业务情况，有关具体要求按照财政部对年度报备工作的规定执行。逾期不报备或报备信息不真实、不完整的，由所在地省级财政部门予以通报，责令限期改正并列为重点监管对象。

第十一条 中国内地企业委托境外会计师事务所提供境外上市审计服务的，应当提示境外会计师事务所优先选择符合本暂行规定第六条至第七条规定的中国内地会计师事务所开展业务合作。

第十二条 中国内地企业与为其提供境外上市审计服务的会计师事务所应当严格遵守《关于加强在境外发行证券与上市相关保密和档案管理

工作的规定》(中国证券监督管理委员会 国家保密局 国家档案局公告〔2009〕29号)。

中国内地企业境外上市涉及法律诉讼等事项需由境外司法部门或监管机构调阅审计工作底稿的,或境外监管机构履行监管职能需调阅审计工作底稿的,按照境内外监管机构达成的监管协议执行。

第十三条 本暂行规定所称的境外会计师事务所,包括依法设立的外国会计师事务所、中国香港特别行政区会计师事务所、中国澳门特别行政区会计师事务所和台湾地区会计师事务所。

第十四条 本暂行规定自2015年7月1日起施行。

附:
1. 境外会计师事务所入境执行审计业务信息报备表(略)
2. 境外会计师事务所与中国内地会计师事务所业务合作报告表(略)

4. 养老业:商务部 民政部关于香港、澳门服务提供者在内地举办营利性养老机构和残疾人机构服务有关事项的通知

商资函〔2013〕67号

各省、自治区、直辖市、计划单列市及新疆生产建设兵团商务主管部门、民政主管部门:

根据国务院批准的《〈内地与香港关于建立更紧密经贸关系的安排〉补充协议九》及《〈内地与澳门关于建立更紧密经贸关系的安排〉补充协议九》,现就香港、澳门服务提供者在内地举办营利性养老机构和残疾人服务机构有关事项通知如下:

一、允许香港、澳门服务提供者(以下简称港澳服务提供者)以中外合资经营企业、中外合作经营企业或外资企业形式,通过新设或并购的方式在内地设立营利性养老机构和残疾人服务机构。

二、港澳服务提供者申请设立营利性养老机构和残疾人服务机构,应具有良好的信誉及经营实力,至少有一个服务提供者具有在香港、澳门从

事 3 年以上养老服务、残疾人服务的经验。

港澳服务提供者还应分别符合《内地与香港关于建立更紧密经贸关系的安排》及《内地与澳门关于建立更紧密经贸关系的安排》及其有关补充协议中关于"服务提供者"定义及相关规定的要求。

三、营利性养老机构和残疾人服务机构的设立和变更，由所在地省级商务主管部门征求同级民政部门意见后，依据外商投资法律法规进行审批。自 2013 年 7 月 1 日起，营利性养老机构的设立和变更应根据《老年人权益保障法》有关规定，先向民政部门申请行政许可后，由所在地省级商务主管部门审批。

港澳服务提供者申请设立营利性养老机构和残疾人服务机构，除报送设立外商投资企业所要求的文件外，还须提交香港社会福利署或澳门社会工作局向该服务提供者发出的相关有效牌照副本/豁免证明书，或向其提供年度社会福利资助的通知信等从业证明文件。

四、营利性养老机构和残疾人服务机构应以提供社会服务为宗旨，依法纳税，合规经营，营利性养老机构不得经营住宅贴现养老等业务。

五、营利性养老机构和残疾人服务机构业务范围中包括医疗卫生服务的，应按有关政策规定履行报批手续。

六、各地商务主管部门应加强港澳在内地设立的营利性养老机构和残疾人服务机构的统计工作，发放批准证书时，行业分类选择"老年人、残疾人养护服务"（国民经济行业分类第 8414 款）。各地民政、商务主管部门对本行政区域内相关机构加强监管，促进相关领域吸收外资工作的健康发展。

各地商务、民政部门在执行中如遇问题，请及时与商务部（外国投资管理司）、民政部（社会福利和慈善事业促进司）联系。

商务部　民政部
2013 年 2 月 17 日

参考文献

澳门特区长者服务资讯网——社会工作局，澳门养老状况及政策研究报告，2015，http://www.ageing.ias.gov.mo/uploads/file/a8387e568125a dacb3c4d280d5354985.pdf.

《财政部有关负责人就修订和实施〈会计师事务所执业许可和监督管理办法〉答记者问》，《财务与会计》2017年第19期。

陈超：《中国老龄产业发展研究》，中国人民大学出版社2015年版。

陈晨星、耿雁冰、定军、和佳、周智宇、吴睿婕、翟少辉：《2017年世界城市营商环境评价报告》，粤港澳大湾区研究院，2017a。

陈晨星、耿雁冰、定军、和佳、周智宇、吴睿婕、翟少辉：《2017年中国城市营商环境报告》，粤港澳大湾区研究院，2017b。

陈恩、唐洁、张景东：《CEPA框架下粤港会展业合作策略探析》，《特区经济》2005年第2期。

陈广汉等：《区域经济一体化研究：以粤港澳大湾区为例》，社会科学文献出版社2017年版。

陈彦博、肖思吟：《"21世纪海上丝绸之路"助力广州会展经济能级》，《当代经济》2016年第24期。

陈泽鹏、李成青、吴耀锵、谢洁华、肖杰：《基于粤港澳大湾区战略下的广东商业银行经营转型探析》，《广东经济》2018年第6期。

单延芳：《香港旅游经济发展的经验借鉴及其对内地的启示》，《商业时代》2011年第20期。

丁胡送、汤和银：《旅游、养老、医疗三位一体——海南"候鸟"式养老模式的考察报告》，2013，http://www.dss.gov.cn/news_wenzhang.asp?

ArticleID = 341352.

董彪、李仁玉：《我国法治化国际化营商环境建设研究——基于〈营商环境报告〉的分析》，《商业经济研究》2016 年第 13 期。

龚维刚：《上海会展业核心竞争力和市场前景》，载《2013 中国会展经济研究会学术年会论文集》，上海会展行业协会，2013 年。

官华、李静、蔡静雯：《从区域协调管理架构看政府间关系》，《经济研究参考》2015 年第 54 期。

广东省经济贸易委员会流通服务处：《加强粤港澳合作，促进广东省生产性服务业发展》，2008 年 6 月 5 日。

广州市金融工作局：《2018 广州金融发展形势与展望》，广州出版社 2018 年版。

胡其伟：《金融自由化背景下中国商业银行转型发展研究》，博士学位论文对外经济贸易大学，2015 年。

胡潇文：《新加坡政府鼓励和保护企业"走出去"的经验及对中国的启示——以淡马锡在华投资为例》，《东南亚研究》2012 年第 4 期。

雷鹏、龚维刚、吴星贤：《上海会展经济的发展现状、问题与对策》，《现代管理科学》2012 年第 1 期。

黎熙元、童晓频：《中国城市社区建设的可持续性与社会资本的重构——以广州市逢源街安老服务为例》，《中山大学学报》（社会科学版）2005 年第 3 期。

李洁、吴雪涛：《图说我国 16 年的经济自由度指数》，《中国集体经济》2010 年第 13 期。

李猛：《新时代我国自由贸易港建设中的政策创新及对策建议》，《上海经济研究》2018 年第 5 期。

李善民、毛艳华、符正平、林江：《中国自由贸易试验区发展蓝皮书（2015—2016）》，中山大学出版社 2016 年版。

李文静、黄嘉伟：《我国内地与新加坡、香港地区的公共商务信息服务比较研究》，《图书情报工作》2011 年第 6 期。

李翼：《自贸区背景下于家堡金融区融资策略剖析》，《环渤海经济瞭望》

2015年第2期。

林景沛:《台湾养老健康产业发展及两岸合作模式初探》,《福建金融》2015年第4期。

刘畅:《广州会展经济发展研究》,硕士学位论文,广东外语外贸大学,2015年。

刘军:《香港税制》,中国财政经济出版社2012年版。

刘善庆、刘超:《繁荣之路:中国学者对新西兰经济发展的思考》,经济管理出版社2016年版。

刘松萍:《CEPA下粤港澳会展业联动发展模式探析》,《特区经济》2008a年第9期。

刘松萍:《CEPA下粤、港、澳会展整合发展制约因素与解决措施》,《消费导刊》2008b年第19期。

刘松萍、蔡伊乐、湛冬燕:《广州会展业发展的现状与对策研究》,《城市观察》2015年第3期。

刘霞:《中国会计准则和香港会计准则差异浅析》,《经营管理者》2014年第1期。

莫岸华:《穗港澳合作发展会展经济研究》,硕士学位论文,广东外语外贸大学,2009年。

倪鹏飞:《中国城市拿什么吸引投资者——〈2008中国营商环境报告〉摘要》,《资本市场》2008年第5期。

欧幼冰、王正蓉:《个人照顾计划模式的本土化探索——以GZS老人院的实践为例》,《中国社会工作》2018年第9期。

丘志乔、胡丹缨:《澳门养老福利制度特色及其启示》,《政法学刊》2016年第3期。

阮晓青:《我国养老机构的现状以及存在的法律问题》,《法制与社会》2017年第16期。

商务部国际贸易经济合作研究院课题组,邢厚媛:《中国(上海)自由贸易试验区与中国香港、新加坡自由港政策比较及借鉴研究》,《科学发展》2014年第9期。

帅晋瑶、陈晓剑：《澳门银行业发展研究：现状、监管和借鉴》，《预测》2006 年第 4 期。

宋鹏霖、李飞、夏小娟：《对标新加坡提升自贸试验区贸易便利化的路径与思考——以上海自贸试验区为例》，《上海对外经贸大学学报》2018 年第 1 期。

隋斌：《府际合作视角下的穗港澳会展产业合作模式建构研究》，硕士学位论文，兰州大学，2018 年。

田新朝：《跨境养老服务：粤港澳大湾区的协同合作》，《开放导报》2017 年第 5 期。

汪涛、范温强：《广东自贸区：粤港澳合作新平台》，《中国远洋航务》2015 年第 2 期。

王标：《粤港社会养老合作模式研究》，硕士学位论文，兰州大学，2015 年。

王丽娅：《粤港澳三地社会保障制度的比较研究》，《国际经贸探索》2010 年第 6 期。

王雪辉：《养老机构公建民营运作模式探析》，《行政管理改革》2016 年第 8 期。

王延中、魏岸岸：《国际双边合作与我国社会保障国际化》，《经济管理》2010 年第 1 期。

翁仁木：《解决跨国劳动力养老保险权益可携性问题的国际经验借鉴》，《西北人口》2010 年第 6 期。

习近平：《决胜全面建成小康社会 夺取新时代中国特色社会主义伟大胜利——在中国共产党第十九次全国代表大会上的报告》，2017 年 10 月 18 日。

谢宝剑：《"一国两制"背景下的粤港澳社会融合研究》，《中山大学学报》（社会科学版）2012 年第 5 期。

谢康、陈燕、黄林军：《美国服务贸易的发展及政策分析》，《国际贸易问题》2004 年第 12 期。

阳程文、侯保疆：《养老机构开展"医养结合"的阻碍及对策研究——基于对广州的实地调查》,《当代经济管理》2019 年第 4 期。

杨长涌:《美国外国投资国家安全审查制度的启示及我国的应对策略》,《宏观经济研究》2014 年第 12 期。

杨丹辉:《美国服务贸易管理体制及其启示》,《亚太经济》2007 年第 2 期。

杨芳、张净:《城市社区养老服务"逢源"模式探析》,《西北人口》2014 年第 3 期。

于鹏、于学卿:《APEC 贸易便利化合作效果评估及其发展方向》,《对外经贸实务》2017 年第 8 期。

张光南、陈兆凌、杨柱:《服务贸易自由化:"负面清单"实施与政府管理创新——基于国内创新经验的案例研究》,《当代港澳研究》2017 年第 2 期。

张光南等:《粤港澳服务贸易自由化:"负面清单"管理模式》,中国社会科学出版社 2014 年版。

张光南等:《粤港澳服务贸易自由化:"负面清单管理模式"》,中国社会科学出版社 2014 年版。

张光南等:《粤港澳服务贸易自由化"负面清单"升级版:清单方案、政策创新、示范基地》,中国社会科学出版社 2018 年版。

张光南等:《粤港澳合作:政商手册——服务贸易"负面清单"》,中国社会科学出版社 2016 年版。

张光南、黎叶子、伍俐斌:《粤港澳服务贸易自由化"负面清单"管理的问题与对策》,《港澳研究》2016 年第 2 期。

张光南、黎叶子、伍俐斌:《粤港澳服务贸易自由化"负面清单"管理的问题与对策》,《港澳研究》2016 年第 2 期。

张光南、谭颖、陈兆凌、梅琳、杨洋、王烁、杨清玄、林婷、蔡彬怡、易可欣:《前海境外专业人才职业资格准入负面清单研究》,中山大学粤港澳发展研究院,2018 年。

张光南、杨柱、梁东旭、黎艳艳、苟鹏程:《粤港澳服务贸易自由化:"负面清单"管理模式》,中国社会科学出版社 2014 年版。

张光南、周倩、周吉梅：《粤港澳服务贸易自由化示范基地广州天河 CBD 案例报告：经验、问题与对策》，《大珠三角论坛》2016 年第 2 期。

张磊、罗梅：《新加坡：2017 年经济回顾与 2018 年展望》，《东南亚纵横》2018 年第 1 期。

张宁：《"一带一路"战略下的粤港澳大湾区机场群一体化发展建议》，《民航管理》2017 年第 11 期。

张岩松等：《老龄产业发展对策研究》，清华大学出版社 2016 年版。

张颖：《香港银行业的发展》，《金融博览》2017 年第 7 期。

赵树宽、陈依兰、刘武君：《横琴口岸综合交通枢纽规划与运营研究》，《城市发展研究》2015 年第 3 期。

赵松松：《论经营者集中的反垄断审查》，硕士学位论文，黑龙江大学，2015 年。

赵小仕、于大川：《广州城市社区养老社会化问题探究》，《改革与战略》2015 年第 7 期。

郑妙珠：《居家养老服务多元供给主体的优势、局限与整合——以广州市为例》，《佛山科学技术学院学报》（社会科学版）2017 年第 4 期。

中国人民政治协商会议广州市委员会：《关于我市会展业服务存在问题及改进的建议》，2009 年 6 月 10 日。

周家高：《美国何以成为旅游大国》，《环渤海经济瞭望》2001 年第 3 期。

Aiyar S. , "From Financial Crisis to Great Recession: The Role of Globalized Banks", *American Economic Review*, Vol. 102, No. 3, 2012.

APEC, *Action Plans*, 1995, https://www.apec.org/About-Us/How-APEC-Operates/Action-Plans.

Belgium, Denmark, Germany, Greece, Spain, France, Ireland, Italy, Luxembourg, Netherlands, and United Kingdom of Great Britain and Northern Ireland, *Treaty on European Union* (Treaty of Maastricht), 7th February 1992.

Belgium, Germany, France, Italy, Luxembourg, and Netherlands, *The*

Treaty of Rome, 25th March 1957.

Chen M., Wu J., Jeon B. N., Wang R., "Do Foreign Banks Take More Risk? Evidence from Emerging Economies", *Journal of Banking & Finance*, No. 82, 2017.

Fuertes A. M., Phylaktis K., Yan C., "Hot Money in Bank Credit Flows to Emerging Markets during the Banking Globalization era", *Journal of International Money and Finance*, Vol. 60, 2016.

Hou X., Wang Q., "Institutional Quality, Banking Marketization, and Bank Stability: Evidence from China", *Economic Systems*, Vol. 40, No. 4, 2016.

Portugal-Perez A., Wilson J. S., "Export Performance and Trade Facilitation Reform: Hard and Soft Infrastructure", *World Development*, Vol. 40, No. 7, 2012.